SPEAK ENGLISH
LIKE A NATIVE SPEAKER:
A COURSEBOOK

英语口语
精讲教程

主编◎范文芳
编者◎马靖香　鲁碧珍
　　　　向　洋　李国辉

清华大学出版社
北京

内 容 简 介

本书科学系统、深入浅出地讲解英语口语及口语教学的相关理论，运用大量标准英语口语实例阐释分析英语口语的特征，使读者深刻认识到英语口语的本质特征，并能自然应用到英语口语教与学的实践中，最终达到能够使用英语自然流畅地进行日常交际和学术交流的目的。

全书共七讲。第1讲从宏观上呈现并解释英语口语的层级模式；从第2讲开始，详细介绍构成英语口语的五个要素以及掌握它们的要领。其中，第4讲全面系统地解析英语口语的连读；第5～7讲着重讲解英语口语的关键语音单位——音步、调块和口语语篇，这三讲从根本上帮助读者理解英语口语的典型特征，以提升英语口语技能。

本书目标读者为大、中、小学英语教师以及长期为英语口语困扰的英语学习者。

版权所有，侵权必究。举报：010-62782989，beiqinquan@tup.tsinghua.edu.cn。

图书在版编目（CIP）数据

英语口语精讲教程 / 范文芳主编. —北京：清华大学出版社，2023.9
ISBN 978-7-302-61995-6

Ⅰ.①英… Ⅱ.①范… Ⅲ.①英语—口语—教材 Ⅳ.① H319.9

中国版本图书馆 CIP 数据核字（2022）第 184016 号

责任编辑：曹诗悦
封面设计：李伯骥
责任校对：王凤芝
责任印制：刘海龙

出版发行：清华大学出版社
    网　　址：http://www.tup.com.cn, http://www.wqbook.com
    地　　址：北京清华大学学研大厦 A 座　**邮　编**：100084
    社 总 机：010-83470000　**邮　购**：010-62786544
    投稿与读者服务：010-62776969, c-service@tup.tsinghua.edu.cn
    质量反馈：010-62772015, zhiliang@tup.tsinghua.edu.cn
印 装 者：北京同文印刷有限责任公司
经　　销：全国新华书店
开　　本：185mm×260mm　　**印　张**：14　　**字　数**：265 千字
版　　次：2023 年 9 月第 1 版　　**印　次**：2023 年 9 月第 1 次印刷
定　　价：65.00 元

产品编号：093759-01

前言 | FOREWORD

口语的重要性不言而喻。"You can have brilliant ideas, but if you can't get them across, your ideas won't get you anywhere."（Lee Lacocca）。是的，无论我们有多么好的想法，如果我们不能充分地表达自己，我们的想法就毫无用处。口语的重要性促使我们不断地寻求提高学习英语口语的最佳途径。

人们对许多事情都可能有不同的看法，但是，对于下面这个理念，想必大家是认同的：无论学习什么，在正确的道路上努力效果才会好；一味刻苦努力，不问努力方向，往往导致事倍功半。同样道理，提高英语口语水平的关键在于找准方向，选择正确的道路。那么，何谓提高英语口语水平的正确道路呢？

传统的观点认为，语言的使用是一种习惯。儿童习得母语就是在语言环境中养成了语言习惯，自然而然地就获得了口语能力；外语学习与母语习得不同，因为没有自然语言环境，因此，外语要靠多听多看、多读多背、多模仿才能学会。在这种理念的指导下，学习者听了许多，也背了许多。通过大量输入，虽然一些学习者具备了一定的口语能力，但对于绝大多数学习者来说，效果却不尽人意。这是因为在大量的材料中没有方向、没有针对性地多听多看、多读多背、多模仿，只能是一种盲目的学习。缺乏明确的目标，找不到模仿的重点，学习效果自然也就大打折扣。

实际上，对于已经过了语言关键期的成人来说，学习外语尤其需要有效策略的指导，而不是盲目用功。为了探索学习英语口语的正确道路，我们深入研究了构成英语口语的要素及其要领，建立了英语口语的基本框架，并在清华大学英语专业和公共外语的学生群体中，进行了六轮（六个学期）较大规模的英语口语教学实验，结果喜人。在这六轮教学实验中，学生的英语口语水平得到明显提高。更令人欣喜的是，他们学习英语口语的兴趣和积极性高涨。有的学生感慨道："经过一个学期的学习，我的口语有了神奇的变化。以前学了那么多年英语，从来没有老师讲过这些内容。现在明白了练习口语的要领，有了进一步努力的方向！"

在多轮教学实验中，我们不断地修正、丰富、完善口语的基本框架，最终形成了教授和学习英语口语的层级模式，如下图所示：

i

我们看到，英语口语含有五个基本元素：音位、音节、音步、调块和语篇。这五个元素自下而上结合构成英语口语的层级模式。英语学习者理解了这个层级模式，在听说、朗读、背诵和模仿等口语学习和训练中，便可以目标明确，有针对性，做到有的放矢；理解并掌握这些语言元素的输出要领，便可以使英语口语学习从盲目学习模仿变为灵活运用、自如表达。

本书系统地呈现了教授和学习英语口语的层级模式。第1讲从宏观上呈现并解释了英语口语的层级模式；从第2讲开始，本书详细地讲解构成英语口语的五个要素以及掌握该要素的要领。其中，第2讲"音位"、第3讲"音节"和第4讲"英语口语中的连读"都是学习英语口语的基础知识，也是学习第5讲"音步"、第6讲"调块"和第7讲"口语语篇"的必备前提。音步和调块是构成口语语篇的关键语言单位，这三讲也是本书重点阐释的部分。理解并掌握了这三讲的内容，读者就能从根本上理解英语口语的典型特征，掌握英语口语的基本要领，从根本上突破英语口语学习的瓶颈。

本书的目标读者为英语教师以及长期为英语口语困扰的英语学习者。对于已经掌握了一定英语口语技能的学习者来说，本书能够更进一步提升他们的英语口语能力；对于多年埋头在英语材料堆中，希望靠多听多说、多读多背、多模仿而盲目努力奋斗的学习者来说，本书能够使他们迅速找到提高口语能力的捷径，引导其在正确的道路上努力，从而取得理想的学习效果。读好这本书，并配合本书所提供的练习进行实操，定能助你获得自然、流畅的英语口语能力，最终实现高效的英语口语交际。

借此机会，我想特别介绍本书的写作团队。编者一，马靖香，华东师范大学附属杭州学校高级英语教师。她多年教授英语语音课程，对传统的英语口语教学有深入的了解，对口语教学的改革与创新有迫切的愿望。编者二，鲁碧珍，清华大学附属中学英语教师。随着北京市在高考中加入口语考试政策的出台，碧珍积极投身到高中英语口语教学的探索与实践中。编者三，向洋，本科毕业于北京大学外国语学院，目前为美国哈佛大学心理学系博士生。她对英语口语及英语学习具有独到的见解，并且，她还充分发挥了身边有众多英语本族语朋友的优势，润色本书中所使用的英语语料。编者四，李国辉，清华大学外文系博士生。他参与了清华大学英语口语的教学实验，深刻了解参加实验的学生的感受并目睹了他们的进步，为建立和完善英语口语的层级模式做出了贡献。团队中的每一个人都为本书的写作贡献了自己独特的智慧，付出了努力，我为我们这个特色写作团队感到骄傲与自豪！

在我们的教学实验和本书的写作过程中，清华大学外文系主任吴霞教授给予了大力支持，提供了宝贵的意见和建议，提升了本书的品质。清华大学语言教学中心主任吴运新教授对教学实验给予了大力支持。他亲自到教室听课，用英语与学生们现场交谈，并在课后给予了书面评价："（经过这样的学习与训练，）学生口语方面的实质性收获大，对重读、轻读、断句、节奏等口语规则有了更深入的理解，有助于他们更加自信和流利地表达。"吴运新教授亲临教学现场并点评，极大地鼓舞了我们创新性教学的信心与决心。在此，对两位主任对我们教学和研究的肯定与支持表示衷心的感谢！

特别感谢北京大学特聘人文教授、语言学实验室主任孔江平教授。在本书的写作过程中，我详细阅读了孔老师编著的《实验语音学基础教程》，并当面向他请教，这使我对语音学中的相关内容有了进一步认识。另外，北京大学中文系杨洁博士也给予了很多帮助，特此感谢！

最后，我也非常感谢清华大学出版社外语分社郝建华社长和编辑室主任、本书责任编辑曹诗悦老师支持本书的出版，以及她们对本书的出版所付出的努力！

范文芳
于清华园
2022 年 7 月

第 1 讲　英语口语概述

1.1 英语口语的内涵 ·· 1
    1.1.1 英语口语交际 ·· 1
    1.1.2 英语口语技能 ·· 2
    1.1.3 本书的宗旨 ·· 2
1.2 英语口语的要素 ·· 3
    1.2.1 构成英语书面语的要素及其层级体系 ···················· 3
    1.2.2 构成英语口语的要素及其层级体系 ······················· 4
1.3 中国英语学习者在口语中存在的问题 ································ 4
    1.3.1 汉语口语与英语口语的差异 ································· 5
    1.3.2 中国英语学习者与英语母语者的口语对比分析 ······ 5
1.4 学习口语，要在正确的道路上努力 ···································· 7
    综合练习 ·· 8

第 2 讲　音位：英语口语的基础语音单位

2.1 音位的概念 ··· 9
    综合练习 ·· 10
2.2 音位及其标注 ··· 10
    2.2.1 音位标注的方法——自然拼音 ····························· 10
    2.2.2 英语自然拼音方案 ·· 12
    综合练习 ·· 13
2.3 聚焦元音 ··· 14
    2.3.1 17 个元音 ·· 14
    2.3.2 元音的分类 ·· 15
    2.3.3 元音与其拼写之间的对应关系 ····························· 16
    综合练习 ·· 16

2.4 聚焦辅音 ·· 17
2.4.1 辅音分类 I：发音部位 ··· 17
2.4.2 辅音分类 II：发音方法 ·· 19
综合练习 ·· 23

2.5 用自然拼音为单词注音的方式 ·· 24
2.5.1 省去注音 ·· 24
2.5.2 就字注音 ·· 25
2.5.3 重拼注音 ·· 26
综合练习 ·· 26

2.6 自然拼音与国际音标对照表 ·· 27
综合练习 ·· 29

第 3 讲　音节：构成英语口语节奏的元素

3.1 音节的概念 ·· 31
3.1.1 音节是构成单词的直接成分 ······································ 31
3.1.2 音节的核心元素 ··· 32
综合练习 ·· 33

3.2 音节的构成 ·· 34
3.2.1 音节构成的模式 ··· 34
3.2.2 音节及其注音 ··· 35
综合练习 ·· 37

3.3 音节的数量 ·· 38
3.3.1 单音节词 ·· 38
3.3.2 多音节词 ·· 38
综合练习 ·· 39

3.4 音节的轻重 ·· 40
3.4.1 影响音节轻重的因素 ··· 40
3.4.2 重读音节与非重读音节 ·· 40
3.4.3 重读音节和非重读音节中音位的发音特征 ···················· 44
3.4.4 以重读音节为核心，拍手说单词 ································ 46
综合练习 ·· 55

3.5 音节的类型与元音字母的发音 ··· 56
- 3.5.1 元音字母在重读开音节中发长音 ·· 56
- 3.5.2 元音字母在重读闭音节中发短音 ·· 57
- 3.5.3 元音字母在非重读音节中发轻元音 ······································ 59
- 3.5.4 元音字母在"e辅助开音节"中发长音 ·································· 60
- 3.5.5 元音字母在元音字母组合音节中的发音 ································ 61
- 综合练习 ·· 62

第4讲 英语口语中的连读

4.1 辅音与元音连读：辅音移位连读 ··· 64
- 4.1.1 "词尾单辅音＋词首元音"连读 ·· 65
- 4.1.2 "词尾辅音丛＋词首元音"连读 ·· 66
- 综合练习 ·· 67

4.2 辅音与辅音连读：省音、拼接与融合 ·· 68
- 4.2.1 爆破音＋辅音：省音连读 ·· 69
- 4.2.2 破擦音＋辅音：拼接连读 ·· 72
- 4.2.3 持续辅音＋辅音：融合连读 ·· 74
- 4.2.4 特殊辅音之间的连读 I：变音连读 ····································· 78
- 4.2.5 特殊辅音之间的连读 II：省音连读 ··································· 83
- 综合练习 ·· 84

4.3 元音与元音连读：增音连读 ··· 87
- 4.3.1 两个元音之间增音 /y/ 连读 ·· 88
- 4.3.2 两个元音之间增音 /w/ 连读 ··· 90
- 4.3.3 两个元音之间增音 /r/ 连读 ·· 91
- 综合练习 ·· 92

4.4 元音与辅音连读：融合连读 ··· 93
- 4.4.1 元音与辅音之间的融合连读 ·· 93
- 4.4.2 "元音＋辅音融合连读"与"辅音移位连读"的比较 ············· 94
- 综合练习 ·· 96

4.5 英语口语中的连读：经典歌曲"My Heart Will Go On"分析 ······· 97
- 4.5.1 第一段主歌中的连读与分析 ·· 97
- 4.5.2 第一段副歌中的连读与分析 ·· 98
- 综合练习 ·· 100

第 5 讲 音步：英语口语节奏的载体

- 5.1 音步的概念 ·· 102
  - 综合练习 ·· 105
- 5.2 音步的确定——句子重音 ·· 106
  - 5.2.1 单音节词：实义词重读，语法词不重读 ························· 106
  - 5.2.2 多音节词：词重音为句重音 ··· 108
  - 5.2.3 特定语境中的重读音节：任何音节都可能重读 ··············· 109
  - 5.2.4 关于句子重音的误区 ··· 111
  - 5.2.5 句子重音与语义 ··· 111
  - 综合练习 ·· 114
- 5.3 音步的模式 ·· 115
  - 5.3.1 音步的三种模式 ··· 116
  - 5.3.2 音步模式：从 Praat 语音软件生成的语图示例 ··············· 120
  - 5.3.3 拍手说音步 ·· 121
  - 综合练习 ·· 125
- 5.4 说好音步的关键 ··· 126
  - 5.4.1 聚焦音步中的重读音节 ··· 126
  - 5.4.2 聚焦音步中的非重读音节：弱化与省音 ························· 127
  - 综合练习 ·· 133
- 5.5 英语口语的节奏：经典实例分析 ··· 134
  - 5.5.1 音步：英语口语节奏的载体 ··· 134
  - 5.5.2 英语口语节奏的经典范例：分析与操练 ························· 134
  - 综合练习 ·· 138

第 6 讲 调块：口语交际的基本单位

- 6.1 从断句到调块 ·· 140
  - 6.1.1 书面语的断句：从长语段到子句 ··································· 141
  - 6.1.2 口语的断句：从长语段到调块 ····································· 143
  - 综合练习 ·· 145
- 6.2 调块的定性特征 ··· 146
  - 6.2.1 调块是一个语义单位 ··· 147
  - 6.2.2 调块是一个语调单位 ··· 151

       6.2.3　调块是一个气息单位 ·· 158
    综合练习 ·· 162

6.3　调块的长度及其意义 ··· 165
    6.3.1　调块不能太长 ··· 165
    6.3.2　调块不宜太短 ··· 166
    6.3.3　调块长，口语更流利 ·· 168
    6.3.4　短调块，表达特殊语义 ··· 169
    综合练习 ·· 171

6.4　调块的切分与语法结构 ··· 172
    6.4.1　简单句与调块 ··· 173
    6.4.2　并列句与调块 ··· 177
    6.4.3　复合句与调块 ··· 179
    6.4.4　调块切分与语法词的归属 ·· 182
    综合练习 ·· 184

第7讲　英语口语：从调块到语篇

7.1　从调块到语篇 ··· 186
    综合练习 ·· 187

7.2　调块与调块之间的呼吸模式 ·· 188
    7.2.1　吸气＋显性停顿 ·· 188
    7.2.2　气息重置＋隐性停顿 ·· 190
    7.2.3　练习句内调块之间呼吸模式的方式 ····························· 190
    综合练习 ·· 193

7.3　相邻调块之间的口语模式 ··· 194
    7.3.1　相邻句子调块连接的口语模式 ···································· 194
    7.3.2　相邻子句调块连接的口语模式 ···································· 196
    7.3.3　相邻句内调块之间的口语模式 ···································· 198

7.4　多重调块口语语篇的理想模式 ··· 201
    综合练习 ·· 203

7.5　口语交际中的偏离现象 ··· 205
    7.5.1　口语交际中的调块跨类现象 ······································ 205
    7.5.2　口语交际中的调块异类断句 ······································ 208
    综合练习 ·· 211

第 1 讲 英语口语概述

1.1 英语口语的内涵

一般来说，提及"口语"，总会涉及两个方面：一方面是"口语交际"，另一方面是"口语技能"。口语交际体现的是口语的社会交际功能，是人们运用口语去实现社会交际功能的过程；口语技能则是实现口语交际的语言基础。口语交际和口语技能二者之间相辅相成。

1.1.1 英语口语交际

口语交际指的是通过听和说进行互动交流、互换信息、解决问题、建立或维系人际关系，实现社会交际意图的过程。

在我国，无论是中学还是大学，都把培养学生的口语表达能力作为英语教学的一个重要目标[①]。鉴于此，许多英语口语教材，如《走遍美国》等，往往是按照不同的场景，如家庭、校园、机场、商店、餐馆等，安排情景对话以及介绍文化背景，旨在通过学习这些内容以及所设计的相关互动操练，如讨论、问答、角色表演等，来提高学生英语口语的交际水平。

判断交际者是否可以娴熟地运用口语进行交际，既要看口语表达的思想是否丰富，内容是否符合说话时的语境，是否顺应当地的文化习俗等；也要看口语是否自然流畅，措辞是否恰当，语法是否正确，表达是否符合逻辑等，因为这些因素都可能会直接影响交际的效果，甚至决定交际的成败。

[①] 中华人民共和国教育部.《义务教育英语课程标准》[M]. 北京：北京师范大学出版社. 2022；中华人民共和国教育部.《普通高中英语课程标准》[M]. 北京：人民教育出版社. 2020；教育部高等学校外国语言文学专业教学指导委员会.《普通高等学校本科外国语言文学类专业教学指南》[M]. 北京：外语教学与研究出版社. 2018；教育部高等教育司.《大学英语课程教学要求》[M]. 上海：上海外语教育出版社. 2007.

1.1.2 英语口语技能

口语技能指的是人们运用口语进行交际时"听"和"说"的语言能力，涉及语音语调、口语节奏、重读弱读等多个方面。

教育部《义务教育英语课程标准》①指出，"语音与语义密不可分，语言依靠语音实现其社会交际功能"，"自然规范的语音语调将为有效的口语交际奠定良好的基础。英语的语音包括元音、辅音、重音、意群、语调与节奏等"。新课标的颁布再次强调了语音语调对中学生学习英语的重要性。同时，大学英语教育也明确将语音语调作为口语教学的一部分②。这里所说的"语音语调"及其所涵盖的内容指的就是口语技能。可见，英语口语技能是英语口语不可或缺的组成部分。

1.1.3 本书的宗旨

语音具有广义和狭义之分。狭义的语音指的是语言中用于区分意义的声音，即音位③，包括元音和辅音。例如，大家熟悉的《剑桥国际英语语音教程》，全书分为两大部分——元音和辅音。广义的语音指的是构成口语技能的各个成分，它不仅包括音位的发音，也包括重音、连读、省音、节奏、语调、停顿等④。

传统的外语教学往往将语音作狭义理解，从而将"语音"教学几乎等同于"音位"教学。这样的理解和做法给英语口语的教与学带来了消极的后果。例如，在语音课上，许多英语老师把时间和精力主要花在了有关音位的教学上。老师详细讲解音标的发音方法，并带领学生反复练习音标（即音位）以及与这些音标相对应的单词。即使在练习朗读句子和语篇时，老师所关注的仍然是句子或语篇中某些单词的发音，花费很大力气去纠正单词中某些音位的发音问题。我们问过不少上过语音课的大学生："你们语音课上学什么？"，他们十有八九会说学了元音和辅音怎样发音，以及为辨别相似发音所做的音位配对练习等。

然而，正如我们上文所述，音位只是口语的一部分，是构成口语体系的基础语音单位。单纯的音位学习不能提高英语口语的技能；无论单个音位的发音如何标准，都不能帮助人们更好地实现口语交际。本口语教程旨在讲解广义上的语音，即口语技能所涵盖的各个要素。通过解析构成英语口语的各个要素，帮助学习者提高英语口语技

---

① 中华人民共和国教育部.《义务教育英语课程标准》[M].北京：北京师范大学出版社. 2022：19，85.

② 同第1页注释①.

③ 简单地说，一个音位（phoneme）相当于一个音标。详见本书第2讲。

④ 本书从第2讲开始将逐步讲解构成口语的这些语音单位。

能，以便学习者能够以正确的方式说英语，自然流畅地表达自己的思想，同时也能听懂英语母语者的口语，为进行有效的英语口语交际奠定良好的语音语调基础。

1.2 英语口语的要素

要想学会说一口自然流利的英语，首先需要明确自然流利的英语口语所涵盖的内容，进而知晓怎样才能掌握这些内容。在本小节中，我们首先呈现构成英语书面语的要素以及这些要素之间存在的层级关系。在此基础上，我们再呈现构成英语口语的要素以及这些要素之间存在的层级关系，以便我们能够从宏观上了解英语口语所涵盖的内容。

1.2.1 构成英语书面语的要素及其层级体系

在一段或长或短的英语书面语中，我们可以直观地看到其构成成分，即字母、单词、句子和段落等。这些语言单位之间构成上下层级关系，即字母与字母组合构成单词，单词与单词组合构成句子，句子与句子组合构成更高一级的语言单位，即段落（语篇）。书面语中各语言单位之间的层级体系如图1–1所示[①]：

图1–1 书面语中语言单位之间的层级关系

以上这些语言单位之间用空格或标点符号等方式隔开。除了以上这些语言单位之外，在书面语中，人们还可以直观地识别其他语言单位，如在单词与句子之间还可以有子句（用逗号隔开）等。在此不一一阐述。

需要指出的是，在某种语境下，位于低一级别的语言单位在形式上可能等同于其上一级的语言单位，如位于单词层的help是词典中的一个词条，但是它也可以单独作

---

① Halliday, M.A.K. *Introduction to Functional Grammar*[M]. London: Edward Arnold, 1994: 3.

为一个句子出现在句子层，即"Help!"。但是，单词一旦进入语言体系中的上一层级，即句子，其表现形式以及意义就完全不同了。例如，句子"Help!"虽然由一个单词help构成，但与它在词典中作为一个词条完全不同。从形式上来讲，它开头大写，末尾有标点符号；从意义上来讲，它是一个言语行为，具有社会交际功能。它是说话者处于某个困境中所发出的请求，即"救命!"

1.2.2 构成英语口语的要素及其层级体系

像书面语一样，口语也有构成自己的语言单位，这些语言单位之间也呈现出层级关系。与书面语不同的是，口语是听觉符号。因此，构成口语的语言单位不是书写单位，如字母、单词或句子等，而是语音单位。构成口语的语音单位是靠听觉识别出来的。

在口语中，最基础的语音单位是音位，音位是书面语中字母或字母组合的发音，它是具有区分意义功能的最小的语音单位；音位的上一级语音单位是音节，音节是由音位单独或音位与音位组合而构成的语段；音节的上一级语音单位是音步，音步是口语区别于书面语而特有的语音单位，指的是从一个重读音节开始到下一个重读音节出现之前的语段，它承载英语口语的节奏；音步的上一级语音单位是调块，调块是英语口语交际的基本单位，自然流畅的英语口语以调块为交际单位。调块单独或调块与调块结合构成更高一级的语音单位，即口语的语篇。英语口语中各语音单位之间的层级关系，如图 1-2 所示：

图 1-2　口语中语音单位之间的层级关系

1.3 中国英语学习者在口语中存在的问题

要认识中国英语学习者在口语中存在的问题，首先要理解汉语口语与英语口语之间的差异。

1.3.1 汉语口语与英语口语的差异

汉语口语与英语口语之间的差异，在很大程度上给中国英语学习者学习英语口语带来了困扰。学习者可能会把汉语口语的特征负迁移到英语口语中，从而造成英语口语不地道、不流畅等问题。

下面，我们就三个方面来说明这个问题。

第一，汉字与汉字之间很少连读[①]，每个汉字都需要说得清清楚楚；而在英语中，单词与单词之间连读是普遍现象。实际上，失去单词与单词之间的连读，就失去了英语口语的流畅性。

第二，汉语和英语的重音差异显著。中国著名语言学家赵元任把汉语的重音分为正常重音、对比重音和弱重音。其中，弱重音也被称为"轻声"，因为在弱重音中，声调幅度差不多压缩到零，其持续时间也相对缩短[②]。也就是说，汉字只有不同程度的重读音节，没有非重音音节；而英语却不同。在英语中，重读音节和非重读音节不仅是单词发音的一个组成部分，而且句子中的重读音节和非重读音节是英语口语节奏的载体。失去重读音节和非重读音节之间的对比，英语口语就失去了其应有的节奏。

第三，汉字本身有声调，即字调，同时汉语的句子有句调。因此，汉语的语调是汉语字调与句调的结合；而在英语中，英语单词本身没有声调，只有句子才有句调。这就导致了英语口语与汉语口语在语调上的显著差异。

1.3.2 中国英语学习者与英语母语者的口语对比分析

汉语与英语的不同，对我们学习英语口语产生了很多负面影响。例如，受母语的影响，许多中国英语学习者倾向于把句子中的每个单词，甚至每个音都说得清清楚楚，单词与单词之间连读的意识薄弱；同时，他们也常常忽略句子的重音与非重音，使句子失去应有的节奏。

下面，我们通过从语音软件 Praat 生成的音强语图来分析一个中国英语学习者与一个英语母语者说"I doubt it."这句话的异同。其中，图 1–3 是中国英语学习者的音强语图；图 1–4 是英语母语者的音强语图。

---

① 只有个别情况，如儿化音，能算作连读。
② 赵元任.《汉语口语语法》[M]. 北京：商务印书馆，2005.

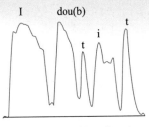
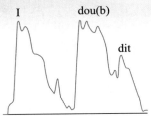

图 1-3　中国英语学习者　　　图 1-4　英语母语者

就以上两个语图，我们比较讨论两点：（1）在图 1-3 中，我们可以看到五个音段，即 I、dou(b)、t、i 和 t。其中，只有一个音段，即 dou(b)，是由两个音位连读组成的；而在图 1-4 中，我们只看到三个音段，即 I、dou(b) 和 dit。（2）位于单词 doubt 末尾的辅音字母 t /t/ 在图 1-3 中，作为一个单独的音位发音；而在图 1-4 中，它移位与下一个单词 it /ɪt/ 连读，与其起始元音字母 i /ɪ/ 连读，并变音为"轻碰 t"①，标记为 dit。

从以上两个语图的对比可以看出，中国英语学习者与英语母语者的口语非常不同：在前者的句子中，大多数音位都被作为独立的音位发音，听起来像一个字一个字蹦出来似的。这就是我们通常所说的 broken English，听起来支离破碎；而在后者的句子中，相邻的音位连接起来成为一个整体语段，听起来自然流畅。

我们再看以下例子：

If everyone else is jumping in the pool, why not jump too?

下面我们通过从语音软件 Praat 生成的音高语图来分析一个中国英语学习者和一个英语母语者说以上这句话的差异。其中，图 1-5 是中国英语学习者的音高语图；图 1-6 是英语母语者的音高语图。

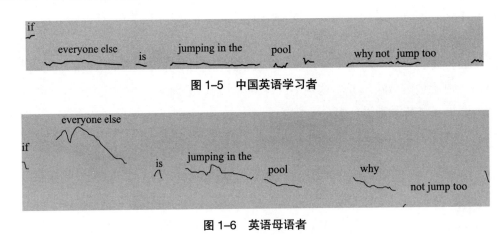

图 1-5　中国英语学习者

图 1-6　英语母语者

---

① 有关内容将在本书第 4 讲中解析。

从以上两个语图我们可以直观地看到，它们之间有诸多不同之处。在此，我们只比较一个最突出的方面，即语调。在图 1-5 中，中国英语学习者的语调几乎呈现为直线形态，这导致整个句子听起来语调平淡，没有英语口语应有的高低起伏的旋律；而在图 1-6 中，英语母语者的语调呈现为高低起伏的形态，这体现的就是英语口语的旋律。

从以上两个句子的对比可以看出，中国英语学习者和英语母语者的口语在语音语调方面是有明显差别的。

1.4 学习口语，要在正确的道路上努力

正如我们所知，儿童习得母语是在自然语境中自然而然地进行的。但是，学习外语却非常不同。

有人看到了儿童习得母语时在自然语境中模仿的一面，因此，认为成人学习外语就是要多听多看、多读多背、多模仿。在这种理念的指导下，学习者听了很多，背了很多，然而效果却不尽如人意。

通过这种学习方式，虽然有一些学习者的口语达到了一定的水平，但是绝大多数学习者的口语并不理想。因为在大量的材料中多听多看、多读多背、多模仿，是一种盲目的学习。盲目的学习就像一个不会游泳的人身处茫茫大海中一样，难以辨别方向。因此，虽然多听多看、多读多背、多模仿在口语学习中能够起到一定的作用，但是它却是一种事倍功半的方法，效果不佳。

另外，也有人将学习口语比作学习游泳：学游泳要浸泡在水中，学英语口语就要让自己置身于口语实践中。因此，学习口语要寻找机会与英语母语者交流，要大胆开口说，不怕出错，不怕出丑。但是，当我们用"一个词一个词蹦"，或用毫无语调变化的方式说英语时，很难吸引对方的注意。在正常语境下，交际可能会被打断，甚至终止。

还有人说，找他人交流不方便的话，就自己大声朗读，反复练习。实际上，这也是不可取的。因为学习者以自己的方式反复朗读英语，其结果是形成自己的口语模式，而自己的口语模式很可能正是需要改进的模式。从语言学习的角度来讲，一旦形成了自己的语音语调模式，以后再想改进难度很大。这样，自己既付出了很大努力，又没有接近理想目标，那就得不偿失了。

实际上，对于成年人来说，有效的学习应该基于有效策略的指导，而不是靠盲目用功。比如，学习弹钢琴时，我们会先采取某种高效的学习方式入门，如请钢琴老师上课，或观看视频学习，以便对弹钢琴的基本要素和弹琴的基本动作要领有所了解，在此前提下再多听多练，更合理更有效。

　　学习英语口语也应该先对英语口语的基本要素有所了解，掌握英语口语的基本要领。例如，我们在了解了单词与单词之间的不同连读方式之后，在听、看、模仿时就会目标明确，使练习具有针对性，做到有的放矢。再如，我们在了解了英语口语的节奏，并且掌握其基本要领之后，在听、看、模仿时才能识别出其节奏，厘清练习的重点，学习的路径会更直接，学习的效果也就不言而喻了。

　　总之，像做任何事情一样，学习英语口语也要在正确的道路上努力。了解英语口语的要素，掌握各个要素的基本要领，是突破英语口语瓶颈的重要一步。

　　1.尽管学习英语多年，许多学习者对自己的英语口语水平并不满意。结合本讲中谈到的问题和你自身的学习经历，谈谈你认为造成英语口语水平不够理想的原因。

　　2.结合本讲内容，谈谈你认为提升英语口语的最佳途径是什么。

第 2 讲
音位：英语口语的基础语音单位

我们知道，英语口语由五个要素构成，即音位、音节、音步、调块和语篇，这五个元素自下而上结合构成口语的不同层级单位。其中，音位是最基础的语音单位。学习英语口语，必须熟悉并能够规范地说出英语中的所有音位。

2.1 音位的概念

音位是语言中能够区分意义的最小的语音单位。

作为人类，我们能够发出很多种不同的声音，但并不是所有的声音都可以用来区分意义。实际上，每种语言只需要使用几十种语音来区分语言中的不同意义。这些用来区分意义的、最小的语音单位被称为"音位"。

在汉语中，音位的标记符号是汉语拼音。也就是说，一个汉语拼音就代表汉语中的一个音位。例如，在汉语中，声母 d 和 t 是两个音位。这是因为，汉字"肚"（du）的声母为 d，如果我们用声母 t 来替换声母 d，就得到一个意义不同的汉字"兔"（tu）。这说明，声母 d 和 t 在汉语中是能够区分意义的、最小的语音单位。因此，声母 d 和 t 是汉语中两个不同的音位。

在英语中，辅音 /d/ 和 /t/ 也是两个音位。这是因为，英语单词"dear（亲爱的人）"的起始辅音为 /d/，如果我们用辅音 /t/ 来替换辅音 /d/，就得到一个意义不同的英语单词"tear（眼泪）"。这说明，辅音 /d/ 和 /t/ 在英语中也是能够区分意义的、最小的语音单位，即它们也是英语中两个不同的音位。

不同的语言具有不同的音位系统。在不同的语言中，虽然可能有相同或相近的音位，如汉语中的声母 d 和 t 与英语中的辅音 /d/ 和 /t/，但是，不同语言的音位系统常常存在差异。也就是说，有些音位在一种语言中具有区分意义的作用，而在另一种语言中却不然。例如，在英语中，如果用辅音 /v/ 替换单词"west /wĕst/（西部）"中的起始辅音 /w/，我们就得到一个意义完全不同的单词"vest /vĕst/（背心）"。这说明，辅音 /w/ 和辅音 /v/ 在英语中具有区分意义的作用。因此，辅音 /w/ 和辅音 /v/ 在英语中是两个不同的音位。但是在汉语中，如果我们把"伟大"中的"伟"wei 说成 vei，即用声母 v 替换其声母 w，虽然听起来两个声音不完全一样，但是听众仍然会理解我们说的是"伟大"，而不会想到另外一个词。也就是说，把"伟"wei 中的声母 w 说成声母 v，不会引起意义上的改变。这说明，声母 w 和声母 v 在汉语中没有区分意义的作用，即在汉语中，w 和 v 不是两个不同的音位。这就是为什么在英语拼音方案中有 w 和 v 这两个音位，而在汉语拼音方案中却只有 w 这一个音位，而没有 v 这个音位。

综合练习

1. 填空完成下列句子。

（1）_____是语言中能够区分意义的、最小的语音单位。

（2）在汉语中，标记音位的符号是_____。也就是说，一个_____就代表汉语中的一个音位。

（3）在英语中，辅音 /w/ 和辅音 /v/ 是两个_____音位，因为在英语中它们是最小的、具有_____的语音单位。但是在汉语中，声母 w 和声母 v 却不是两个_____音位，因为它们在汉语中不具有区分意义的作用。

2. 回答下列问题。

辅音 /p/ 和辅音 /b/ 在英语中属于两个不同的音位。在汉语中，声母 p 和声母 b 是否也属于两个不同的音位呢？请举例说明。

2.2 音位及其标注

在以英语为母语的国家，为英语单词注音使用的是"自然拼音"（Natural Phonics）。所谓"自然拼音"就是使用英语字母作为拼音为单词标注读音，以便使单词的拼写与读音之间建立起直接联系，使英语单词的拼读和拼写变得简单有序。在使用自然拼音为英语单词注音的体系中共有 41 个音位，这 41 个音位体现为 41 个拼音。

2.2.1 音位标注的方法——自然拼音

我们知道，英语属于拼音文字。拼音文字有三个特点。第一，在拼音文字中，用于体现单词拼写的书面符号是字母（letters）。英语中共有 26 个字母，这 26 个字母用来拼写英语中所有的单词，例如，单词 dog 的拼写由 d、o 和 g 三个字母组成。第二，像汉语一样，用于标注英语单词读音的声音符号也是拼音。例如，单词 dog 的读音为 /dŏg/，由 /d/、/ŏ/ 和 /g/ 三个拼音组成。第三，用于体现单词拼写的字母和用于标注单词读音的拼音之间存在着一定的对应规律。例如，在单词 dog 的拼写与读音之间存在着对应关系，即：

d-o-g
/d-ŏ-g/

可以看出，单词拼写中的两个辅音字母，即 d 和 g，与标注它们读音的两个拼音，即 /d/ 和 /g/ 的写法相同；单词拼写中的元音字母 o 与标注它读音的拼音 /ŏ/，二者写法相同，拼音符号只是在元音字母上方多打了一个勾。

但是，英语单词的拼写由 26 个字母体现，而英语单词的读音却需要由多达 41 个拼音来标注。这是因为，同一个字母在不同的单词中有不同的发音。在这种情况下，作为标注单词读音的拼音，需要最大限度地反映单词拼写与单词读音之间的对应规律。使用"自然拼音"，即使用英语字母作为拼音为单词标注读音，是实现这个对应规律的最佳方式。

概括来说，用英语字母作为拼音为单词标注读音有以下两种途径。

首先，在与拼写相对应的字母上方画线、打勾、加圆点来标注读音。例如，在单词 dog /dŏg/ 中，元音字母 o 的拼音就是在元音字母 o 的上方打勾，即 o /ŏ/。再如，在单词 so /sō/ 中，元音字母 o 的拼音就是在元音字母 o 的上方画一条小横线，即 o /ō/。又如，在单词 for /för/ 中，元音字母 o 的拼音就是在元音字母 o 的上方加两个小圆点，即 o /ö/。这样，元音字母 o 在三个单词中的三种不同发音，就用与它书写相同的字母来标注，只是在它的上方做简单的、不同的标记：

d-o-g   s-o   f-o-r
/d-ŏ-g/   /s-ō/   /f-ö-r/

如上可见，这三个单词中的辅音 /d/、/g/、/s/、/f/ 和 /r/，用的都是与其相应的辅音字母，即 d、g、s、f 和 r；而元音 /ŏ/、/ō/ 和 /ö/，用的都是与其相对应的元音字母 o，只是在它的上方分别打勾、画线和加圆点。这样，体现拼写的字母与标注其读音的拼音之间，自然而然地就形成了明显的对应，从而使学习这些单词的拼写和读音变得简单、有序。

其次，用与拼写形式相对应的字母组合来标注读音。例如，在单词 house 中，元音字母组合 ou 的拼音就直接用这个字母组合来标注，即 ou /ou/。这是因为，许多单词都含有这个元音字母组合，其发音都相同，如在单词 mouth、shout 和 found 中：

house   mouth   shout   found
/hous/   /mouth/   /shout/   /found/

这时，直接用 /ou/ 标注这个元音字母组合的读音简单明了，学习后，易于拼读拼写。

再如，辅音字母组合 th 在单词中有两种发音，用自然拼音的方式来标注它们在单词中的读音，就是直接使用这个字母组合来标注，只是在其中一种发音的下方画一条小横线将其两种发音区分开来，即 th /th/ 和 /th̠/。请看以下例子：

three   that
/thrē/   /th̠ăt/

可见，使用自然拼音可以使英语单词的拼写与读音之间最大限度地相互对应起来。这使英语中大多数音位不需要注音，或者只需要在某些字母的上方添加简单的符号，就可以拼读。使用自然拼音为单词注音学习拼读、拼写单词，就是我们通常所说的"自然拼读"。

用自然拼音为单词注音进行自然拼读，使英语单词的拼读和拼写变得简单有序，这是实现"见词能读、听音能写"目标的最佳方式。

2.2.2 英语自然拼音方案

用于为英语单词注音的 41 个拼音体现了英语中的 41 个音位。这 41 个音位，构成"英语自然拼音方案"。其中，17 个为元音，24 个为辅音。下面我们首先整体呈现英语自然拼音方案，然后再分别解析其中的 17 个元音和 24 个辅音。用来标记这 41 个音位的英语自然拼音及其例词，见表 2–1。

表 2–1 英语自然拼音方案

元音（17 个）						
/ā/ name	/ē/ we	/ī/ bike	/ō/ go	/ū/ cute	/oi/ noise	/ə/ about
/ă/ bag	/ĕ/ bed	/ĭ/ big	/ŏ/ box	/ü/ blue	/ou/ house	often
/ä/ car			/ö/ more	/ŭ/ bus		cousin
				/u̇/ put		police
						autumn
辅音（24 个）						
/b/ bag	/d/ dog	/g/ gate	/j/ job	/s/ sit	/y/ yes	/ng/ sing
/p/ pig	/t/ top	/k/ kite	/ch/ chair	/z/ zoo	/w/ wet	
/m/ mom	/n/ no	/h/ hat	/sh/ she	/th/ three	/r/ red	
/f/ fat	/l/ leg		/zh/ measure	/th̠/ that		
/v/ very						

从以上音位及其例词可以看出，在这 41 个拼音中，40 个用的都是英语字母表中的 26 个字母及其组合，只有一个元音 /ə/ 例外。这是因为，元音 /ə/ 是 41 个音位中唯一——

· 12 ·

个"公众"音位：每个元音字母或元音字母的组合在单词中都可以发这个音。在这种情况下，用任何一个英语字母来体现这个音位都显得"不公平"，因此，只好使用一个生僻的符号。事实上，不管是所谓的"国际音标"，还是任何其他版本的英语自然拼音方案，都是使用符号 /ə/ 来体现这个音位的。

可喜的是，越来越多的人认识到，英语自然拼音方案既简单明了，又科学有序。它把体现英语单词拼写的字母直接用于标注单词的读音，自然而然地就将单词的拼写与读音结合起来，最大限度地体现了单词拼写与读音之间相互对应的规律，因而使英语单词的拼读和拼写简单有序。因此，英语自然拼音是标注英语单词读音的最佳方式，使我们可以根据拼写直接读出单词，或由读音直接拼写单词。

熟练地掌握 41 个英语自然拼音，是学习英语单词拼读和拼写以及学习英语口语的语音基础。

综合练习

1. 填空完成下列句子。

（1）用自然拼音为英语单词注音，指的是使用_____作为拼音为单词注音，以便最大限度地反映单词拼写与_____之间的对应规律，使英语单词的学习简单有序。

（2）用"自然拼音"为单词注音进行单词的拼读、拼写，就是我们通常所说的_____。_____是实现"见词能读、听音能写"目标的最佳方式。

（3）用于为英语单词注音的 41 个_____，体现英语中的 41 个_____。这 41 个音位，构成"英语自然拼音方案"。

（4）在"自然拼音方案"中，用于体现单词拼写的_____与用于标注单词读音的_____之间存在着明显的对应规律。

2. 在字母上方画线、打勾或加圆点，为下列单词中的元音字母注音。第一个是例子。

(1) whĕn   (2) visit   (3) let   (4) park
(5) value   (6) wake   (7) duck   (8) kite
(9) long   (10) me   (11) cold   (12) use
(13) put   (14) but   (15) blue   (16) form

3. 在字母上方画线、打勾或加圆点，为下列画线单词中符合读音规则的元音字母注音。第一个是例子。

(1) That cake is more delicious than this one.
    thăt, cāke, ĭs, mŏre, delĭcious, thĭs

(2) I left my bike near the river.
_____

(3) Let's row a boat on the lake.
_____

(4) The blue doll is very cute. I like it a lot.
_____

(5) Vehicles include planes, trains, trucks, ships, boats, buses, cars and bicycles.
_____

4. 根据要求写出单词。
（1）写出两个含有组合元音 /oi/ 的单词：_____
（2）写出两个含有组合元音 /ou/ 的单词：_____
（3）写出三个含有轻元音 /ə/ 的单词：_____

2.3 聚焦元音

在英语自然拼音方案的 41 个音位中，有 17 个是元音。元音大致上相当于汉语拼音中的韵母①。元音用于标注英语单词中元音字母和元音字母组合的读音。

2.3.1 17 个元音

在这 17 个元音中，有 14 个是通过在五个元音字母 a、e、i、o 和 u 的上方画线、打勾或加圆点表示的：

（1）元音字母 a 用来表示三个元音，它们是 /ā/、/ă/ 和 /ä/，如在单词 cāke、băd 和 cär 中；（2）元音字母 e 用来表示两个元音，它们是 /ē/ 和 /ĕ/，如在单词 wē 和 rĕd 中；（3）元音字母 i 用来表示两个元音，它们是 /ī/ 和 /ĭ/，如在单词 līke 和 pĭg 中；（4）元音字母 o 用来表示三个元音，它们是 /ō/、/ŏ/ 和 /ö/，如在单词 nō、hŏt 和 för 中；（5）元音字母 u 用来表示四个元音，它们是 /ū/ 和 /ŭ/ 以及 /ü/ 和 /ů/，如在单词 mūsic 和 bŭt 以及 blüe 和 půt 中。

另外，有两个元音是用两个元音字母的组合来表示的：字母 o 与 i 和 u 分别结合，构成元音字母组合 oi 和 ou，用来表示组合元音 /oi/ 和 /ou/，如在单词 oil 和 out 中。

---

① 在汉语拼音方案中，复韵母，如 an、en、in、un 和 ang、eng、ing、ong 等，与英语自然拼音有所不同，因为它们含有辅音 n 或 ng。

最后，有一个元音不用英语字母来表示，即轻元音 /ə/。上文提到，轻元音不能用五个元音字母中的任何一个来表示，因为这五个元音字母或它们的组合，在非重读音节中的读音通常都是轻元音，如元音字母 a、e、i、o 和 u 在单词 ago、open、family、police 和 autumn 中的发音。因为元音 /ə/ 通常出现在非重读音节中，因此我们称它为"轻元音"。

英语自然拼音方案中的 17 个元音及其例词，如表 2–2 所示：

表 2–2　17 个元音及其例词

元音（17 个）					
/ā/ cake	/ē/ we	/ī/ like	/ō/ no	/ū/ music	/oi/ oil	/ə/ ago
/ă/ bad	/ĕ/ red	/ĭ/ pig	/ŏ/ hot	/ü/ blue	/ou/ out	open
/ä/ car			/ö/ for	/ŭ/ but		cousin
				/ů/ put		police
						lotus

2.3.2　元音的分类

对于英语自然拼音方案中的 17 个元音，常常有不同的分组方式。在本书中，我们根据元音在单词中的分布特征，把这 17 个元音分为五组：第一组是六个长元音，即 /ā/、/ē/、/ī/、/ō/、/ū/ 和 /ü/，长元音的发音与它们所对应的元音字母的发音相同，因此，长元音也被称为"字母音"，长元音通常出现在重读开音节中；第二组是六个短元音，即 /ă/、/ĕ/、/ĭ/、/ŏ/、/ŭ/ 和 /ů/，短元音通常出现在重读闭音节中；第三组是两个双点元音，即 /ä/ 和 /ö/，它们经常与辅音 /r/ 构成"r 音节"，即 /är/ 和 /ör/；第四组是两个组合元音，即 /oi/ 和 /ou/，组合元音专门用来标注元音字母组合 oi (oy) 和 ou (ow) 的发音。最后一个元音是轻元音 /ə/，轻元音通常出现在非重读音节中，或与辅音 /r/ 构成"r 音节"/ər/。"r 音节"/ər/ 既可以出现在重读音节中，也可以出现在非重读音节中。

这五组 17 个元音，即"六长、六短；两双点、两组合；一个轻"，如表 2–3 所示：

表 2–3　五组 17 个元音

6 个长元音	/ā/　/ē/　/ī/　/ō/　/ū/　/ü/
6 个短元音	/ă/　/ĕ/　/ĭ/　/ŏ/　/ŭ/　/ů/
2 个双点元音	/ä/　/ö/
2 个组合元音	/oi/　/ou/
1 个轻元音	/ə/

2.3.3 元音与其拼写之间的对应关系

元音是学习英语音位的重点和难点所在。

在上文中我们谈到，英语中的五个元音字母及其组合分别对应英语自然拼音方案中的17个元音。例如，元音字母 a 对应 /ā/、/ă/ 和 /ä/ 三个元音；元音字母 e 对应 /ē/ 和 /ĕ/ 两个元音。但是，这并不等于说这些元音字母及其组合在单词中的发音只局限于这些元音。例如，元音字母 a 在单词中的发音远远不止于 /ā/、/ă/ 和 /ä/ 这三个元音；元音字母 e 在单词中的发音也远远不止于 /ē/ 和 /ĕ/ 这两个元音。

事实上，元音字母以及元音字母组合在单词中的发音与其拼写之间的对应关系非常复杂。

一方面，一个元音字母在不同的单词中可以对应多个不同的读音。例如，元音字母 a 在单词中除了发 /ā/、/ă/ 和 /ä/ 三个元音之外，它还可以发另外五个元音，即 /ȯ/、/ŏ/、/ĕ/、/ĭ/ 和 /ə/，如在单词 water (ȯ)、was (ŏ)、many (ĕ)、encourage (ĭ) 和 about (ə) 中。另外，它还可以与其他字母结合构成七种字母组合，即 ai、ay、au、aw、ar、are 和 air，这些字母组合又各自有不同的读音。例如，第一个元音字母组合 ai 在单词中就至少有三种读音，即 /ā/、/ĕ/ 和 /ə/，如在单词 daily (ā)、again (ĕ) 和 mountain (ə) 中。

反过来，一个元音在不同的单词中也可以对应多个不同的元音字母或元音字母组合。例如，长元音 /ā/ 在单词中对应的拼写可以是元音字母 a，也可以是字母组合 ai 和 ay，如在单词 lāke、rāin 和 dāy 中。另外，它还可以对应元音字母 e 的字母组合 ea、ei 或 ey，如在单词 greāt、eight (ā) 和 they (ā) 中。

总之，在单词中，英语字母表中的五个元音字母与英语自然拼音方案中的17个元音之间存在多对多的对应关系。了解元音与单词中元音字母和元音字母组合之间的相互对应关系有助于学习单词，也有助于学习英语口语。《英语自然拼读教程》①一书中对此有系统、详细的解析，在此不再赘述。

1. 写出六个长元音，并为每个长元音写出一个例词。

2. 写出六个短元音，并为每个短元音写出一个例词。

---

① 范文芳，庞建荣，单小艳，阎晓梅.《英语自然拼读教程》[M]. 北京：清华大学出版社. 2018.

3. 写出两个双点元音，并为每个双点元音写出一个例词。

_____

4. 写出两个组合元音并为每个组合元音写出一个例词。

_____

5. 五个元音字母，即 a、e、i、o 和 u，在单词的非重读音中都可以发轻元音 /ə/。写出分别含有这五个元音字母发轻元音 /ə/ 的例词。

_____

6. 朗读下列单词，写出画线元音或元音字母组合的拼音。

(1) r<u>ai</u>n   /   /   (2) sn<u>ow</u>   /   /   (3) st<u>o</u>rm /   /
(4) cl<u>ou</u>dy /   /   (5) r<u>ai</u>nb<u>ow</u> /   /   (6) h<u>ea</u>t /   /
(7) w<u>a</u>ve   /   /   (8) f<u>o</u>g   /   /   (9) w<u>a</u>rm /   /
(10) th<u>u</u>nder /   /   (11) dr<u>y</u>   /   /   (12) w<u>e</u>t /   /

2.4 聚焦辅音

辅音是发音时气流部分或全部受到阻碍发出的音。辅音与元音相对，大致上相当于汉语拼音中的声母。辅音用于标注英语单词中辅音字母和辅音字母组合的读音。

英语自然拼音方案中共有 41 个音位，其中 24 个是辅音。辅音通常根据发音部位和发音方法进行分类。

辅音的发音部位和发音方法的不同不仅可以区分不同的辅音，而且它们会直接影响相邻单词之间的连读方式（详见本书第 4 讲有关英语口语中的连读）。因此，从不同的角度理解辅音，无论是对辅音本身的学习，还是对出现在单词以及口语句子中的辅音的学习，都十分有益。

下面我们分别从发音部位和发音方法两个角度，对辅音进行解析。

2.4.1 辅音分类 I：发音部位

根据发音部位，英语中的 24 个辅音可以分为八组。这八组辅音从口腔的最外位自嘴唇（双唇音 bilabial consonant）开始，移向牙齿（唇齿音 labiodental consonant）到达牙齿（齿音 dental consonant）；从牙齿移向牙龈（齿龈音 alveolar consonant）；再从齿龈继续移向口腔内部，到达牙龈和颚部（齿腭音 palato alveolar consonant、腭音 palatal consonant、软腭音 velar consonant），最后到达喉咙（喉音 glottal consonant）。

按照发音部位，24 个辅音的分类如表 2–4 所示：

表2-4　24个辅音分类（根据发音位置）

双唇音	唇齿音	齿音	齿龈音	齿颚音	腭音	软腭音	喉音
/b/	/f/	/th/	/d/	/j/	/y/	/g/	/h/
/p/	/v/	/th/	/t/	/ch/		/k/	
/m/			/n/	/sh/		/ng/	
/w/			/l/	/zh/			
			/s/	/r/			
			/z/				

对于以上八组辅音，我们有以下五点说明：

根据发音部位对英语辅音进行分类，与汉语拼音方案中声母的排列顺序接近。它能够比较清楚地显示英语辅音与汉语拼音声母之间的异同。

第一，英语中有24个辅音，其中有20个与汉语拼音中的声母具有较高的"相互对应性"，它们基本相同或相近。只有四个，即唇齿音 /v/、齿音 /th/ 和 /th/ 以及齿龈音 /z/，在汉语中没有与之对应的音位。其中，唇齿音 /v/ 是辅音字母 v 在单词 vest 中的发音；齿音 /th/ 和 /th/ 分别是辅音字母组合 th 在单词 thank 和 that 中的发音；齿龈音 /z/ 是辅音字母 z 在单词 zero 中的发音。因此，在学习时要特别关注这四个英语辅音。

需要指出的是，英语中的软腭音 /ng/（如辅音字母组合 ng 在单词 strong 中的发音）在汉语拼音的声母表中没有与之对应的声母，但是它被包含在复韵母中，如复韵母 ang、eng、ing、ong 和 ung 中的 ng，其写法与英语中的软腭音 /ng/ 相同，发音相近。

第二，双唇音 /w/ 和腭音 /y/ 分别对应于汉语拼音中的声母 w 和 y。它们书写相同，读音相近，分别是辅音字母 w 和 y 在单词 wet 和 yes 中的发音。

第三，关于齿腭音 /r/。当 /r/ 出现在音节的开始时，是辅音字母 r 在单词 red 中的读音；当它出现在元音之后与元音结合构成"r 音节"时，其读音与汉语拼音 er 的读音相近，如辅音字母 r 在单词 car 中的发音。

第四，齿腭音中的四个辅音，即 /j/、/ch/、/sh/ 和 /zh/，分别与汉语拼音的声母 zh、ch、sh 和 r 的发音相近。其中，/ch/ 和 /sh/ 分别与汉语拼音 ch 和 sh 的书写相同，读音非常接近，它们分别是辅音字母组合 ch 在单词 chair 中的发音和辅音字母组合 sh 在单词 share 中的发音；辅音 /j/ 和 /zh/ 分别与汉语拼音 zh 和 r 的读音接近，它们分别是辅音字母 j 在单词 job 中的发音和辅音字母 s 在单词 television 中的发音。

第五，喉音 /h/ 和软腭音 /ng/。这两个辅音在单词中的位置很特殊，因为前者只能出现在音节的开始，后者只能出现在音节的末尾。具体地说，辅音 /h/ 用来标注辅音字母 h 的发音，而辅音字母 h 在单词中只能出现在音节的开始①，因此，辅音 /h/ 只出现在音节的开始，如在单词 house 和 hat 中；辅音 /ng/ 主要用来标注辅音字母组合 ng② 的发音，而辅音字母组合 ng 在单词中只出现在音节的末尾，因此，辅音 /ng/ 只出现在音节的末尾，如在单词 sing 和 swing 中。

2.4.2 辅音分类 II：发音方法

辅音在发音方法上的差异包括声带是否振动以及气流受阻的方式和程度。下面，我们从这两个角度对辅音进行分类。

1. 声带是否振动

从发音方法上来讲，辅音的发音与声带是否振动有关。根据发音时声带是否振动，英语中的 24 个辅音可以分为两类，即清辅音（voiceless）和浊辅音（voiced），前者指的是发音时声带不振动的辅音，后者指的是发音时声带振动的辅音。其中，清辅音 9 个，浊辅音 15 个。

按照发音时声带是否振动，24 个辅音的分类如表 2–5 所示：

表 2–5　24 个辅音分类（根据声带是否振动）

清辅音		浊辅音	
/p/	pen, cap	/b/	bag, sob
/t/	top, cat	/d/	dark, read
/k/	kite, can, back	/g/	good, big
/f/	five, beef	/v/	vest, live
/th/	thank, with	/th/	that, breathe
/s/	slow, city, mouse	/z/	zoo, rise
/sh/	she, fish	/zh/	pleasure
/ch/	chance, rich	/j/	job, large
/h/	help, hat		
		/m/	mother, mom
		/n/	not, win
		/l/	like, tell

---

① 在个别单词中，辅音字母 h 不出现在音节的开始，这时它往往不发音，如在单词 rhythm 中。

② 当辅音字母 n 位于辅音 /k/ 和 /g/ 之前时，其发音也是辅音 /ng/，如在单词 mon·key (ng) 和 En·glish (ng) 中。这时，辅音 /ng/ 也位于音节的末尾。

（续表）

清辅音		浊辅音
	/y/	yes
	/w/	wet
	/r/	run, far
	/ng/	sing, monkey, English

对于清辅音与浊辅音的分类，有以下两点需要说明：

第一，划归为清辅音的 /h/，是个特殊的音位。严格来说，/h/ 不能算作清辅音，甚至不能算作辅音。因为在发 /h/ 这个音时，气流没有受到任何阻碍。因此，虽然把它划归为清辅音，但我们在谈论清、浊辅音时，一般不提及这个音。这就是为什么经常说英语中有"八个"清辅音的原因。

第二，八个清辅音都分别有与它们配对的八个浊辅音，于是就构成八对清、浊辅音。这八对清、浊辅音，其发音部位相同，不同之处只在于声带是否振动。按照顺序记住这八对清、浊辅音，对学习英语口语中的连读（见本书第 4 讲）十分有益。

八对清、浊辅音见表 2–6：

表 2–6　八对清浊辅音

清辅音	p	t	k	ch	f	th	s	sh
浊辅音	b	d	g	j	v	th	z	zh

2. 气流受阻的方式和程度

辅音的发音与发音时气流在发音器官中受阻的方式和程度有关。根据发音时气流受阻的不同情况，英语中的 24 个辅音可以分为两个大组，即非持续辅音（non-continuous consonant）与持续辅音（continuous consonant）。其中，非持续辅音指的是在发音开始时气流完全受阻、阻碍结束之后发出的辅音。非持续辅音包括爆破音（plosive/stop）和破擦音（affricate）；持续辅音指的是在发音时气流不受阻或不完全受阻、因而气流可以持续地流动而发出的辅音。持续辅音包括摩擦音（fricative）、鼻辅音（nasal）和近音（approximant）[①]。了解持续音和非持续音，对于学习英语口语中的连读（见本书第 4 讲）十分重要。

按照气流受阻的方式和程度，24 个辅音的分类如表 2–7 所示：

[①] 元音属于持续音，因为它们在发音时气流不受阻。

表 2-7　24 个辅音分类（根据气流受阻方式）

	非持续辅音		持续辅音		
	爆破音	破擦音	摩擦音	鼻辅音	近音
清辅音	/p/ /t/ /k/	/ch/	/f/ /th/ /s/ /sh/ /h/		
浊辅音	/b/ /d/ /g/	/j/	/v/ /th/ /z/ /zh/	/m/ /n/ /ng/	/y/ /w/ /r/ /l/

下面我们分别对非持续辅音（即爆破音和破擦音），以及持续辅音（即摩擦音、鼻辅音和近音）的发音方式，做具体说明。

- 爆破音

爆破音的发音是在发音时气流完全受阻，之后突然迸发，将被阻塞的气流释放出来发出的辅音。英语中共有六个爆破音，它们是三对清、浊辅音，即 /p/ 和 /b/，/t/ 和 /d/，以及 /k/ 和 /g/。爆破音是英语中出现频率很高的一类辅音。爆破音与其拼写形式之间的对应，如以下单词所示：

/p/: people, apple

/b/: bag, hobby

/t/: take, butter, talked

/d/: day, middle, stayed

/k/: kite, cry, black, chemistry, quiet, exercise

/g/: go, egg, ghost, guest, dialogue, exist

- 破擦音

破擦音的发音是在开始时像爆破音那样气流完全受阻，而后变为气流部分受阻。部分受阻的气流在狭小的缝隙中受到挤压从而产生摩擦所发出的辅音就是破擦音。英语中共有两个破擦音，即 /ch/ 和 /j/。这两个辅音在英语单词中的出现频率比较低。这两个辅音与其拼写形式之间的对应，如以下单词所示：

/ch/: teacher, catch, picture

/j/: just, gentle, suggest, strange, bridge, education

- 摩擦音

摩擦音是发音时气流部分受阻，使气流在狭小的缝隙中受到挤压从而产生摩擦所发出的辅音。英语中共有九个摩擦音，即 /f/、/v/、/th/、/th/、/s/、/z/、/sh/、/zh/ 和 /h/。摩擦音也是英语中出现频率较高的一类辅音。摩擦音与其拼写形式之间的对应，如以下单词所示：

/f/: fat, coffee, elephant, cough

/v/: live, of

/th/: thank

/th/: that

/s/: see, rice

/z/: zebra, rise

/sh/: share, machine, ocean, tension, sure, passion, nation

/zh/: usually, television, pleasure

/h/: hair, who

- 鼻辅音

鼻辅音是气流在口腔中受阻，而后从鼻腔中把气流释放出来所发出的辅音。英语中共有三个鼻辅音，即 /m/、/n/ 和 /ng/。这三个鼻辅音也都属于浊辅音，因为发音时声带都需要振动。鼻辅音这类辅音数量少，也容易掌握。鼻辅音与其拼写形式之间的对应，如以下单词所示：

/m/: mother, summer, autumn

/n/: nose, dinner, ten

/ng/: sing, thank, uncle, English[①]

- 近音

英语中共有四个近音，即 /y/、/w/、/r/ 和 /l/。其中前三个，即 /y/、/w/、/r/，是在发音过程中两个发音部位逐渐靠近但最终在发音时没有触碰而发出的辅音。因此，近音的发音过程是顺畅的，接近元音；第四个近音 /l/ 与前三个近音的发音部位有所不同。它是气流在受阻的过程中，从舌头的两边释放出来而发出的辅音，因此它又被称为舌边近音。

近音与其拼写形式之间的对应，如以下单词所示：

/y/: yes

/w/: way, when, quite

/r/: read, hurry, write, far

/l/: love, bell

---

① 需要注意的是，在单词 En·glish /'ĭng-glĭsh/ 中，辅音字母 n 和 g 分别属于两个不同的音节，前者（辅音字母 n）发辅音 /ng/（因为这里的辅音字母 n 出现在辅音 g /g/ 之前）；后者（辅音字母 g）发辅音 /g/。不要错将拼写中相邻的两个辅音 n 和 g 当作辅音丛 ng。

近音 /y/、/w/ 和 /r/ 是三个特殊的辅音，因为它们常常被放在相邻的两个元音之间，扮演一种特殊的角色，即充当一种"粘着剂"，实现相邻两个元音之间的连读。正是因为它们能扮演这个角色，它们又被称为"滑音"（slides）。例如，在单词 create /krēˈāt/ 中，前一个音节 cre /krē/ 以元音 /ē/ 结尾，与它相邻的下一个音节 ate /āt/ 以元音 /ā/ 开始。在说这个单词的时候，要在 /crē/ 和 /āt/ 之间加上"滑音" /y/，成为 /krēʸāt/（详见本书第 4 讲），这样就将相邻的两个元音连读起来。

英语自然拼音方案中的 41 个音位是英语口语的语音基础。因此，必须认真学习掌握这些音位。但是，英语口语是连贯、自然流畅的。连贯、自然流畅的英语口语，不是由一个一个独立的音位组合而成的，而是由音位与音位结合、音节与音节结合所构成的单词以及单词与单词结合所构成的语音连续体。音位在音节、单词和句子中的发音常常与它们作为独立音位时的发音有所不同。因此，在本讲学习 41 个音位的基础上，在下文中，我们将逐步讲解如何由音位结合而构成音节、单词和句子，直到连贯、自然流畅的英语口语语篇。

1. 朗读下列辅音，圈出四个汉语中没有与之对应的音位。

唇齿音	齿音	齿龈音
/f/	/th/	/d/
/v/	/th/	/t/
		/n/
		/l/
		/s/
		/z/

2. 朗读下列爆破音中的清辅音及其例词，写出与它们对应的浊辅音以及含有这些浊辅音的例词。

	爆破音及例词		
清辅音	/p/ people	/t/ tired	/k/ key
浊辅音			

3. 朗读两个破擦音及其例词，并分别再写两个例词。
（1）/ch/ chair _____
（2）/j/ judge _____

4. 朗读下列摩擦音中的浊辅音及其例词，写出与它们对应的清辅音以及含有这些清辅音的例词。

	摩擦音及例词			
清辅音				
浊辅音	/v/ very	/th/ these	/z/ zebra	/zh/ vision

5. 朗读下列鼻辅音和近音及其例词，并分别再写一个例词。

鼻辅音	近音	
/m/ man _____	/y/ yes _____	/l/ like _____
/n/ nut _____	/w/ wet _____	
/ng/ sing _____	/r/ rich _____	

2.5 用自然拼音为单词注音的方式

在英语词典或书籍的词汇表中，单词的拼音一般都放在单词之后。例如：

单词	读音
bag	/băg/
late	/lāt/
elephant	/'ĕ-lə-fənt/
four	/för/
decide	/dĭ-'sīd/
glue	/glü/

但是在日常学习中，为了方便起见，我们可以采用"省去注音""就字注音"或"重拼注音"三种方式给单词注音。

2.5.1 省去注音

"省去注音"指的是，当单词中的字母或字母组合，与标注其读音的拼音是同一个符号时，对于这些字母或字母组合就可以省去注音，即它们不需要注音。在符合读音规则的前提下，元音中不需要注音的主要是两个组合元音 /oi/ 和 /ou/。例如：

oil   noise   out   loud

在以上四个单词中，元音字母组合 oi 和 ou 与标记它们读音的拼音 /oi/ 和 /ou/ 使用的是相同的符号，即 oi 和 ou，这时就不需要给它们注音，见词就可以直接读音。

在符合读音规则的前提下，几乎所有的辅音都不需要注音，因为单词中的辅音字母与标记它们读音的辅音所使用的符号相同。例如：

  read   dog   sleep   thin   five   China

在以上单词中，所有的辅音字母（依次为 r 和 d；d 和 g；s、l 和 p；th 和 n；f 和 v；以及 ch 和 n）都符合读音规则，即标记这些辅音字母读音的符号使用的就是这些辅音字母，即 r /r/、d /d/、g /g/、s /s/、l /l/、p /p/、th /th/、n /n/、f /f/、v /v/ 和 ch /ch/。对于它们，我们就"省去注音"，即不注音。

"省去注音"的情况就是我们通常所说的典型的"见词读音"。例如，看到单词 out，我们就知道其对应的拼音为 /out/，不需要注音就可以直接读出来。

2.5.2 就字注音

"就字注音"主要用来为符合读音规则的元音字母或元音字母组合注音。当单词中的某个元音字母或元音字母组合的读音符合读音规则时，我们就对这个元音或元音字母组合就字注音，即在这个元音字母或元音字母组合中发音的那个元音字母上方，加上相应的符号来标注它在该单词中的读音。如果是字母组合，最好还要在该字母组合的下方画线，表示这个字母组合发某个音。例如，当单词中含有元音字母 u 或其字母组合，且其读音为 /ū/、/ŭ/、/ü/ 或 /ù/ 时，我们就可以对元音字母 u "就字注音"，如以下单词所示：

  mūsic beaūtiful bŭt coŭntry blüe süit pùt coùld

在许多单词中，元音字母组合的读音就是该字母组合中某个元音字母的读音。因此，"就字注音"自然就发生在该字母组合中发音的这个元音上。在许多单词中，元音字母组合的读音落在第一个元音字母上，第二个元音字母不发音，如在单词 trāin、tēach、brĕad、dīe、gōat 和 früit 中。这时，我们只需要在字母组合的第一个元音字母上方做标记来标注这个字母组合的发音。也有一些单词，其所含元音字母组合的读音落在第二个元音字母上，第一个元音字母不发音，如在单词 greāt、fiēld、beliēve、friĕnd、heīght、buĭld 和 coŭntry 中。这时，我们就在字母组合的第二个元音字母上方做标记来标注这个字母组合的发音。另外，在单词 beaūtiful 中，由三个元音字母构成的元音字母组合 eau 的读音落在最后一个元音字母 u 上，第一个和第二个元音字母不发音。这时，我们就在这个字母组合的第三个元音上方做标记来标注这个字母组合的发音。还有少数单词，其所含元音字母组合的读音，既可以落在元音字母组合的第一个元音字母上，也可以落在后一个元音字母上。例如，在单词 either 和 neither 中，其读音可以是 ēither 或 nēither，也可以是 eīther 或 neīther。这时，我们就可以在发音的元音字母上方做相应的标记来标注这个字母组合的发音。当然，在一些单词中，元音字母组合的读音跟该单词中任何一个元音字母的读音都不一样，这就是那些既不能"省去注音"，也不能"就字注音"的单词。对于这些单词，我们就需要给它们"重拼注音"（见下文）。

在辅音中，只有辅音字母组合 th 的读音为 /th/ 时，才需要进行"就字注音"，如在单词 that 和 those 中。其他辅音字母与标注它们读音的辅音所使用的符号相同，如 ng /ng/，因此它们都直接"省去注音"即可。

2.5.3 重拼注音

"重拼注音"用于为读音特殊的字母或字母组合注音。

作为半拼音文字，英语中有大约 85% 的单词，其读音是符合读音规则的。这时，我们就使用"省去注音"或"就字注音"为单词注音。但是，对于剩余的 15% 左右不符合读音规则的单词，我们不能进行"省去注音"或"就字注音"，而是要"重拼注音"，即在该字母或字母组合下方画线，将其所对应的拼音写在单词后面的括号里来标注其读音。例如，当单词中含有元音字母 a 或其字母组合，且其读音为 /ĕ/、/ŏ/、/ö/、/ĭ/ 或 /ə/ 时，就需要对元音字母 a 或其字母组合"重拼注音"，同时，要在元音字母 a 或字母组合下方画线，如以下单词所示：

many (ĕ)   wash (ŏ)   water (ö)   eight (ā)   village (ĭ)   panda (ə)
again (ĕ)   cause (ö)   law (ö)   chalk (ö)   mountain (ə)   dollar (ər)

有些辅音字母、辅音字母组合或辅音字母与不发音的元音字母的组合，与标注其读音的拼音写法不同，这时也需要"重拼注音"，如以下单词所示：

city (s)   cow (k)   black (k)   stomach (k)   special (sh)
rose (z)   science (s)   Asia (sh)   general (j)   college (j)

综合练习

1. 朗读下列单词，并为其元音字母或元音字母组合就字注音。第一个是例子。

(1) rěd   or   yellow   green   blue   white   black
(2) plane   ship   boat   truck   train   car   spacecraft
(3) day   night   morning   midday   midnight evening   daybreak
(4) Jan.   Feb.   March   Apr.   May   June   July
(5) Tues.   Wed.   Fri.   Sat.   Sun.   week

2. 朗读下列单词，并为画线的字母或字母组合重拼注音。第一个是例子。

(1) afternoon (ü)   do (   )   done (   )   shoe (   )
(2) book (   )   wolf (   )   cool (   )   look (   )
(3) month (   )   blood (   ) gone (   )   Monday (   )
(4) August (   )   water (   ) arrive (   ) law (   )
(5) success (   )   open (   )   tonight (   ) cinema (   )
(6) tough (   )   cry (   )   city (   )   age (   )

3. 朗读下列单词，并为它们重拼注音。第一个是例子。

(1) mother /'mŭ-thər/   (2) cook /   /   (3) food /   /
(4) police /   /   (5) tall /   /   (6) shoe /   /

2.6 自然拼音与国际音标对照表

作为拼音文字，英语单词的认读和拼写本来不应该是难事，但是，对于中国英语学习者来说，记忆英语单词却成了学习英语中的最大难点之一。掌握英语单词量的大小，在某种程度上被看作英语水平高低的显性标志。很多学生花费大量的时间和精力，反复死记硬背单词的拼写及其读音，不仅枯燥无味而且效率低下，甚至最终产生厌学英语的情绪。清华大学外文系原系主任程慕胜教授[1]对这种现象非常重视。在深入调查了中国学生学习英语单词存在的问题后，她指出，中国英语学习者感到学习英语单词难，原因之一在于使用"国际音标"为单词注音。国际音标使用人为编制的生僻符号为英语单词注音，它们不仅本身难以认读、书写和记忆，而且还割裂了英语单词拼写与读音之间相互对应的规律，使英语单词"音形"分家，导致学习英语单词变得更加困难。因此，国际音标是学习英语单词的"拦路虎"[2]，我们应该倡导并积极践行科学、简易、有序的英语自然拼音方案，帮助英语学习者建立英语单词读音与拼写之间的对应关系，以便最终能够做到见词会读音，听音会拼写，彻底解决学习英语单词难的问题。

由于许多读者已经学习了国际音标，而不熟悉自然拼音。为了便于比较，在这里我们提供英语自然拼音与国际音标对照表（表2–8）：

---

[1] 程慕胜教授生于美国，她13岁来到中国，母语为英语。
[2] 程慕胜，范文芳. 论学习英语单词中"音形"结合的自然拼音方案——打跑学习英语单词路上的拦路虎 [J]. 中国外语. 2011（4），76–81.

表 2-8 英语自然拼音与国际音标对照表

元音			辅音		
英语自然拼音（17个）	国际音标（20个）	例词	英语自然拼音（24个）	国际音标（24个）	例词
/ā/	/ei/	c<u>a</u>ke	/b/	/b/	<u>b</u>ad
/ē/	/i:/	s<u>e</u>cret	/p/	/p/	<u>p</u>et
/ī/	/ai/	b<u>i</u>ke	/m/	/m/	<u>m</u>ap
/ō/	/əu/	<u>o</u>pen	/f/	/f/	<u>f</u>at
/ū/	/ju:/	st<u>u</u>dent	/v/	/v/	fi<u>v</u>e
/ü/	/u:/	bl<u>u</u>e	/d/	/d/	sa<u>d</u>
/ă/	/æ/	b<u>a</u>g	/t/	/t/	si<u>t</u>
/ĕ/	/e/	b<u>e</u>d	/n/	/n/	<u>n</u>ine
/ĭ/	/i/	b<u>i</u>g	/l/	/l/	<u>l</u>et
/ŏ/	/ɔ/	b<u>o</u>x	/g/	/g/	<u>g</u>ood
/ŭ/	/ʌ/	b<u>u</u>s	/k/	/k/	<u>k</u>ey
/ǔ/	/u/	p<u>u</u>t	/h/	/h/	<u>h</u>at
/ä/	/ɑ:/	f<u>a</u>ther	/j/	/dʒ/	<u>j</u>ob
/ŏ/	/ɔ:/	m<u>o</u>re	/ch/	/tʃ/	<u>ch</u>air
/oi/	/ɔi/	s<u>oi</u>l	/sh/	/ʃ/	<u>sh</u>are
/ou/	/au/	h<u>ou</u>se	/zh/	/ʒ/	televi<u>s</u>ion
/ə/	/ə/	<u>a</u>gree	/s/	/s/	<u>s</u>orry
	/ɜ:/	sh<u>ir</u>t	/z/	/z/	<u>z</u>ebra
	/iə/	h<u>ear</u>	/th/	/θ/	<u>th</u>ank
	/eə/	h<u>air</u>	/th/	/ð/	<u>th</u>at
	/uə/	s<u>ure</u>	/y/	/y/	<u>y</u>ellow
			/w/	/w/	<u>w</u>ell
			/r/	/r/	<u>r</u>ed
			/ng/	/ŋ/	si<u>ng</u>

从上表可以看出，作为给英语单词注音的符号，自然拼音和国际音标之间具有本质的区别。

首先，自然拼音使用的是熟悉、简单的符号，即英语字母。在41个自然拼音符号中，有40个使用的是英语字母表中的字母或字母组合，只有一个是生僻的符号，即 /ə/。相比之下，国际音标使用许多陌生、生僻的符号。在44个国际音标中，只有26个使用的是英语字母表中的字母或字母组合，却有18个使用的是陌生、生僻的符号，即 /æ/、/əu/、/ɒ/、/ɔː/、/ʌ/、/ɔi/、/ə/、/ɜː/、/iə/、/eə/、/uə/、/dʒ/、/tʃ/、/ʃ/、/ʒ/、/θ/、/ð/ 和 /ŋ/。这些数量庞大的生僻符号难认、难写、难记，往往使外语学习者望而生畏。

其次，在自然拼音中，元音的标记符号与元音字母之间的对应规律性强、简单易学。例如，六个长元音中有五个是在对应的元音字母的上方画横线（ā、ē、ī、ō、ū）；六个短元音中有五个是在对应的元音字母的上方打勾（ǎ、ě、ǐ、ǒ、ǔ）；另外一对长、短元音，分别是在元音字母 u 的上方加两个小圆点和一个小圆点（ü 和 ù）。相比之下，在国际音标中，元音的标记符号与元音字母之间很难找到规律。

最后，自然拼音使拼写与读音之间建立起内在联系，即"音形结合"，因而可以看到拼写就知道读音，或听到读音就知道拼写。相比之下，在国际音标中，单词的拼写与读音之间被割裂开来，即"音形分家"，以至于英语单词像汉字那样书写与其读音之间毫无联系。例如，单词 job 的读音用自然拼音标注为 /jǒb/。在这里，三个拼音使用的都是容易认读和记忆的英语字母，即 j、o 和 b，这就使单词 job 的读音与拼写之间形成音形对应，即 j-/j/、o-/ǒ/ 和 b-/b/，使我们听音写词或看词读音的愿望得以实现，这就是使用自然拼音为单词注音的精妙之处。相比之下，在国际音标中，job 的读音标记为 /dʒɔb/。在这里，三个音标中有两个是难以认读和记忆的生僻符号，即 /dʒ/ 和 /ɔ/，这就使单词 job 的读音与拼写之间失去音形对应，即 j-/dʒ/、o-/ɔ/ 和 b-/b/，导致我们在学习单词的拼写与读音时，必须死记硬背，最终陷入机械、枯燥和低效的漩涡之中。

总之，学习英语单词必须摒弃将单词读音与拼写割裂开来的国际音标，转而回归到使用读音与拼写相结合的自然拼音这一正确轨道上来，以便提高学习英语单词的效率，从而提高学习英语的效率。

综合练习

1. 比较自然拼音与国际音标为单词注音的不同。

单词	dog	so	for	three	that
拼写字母	d-o-g	s-o	f-o-r	th-r-ee	th-a-t
自然拼音	/d-ǒ-g/	/s-ō/	/f-ŏ-r/	/th-r-ē/	/th-ǎ-t/
国际音标	/d-ɔ-g/	/s-əu/	/f-ɔː-r/	/θ-r-iː/	/ð-æ-t/

（1）在 dog、so 和 for 三个单词中，元音字母 o 的自然拼音分别是 、_____ 和 _____；其国际音标分别是 _____、_____ 和 _____。

（2）在 three 和 that 两个单词中，辅音字母组合 th 的自然拼音分别是_____和_____；其国际音标分别是_____和_____。

（3）根据（1）和（2）回答问题：用自然拼音和国际音标为单词注音，你喜欢哪一种？为什么？

_____

2. 举例说明使用自然拼音为单词注音使单词的音形结合；使用国际音标为单词注音使单词的音形分离。

第 3 讲
音节：构成英语口语节奏的元素

音节是个十分重要的语音单位。翻开中国英语学习者使用的词典，如《新世纪英汉大词典》和美国最权威的英语词典 *Merriam-Webster Dictionary*，我们会立刻注意到它们呈现词条的区别。例如，单词 teacher 在前者中呈现为 teacher，而在后者中则呈现为 teach·er，即在单词 teacher 中加了一个小圆点。这个小圆点就是给双音节或多音节单词划分音节的符号，即"音节分隔符"。音节分隔符把 teach·er 这个单词分为两个部分，每个部分就是一个音节。

音节是英语口语体系中不可或缺的语音单位，它是构成英语口语节奏的元素。因此，学好音节是学好英语口语的基础。

在本讲中，我们讲解音节的基本知识，包括音节的概念、音节的构成、音节的数量、音节的轻重以及音节的类型及元音字母的发音。

3.1 音节的概念

3.1.1 音节是构成单词的直接成分

在传统的英语教学中，很多人把英语单词与英语字母直接联系起来，认为字母是单词的直接成分。于是，在学习单词时，许多学习者一个字母一个字母地背英语单词，如单词 elephant 被切分成 e-l-e-p-h-a-n-t 八个字母来记忆。英语单词确实是由字母组成的，但是字母却不是构成英语单词的直接成分。

在字母和单词之间还有一个语言单位，这个语言单位就是"音节"。也就是说，单词的直接成分是音节。单词由音节构成，音节由字母构成。例如，单词 el·e·phant 是由三个音节构成的，即 el、e 和 phant。其中，第一个音节 el 由字母 e 和 l 构成，第二个音节由字母 e 单独构成，第三个音节 phant 由字母 p、h、a、n 和 t 构成。这三个音节是单词 el·e·phant 的直接成分，如图 3–1 所示：

图 3-1 单词 el·e·phant 的直接成分

从上图可以看出，单词 el·e·phant 的三个音节为它的三个直接成分；八个字母分别为三个音节的直接成分。由此可见，学习英语单词从字母开始，需要经过音节再到单词。因此，音节的基础知识是有效地学习英语单词拼写与读音的基础[①]。通过音节学习单词是实现见词能认读、听词能拼写的重要途径。

但是，音节的重要性不止于英语单词的学习，因为音节是构成英语口语的一个基本语音单位。不了解音节的相关知识就不能理解音步，不理解音步就难以理解英语口语的节奏，也就不可能很好地掌握英语口语。

3.1.2 音节的核心元素

音节是以元音为核心、高于音位的语音单位。

首先，音节是以元音为核心的语音单位。在汉语中，汉字的读音以韵母为核心，每个汉字都含有且仅含有一个韵母[②]。其中，有些汉字的读音仅由一个韵母构成，如"啊"（a）和"欧"（ou）分别由单韵母 a 和复韵母 ou 构成；多数汉字的读音都由一个声母和一个韵母构成，如"是"（shi）、"跑"（pao）和"棒"（bang）分别由声母 sh 和单韵母 i、声母 p 和复韵母 ao 以及声母 b 和鼻韵母 ang 构成。

从构成音节的作用上来讲，汉语中的韵母相当于英语中的元音，汉语中的声母相当于英语中的辅音。像汉字的读音以韵母为核心一样，英语的音节是以元音为核心的。一个音节可以只含有一个音位，即元音，也可以含有多个音位，即一个元音和一个或多个辅音。也就是说，不管一个音节含有几个音位，它必须含有且只能含有一个元音。换言之，一个单词含有几个元音，这个单词就含有几个音节。因此，我们说，元音是音节的核心。例如，英语中的小品词 a /ə/、an /ăn/ 和 but /bŭt/，它们虽然所含音位的数量不同，依次为一个、两个和三个，但是，它们分别都只含有一个元音，依次为 /ə/、/ă/ 和 /ŭ/，因此，它们都只含有一个音节；再如，单词 print /prĭnt/ 含有五个音位，其中，

[①] 范文芳，庞建荣，单小艳，阎晓梅.《英语自然拼读教程》[M]. 北京：清华大学出版社. 2018.

[②] 粗略地说，汉语中的韵母相当于元音，声母相当于辅音。在汉语中，个别叹词的拼音中没有韵母，只有声母，如叹词"嗯""嗯"和"嗯"，其拼音分别为 m、n 和 ng。

四个是辅音，一个是元音，即 /ĭ/，因此这个单词只含有一个音节。

元音在音节中处于核心地位，不仅因为它是构成音节的核心元素，即一个元音构成一个音节，而且还在于元音是音节的重音所在。我们通常说"重读音节"要重读，实际上，更确切地说应该是"重读音节中的元音"要重读。例如，单词 rest /rĕst/ 中只含有一个元音 /ĕ/，因此它只含有一个音节。其中，该音节的重音落在元音 /ĕ/ 上，该元音发音重、长，音调高，发音完整到位，清楚响亮，而音节末尾的辅音丛 /st/，其发音随意模糊，一带而过。

正是由于元音是音节中的重音所在，因此，音节中的元音被称为音节的"峰"（peak）或者"核"（nucleus）。音节中的辅音，如果出现在元音之前，被称为音节的"首"（onset）；如果出现在元音之后，被称为音节的"尾"（coda）。例如，单词 rest /rĕst/ 中的元音 /ĕ/ 是该音节的"峰"，其前面的辅音 /r/ 为该音节的"首"，其后面的两个辅音 /st/ 为该音节的"尾"。

其次，音节是高于音位的语音单位。在口语层级体系中，音位是最小的、最基础的语音单位，位于层级体系的最底层。在本书第 2 讲中，我们详细讨论了英语中的 41 个音位，包括 17 个元音和 24 个辅音。元音独自或与其他音位结合，就构成位于它上一级的语音单位，即音节。一个音节可以由一个音位（即元音）独自构成，也可以由多个音位（即一个元音与一个或多个辅音）结合而成。例如，单词 o·pen /ō-pən/ 含有两个音节，即 o /ō/ 和 pen /pən/。其中，前一个音节 o /ō/ 由一个音位，即元音 /ō/，单独构成，而后一个音节 pen /pən/ 由三个音位，即 /p/、/ə/ 和 /n/，结合而成。

综合练习

1. 填空完成下列句子。

（1）音节是以_____为核心、高于_____的语音单位。

（2）一个音节必须含有且只能含有_____元音，它可以含有零个、一个或多个_____。

（3）一个单词含有几个元音，这个单词就含有几个音节。例如，单词 ten 含有一个元音 /ĕ/，因此，它含有_____；单词 up·on 含有两个元音，即 /ə/ 和 /ŏ/，因此，它含有_____。

2. 根据要求写单词。

（1）写出五个含有一个元音的单词：_____

（2）写出五个含有两个元音的单词：_____

3.2 音节的构成

从上文中所讲音节的概念可知,音节是以元音为核心的语音单位。根据元音分布的不同,音节构成的模式有所不同。

3.2.1 音节构成的模式

元音用来标注单词中元音字母或元音字母组合的发音;辅音用来标注单词中辅音字母或辅音字母组合的发音。一个音节中必须含有而且只能含有一个元音,但是它可以含有零个、一个或多个辅音。

1. "一个元音"独自构成的音节

任何一个音节都必须含有且只能含有一个元音,一个元音可以独自构成一个音节。

首先,有些单词只含有一个音节,这个音节只含有一个元音,这就是由一个元音独自构成的音节。例如,单词 I 和单词 a 分别都只含有一个元音,即 I /ī/ 和 a /ə, ā/,它们都是由一个元音独自构成的音节。

其次,许多多音节单词都含有由一个元音独自构成的音节。例如,在单词 a·bout /ə-'bout/ 中,第一个音节 a /ə/ 只含有一个元音 /ə/;在单词 au·tumn /'ȯ-təm/ 中,第一个音节 au /ȯ/ 只含有一个元音 /ȯ/。因此,它们都是由一个元音独自构成的音节。

2. "一个元音 + 辅音"结合构成的音节

英语单词中的音节,除了可以由一个元音独自构成之外,更多的是由一个元音与位于它前、后的一个或多个辅音结合而成。

我们首先看一个单词只含有一个音节的例子。单词 and /ənd, ănd/ 只含有一个元音,即 a /ə, ă/,因此它只含有一个音节。这个音节是由元音 a /ə, ă/ 和位于它之后的辅音丛,即 nd /nd/,结合而成。又如,单词 cold /kōld/ 也只含有一个元音,即元音 o /ō/,因此,它也只含有一个音节。这个音节由元音 o /ō/ 与位于它之前的辅音 c /k/ 以及位于它之后的辅音丛 ld /ld/ 结合而成。

现在再来看一个单词中含有多个音节的例子。单词 a·bout 含有两个元音,即 a /ə/ 和 ou /ou/,因此它含有两个音节。其中,前一个音节 a /ə/ 是由一个元音独自构成的音节;第二个音节 bout /bout/,由组合元音 ou /ou/ 与位于它之前的辅音 b /b/ 和它之后的辅音 t /t/ 结合而成。又如,多音节词 el·e·phant /'ĕ-lə-fənt/ 含有三个元音,即 e /ĕ/、e /ə/ 和 a /ə/,因此它含有三个音节。其中,第一个元音 e /ĕ/ 与它之后的辅音 l /l/ 结合构成音节 el;第二个元音 e /ə/ 独自构成一个音节;第三个元音 a /ə/ 与它之前的辅音 ph /f/ 以及它之后的辅音 t /t/ 结合构成音节 phant。再如,多音节词 pro·duce /prə-'düs, -'dyüs/ 含有三个元音字母，即 o、u 和 e。其中，前两个元音字母发音，即 o /ə/ 和 u /ū, ü/，而第三个元音字母 e 不发音。因此，单词 pro·duce 虽然含有三个元音字母，但是它只含有两个元音，即 o /ə/ 和 u /ū, ü/。所以，单词 pro·duce 含有两个音节，即 pro /prə/ 和 duce /'dūs, -'düs/。其中，前一个音节 pro /prə/ 由元音 o /ə/ 与它之前的辅音丛 pr /pr/ 结合而成；后一个音节 duce /'dūs, -'düs/ 由元音 u /ū, ü/ 与它之前的辅音 d /d/ 和它之后的辅音 c /s/ 结合而成。

总之，音节是位于音位上一级的语音单位。音节以元音为核心，一个音节必须含有且只能含有一个元音。一个音节可以由一个元音独自构成，也可以由一个元音与其前、后的辅音结合构成。一个单词中有几个元音，它就含有几个音节。

3. "特殊辅音 + 辅音" 构成的音节

在英语中，有少数几个辅音字母，如 y 和 w 等，它们可以扮演元音角色，与辅音结合构成音节。

首先，辅音字母 y 可以扮演元音角色，与辅音结合构成音节。例如，在单词 bi·cy·cle 中，第二个音节 cy 就是由辅音字母 y 发元音 /ĭ/，与位于它之前的辅音 c /s/ 结合构成的音节，即 cy /sĭ/。又如，在单词 psy·chol·o·gy 和 my 中，辅音字母 y 发元音 /ī/，分别与位于它之前的辅音 ps /s/ 和 m /m/ 结合构成音节 psy /sī/ 和 my /mī/。再如，在单词 busy 中，辅音字母 y 发元音 /ē, ĭ/，与它之前的辅音 s /s/ 构成音节 sy /zē, zĭ/。

其次，辅音字母 y 和 w 还可以与其他元音字母结合构成字母组合发元音，再与其他辅音结合构成音节。例如，在单词 play 和 boy 中，辅音字母 y 分别与元音字母 a 和 o 结合构成字母组合 ay 和 oy，分别发元音 /ā/ 和 /oi/。这两个元音分别与它们之前的辅音 pl /pl/ 和 b /b/ 结合，构成音节 play /plā/ 和 boy /boi/。又如，在单词 draw 和 down 中，辅音字母 w 分别与元音字母 a 和 o 结合构成字母组合 aw 和 ow，分别发元音 /ŏ/ 和 /ou/。其中，前一个元音 /ŏ/ 与它之前的辅音丛 dr /dr/ 结合构成音节 draw /drŏ/；后一个元音 /ou/ 与它之前的辅音 d /d/ 和它之后的辅音 n /n/ 结合构成音节 down /doun/。

另外，辅音字母 l、m 和 n 都可以扮演元音角色与辅音构成音节。例如，单词 lit·tle /'lĭ-təl, -tl/ 中的第二个音节 tle，其读音为 /təl, tl/。这说明，辅音字母 l 扮演元音角色，与它之前的辅音 /t/ 结合构成音节，即 /tl/。又如，单词 sud·den /'sŭ-dən, -dn/ 中的第二个音节 den，其读音为 /dən, dn/。这说明，辅音字母 n 扮演元音角色，与它之前的辅音 /d/ 结合构成音节，即 /dn/。再如，在单词 rhythm 和 op·ti·mism 中，辅音字母 m 扮演元音角色，分别与它之前的辅音 /th/ 和 /z/ 构成读音音节 /thəm/ 和 /zəm/。

3.2.2 音节及其注音

音节分为拼写音节（spelling syllable）和读音音节（sound syllable）。
拼写音节体现音节的拼写形式，它由英语字母表中的字母（包括元音字母和辅音

字母）体现；读音音节用于标注拼写音节的读音，它由自然拼音方案中的拼音（包括元音和辅音）体现。例如，单词 grass 的拼写音节为 grass，读音音节为 /grăs/。又如，单词 regret 的拼写音节为 re·gret，读音音节为 /rĭ-'grĕt/。

拼写音节与其读音音节之间有时呈一致对应，有时呈错位对应。

1. 拼写音节与读音音节之间一致对应

在英语中，许多单词的拼写音节与读音音节的结构一致，即体现拼写音节的字母与标注其读音音节的拼音之间呈一致对应。例如，单词 we /wē/ 的拼写音节 we 与其读音音节 /wē/ 之间呈一致对应，即拼写音节 we 中的辅音字母 w 和元音字母 e 分别对应于其读音音节中的辅音 /w/ 和元音 /ē/。又如，单词 a·round /ə-'round/ 含有两个拼写音节和两个读音音节。第一个拼写音节含有一个元音字母 a，它对应于读音音节中的元音 /ə/；第二个拼写音节 round 所含的辅音字母 r、元音字母组合 ou、辅音字母 n 和 d，分别对应于其读写音节中的辅音 /r/、元音 /ou/、辅音 /n/ 和 /d/，即单词 a·round /ə-'round/ 中的两个拼写音节与其两个读音音节之间呈一致对应。再如，单词 fan·tas·tic /făn-'tăs-tĭk/ 含有三个拼写音节，即 fan、tas 和 tic，它们与其三个读音音节，即 /făn/、/tăs/ 和 /tĭk/，之间呈一致对应关系：

we	a·round	fan·tas·tic
/wē/	/ə-'round/	/făn-'tăs-tĭk/

在英语中，许多单词的拼写音节与其读音音节之间都呈一致对应，如以下单词所示：

play·er	a·go	sea·son	a·gree·ment	de·li·cious	pro·nun·ci·a·tion
/'plā-ər/	/ə-'gō/	/'sē-zən/	/ə-'grē-mənt/	/dĭ-'lĭ-shəs/	/prə-ˌnŭn-sē-'ā-shən/

2. 拼写音节与其读音音节之间错位对应

英语中也有一些单词，其拼写音节与读音音节的结构不一致，即体现拼写音节的字母与标注其读音音节的拼音之间发生错位对应，造成单词的拼写音节与其读音音节之间的错位对应。例如，单词 broth·er /'brŭ-thər/ 中的两个拼写音节 broth 和 er，分别对应于两个读音音节 /brŭ/ 和 /thər/。其中，拼写音节中的第一个音节 broth 以辅音字母组合 th 结尾，第二个音节 er 以元音字母 e 开始。但是，其读音音节中的第一个音节 /brŭ/ 却以元音 /ŭ/ 结尾，第二个音节 /thər/ 以辅音 /th/ 开始。也就是说，单词 broth·er 的两个拼写音节与其两个读音音节之间产生错位对应，即：

broth	er
/'brŭ/	/thər/

从以上例词可以看出：在一个单词的两个相邻音节中，如果前一个音节以辅音结尾，下一个音节以元音开始，这时，前一个音节尾部的辅音移位到下一个音节，与其起始元音结合构成音节，从而导致单词拼写音节与其读音音节之间的错位。再如以下单词所示：

moth·er   work·er   tick·et   tooth·ache   hon·est   cous·in
/'mŭ-thər/   /'wər-kər/ /'tĭ-kĭt/   /'tü-ˌthāk/   /'ŏ-nĭst/   /'kŭ-zən/

另外，在许多多音节词中，拼写音节中的一些音节与其读音音节之间呈一致对应，另一些呈错位对应。例如，单词 co·op·er·a·tion /kō-ˌŏ-pə-'rā-shən/ 含有五个拼写音节和五个读音音节，它们之间的对应关系为：

 co   op   er   a   tion
/kō/   /ŏ/   /pə/   /rā/   /shən/

其中，第一个和第五个拼写音节与其读音音节之间呈一致对应，即 co /kō/ 和 tion /shən/，而第二个、第三个和第四个拼写音节与其读音音节之间呈错位对应，即 op /ŏ/、er /pə/ 和 a /rā/。

当单词的拼写音节与读音音节之间呈一致对应时，这些单词易于说，易于听，也易于记忆；当单词的拼写音节与读音音节之间呈错位对应时，学习这些单词的拼读拼写就相对困难。

综合练习

1. 朗读下列方框里的单词，并把它们分类写在相应的横线上。

mis·take	moth·er	noth·ing	se·cret	so·fa	south·ern
o·cean	fa·ther	a·long	cap·i·tal	Sun·day	plea·sure
prod·uct	cul·ture	choc·o·late	chick·en	sta·tion	au·tumn

（1）拼写音节与其读音音节一致对应：

_____

（2）拼写音节与其读音音节全部或部分错位对应：

_____

2. 把方框里的音节写在合适的横线上，完成单词所缺的拼写音节。第一个是例子。

| al | mail | vice | ple | ter | dis | gry | gain | be | doc | or | ling |

(1) <u>or</u>·ange   (2) ap·_____   (3) a·_____   (4) _____·ways

37

(5) af·_____ (6) _____·fore (7) _____·tor (8) _____·cuss
(9) dump·_____ (10) e·_____ (11) hun·_____ (12) ser·_____

3. 补全下列单词所缺的拼写音节或读音音节。第一个是例子。

(1) mea·sure　　　(2) _____·vie　　　(3) _____·tor　　　(4) beau·ti_____
　　/'mĕ-zhər/　　　　　/'mü-_____/　　　　/'ăk-_____/　　　　/'_____-tə-fəl/

3.3 音节的数量

英语的单词有长有短，它们所含音节的数量有多有少。根据单词所含音节的数量，单词被分为单音节词（monosyllabic word）和多音节词（polysyllabic word）。

在讲解单音节词和多音节词之前，我们需要强调指出：元音和元音字母是两个不同的概念，它们之间不能画等号。这是因为，在单词中，有的元音字母独自发一个元音。例如，在单词 second /'sĕ-kənd/ 中，元音字母 e 和元音字母 o 分别独自发一个元音，即短元音 /ĕ/ 和轻元音 /ə/。有的两个或三个元音字母结合构成一个元音字母组合发一个元音。例如，在单词 teach /tēch/ 中，两个元音字母 e 和 a 结合构成一个元音字母组合 ea，该元音字母组合 ea 发一个元音，即元音 /ē/。又如，在单词 beau·ti·ful 中，三个元音字母 e、a 和 u 结合构成一个元音字母组合 eau，该元音字母组合发一个元音 /ū/。有的元音字母在单词中不发音，如在单词 late /lāt/ 中，元音字母 a 独自发一个元音，即元音 /ā/，而位于词尾的元音字母 e 不发音。

因此，我们必须明确：决定一个单词含有几个音节的是单词中所含元音的数量，而不是元音字母的数量。

3.3.1 单音节词

当一个单词只含有一个元音时，这个单词只含有一个音节，这个单词为"单音节词"。例如，单词 hand 含有一个元音字母 a，其读音为元音 /ă/，因此，单词 hand 含有一个音节。又如，单词 nose 含有两个元音字母，即 o 和 e。其中，元音字母 o 的读音为元音 /ō/，而元音字母 e 不发音，因此，单词 nose 也含有一个音节。再如，单词 mouth 含有一个元音字母组合 ou，这个元音字母组合的读音为组合元音 /ou/，因此，单词 mouth 也含有一个音节。

像单词 hand、nose 和 mouth 这样，一个单词中只含有一个音节的单词被称为"单音节词"。

3.3.2 多音节词

在英语中也有许多单词，它们含有两个或更多个音节。例如，单词 also 含有两个元音字母，即 a 和 o。这两个元音字母的读音分别为元音 /ŏ/ 和 /ō/。因此，单词 also 含有两个音节，标记为 al·so /ˈŏl-sō/。又如，单词 popular 含有三个元音字母，即 o、u 和 a。这三个元音字母的读音分别为元音 /ŏ/、/ə/ 和 /ə/。因此，单词 popular 含有三个音节，标记为 pop·u·lar /ˈpŏ-pyə-lər/。再如，单词 temperature 含有五个元音字母，即 e、e、a、u 和 e。其中，前四个元音字母的读音分别为元音 /ĕ/、/ə/、/ə/ 和 /ə/，最后一个元音字母 e 不发音。因此，单词 temperature 含有四个音节，标记为 tem·per·a·ture /ˈtĕm-pə-rə-chər/。最后，单词 pronunciation 含有五个元音，即 /ə/、/ŭ/、/ē/、/ā/ 和 /ə/，因此它含有五个音节，标记为 pro·nun·ci·a·tion /prə-ˌnŭn-sē-ˈā-shən/。

以上这些单词分别含有两个、三个、四个和五个音节，这些含有两个或两个以上音节的单词，统称为"多音节词"。如单词 Sun·day、dif·fi·cult、beau·ti·ful·ly 和 re·al·i·za·tion 分别含有两个、三个、四个和五个音节，它们都是多音节词[①]。

英语单词被划分为单音节词和多音节词，凸显了英语单词以音节为其直接成分的概念。以音节为直接成分学习英语单词，可以极大地提升学习英语单词的效率。更重要的是，在英语口语中，单音节词和多音节词是确定句子重音，进而确定句子节奏的基础。这个问题，我们在本书的第5讲中进行详细讲解。

综合练习

1. 填空完成下列句子。

（1）当一个单词只含有一个_____时，这个单词只含有一个_____，这个单词为_____。

（2）当一个单词含有两个或_____音节时，这个单词为_____。

2. 朗读下列单词，将它们写在相应的横线上。

| desk | ta·ble | a·gain | ac·tiv·i·ty | af·ter·noon | door | dream |
| a·gree | air·port | dic·tion·ary | late | he·ro | eas·i·ly | sor·ry |

（1）单音节词：_____

（2）多音节词：_____

3. 根据要求写出单词。

（1）写出五个单音节词：_____

（2）写出五个多音节词：_____

[①] 在英语中，通过使用前缀、中缀、后缀等构词方法，可以生成很长的单词，当然它就含有很多个音节。在主要的英语词典中，目前所收录的最长的单词是 pneu·mo·no·ul·tra·mi·cro·scop·ic·sil·i·co·vol·ca·no·co·ni·o·sis（肺尘病）。它含有 45 个字母，19 个元音，即 19 个音节。

3.4 音节的轻重

在上一个小节中我们讲到，英语单词所含音节的数量是不等的。在本小节中，我们讲解英语单词中音节的轻重问题。

我们知道，了解单词中音节的轻重有助于学习单词的读音与拼写。更重要的是，重读音节和非重读音节是音节上一级语音单位（即音步）的组成成分。因此，学好重读音节和非重读音节的有关知识，是学好英语口语的重要组成部分。

3.4.1 影响音节轻重的因素

音节的轻重受到多种因素的影响。其中，音强（intensity）、音长（duration）、音高（pitch）以及音的响亮程度（sonority）都是影响音节轻重的重要因素。

需要指出的是，具体到某一个音节来说，以上这些因素不一定都同时起作用。一方面，从说话者的角度来看，音节的轻重可能与说话时用力的大小或呼吸直接相关；而从听众的角度来看，音节轻重的突出特征可能更多地在于某个音节中元音的长度和音高。另一方面，一个音节中音位的多少以及音位本身的发音特征等，也会影响到重读音节和非重读音节的音强、音长、音高以及音的响亮程度。

3.4.2 重读音节与非重读音节

就单音节词而言，当它作为单词单独出现时，无论它是什么词性，都被视为一个重读音节①。也就是说，当我们单独说一个单音节词时，无论它是实词还是语法词，我们都要把它当作重读音节来说，即说得够重、够长，音调够高，清楚响亮。例如，单词 lake 是个单音节名词，是实词。实词本身就是一个重读音节，因此它要重读，标记为 lake /lāk/②。单词 the 也是个单音节词，它是冠词，是语法词。一般来说，语法词在句子中不重读。但是，作为单词，它也被视为一个重读音节，因此，单独出现时，它也要重读，标记为 the /thē/。

就多音节词来说，音节有轻重之分。根据音节级别的轻重，我们一般把音节分为重读音节和非重读音节。长单词可能含有不止一个重读音节，根据其重读的程度，重读音节又分为主重读音节（primary stress）和次重读音节（secondary stress）。

---

① 当单音节词出现在句子中时，它是否重读取决于其词性。一般说来，实词（包括名词、动词、形容词、副词等）需要重读，而语法词（包括冠词、介词、连词等）不重读。详细解释请见第 5 讲。

② 单音节词单独出现时，我们可以给它做重音标记，也可以省略其重音标记，如单音节词 late，其读音可以标记为 /ˈlāt/ 或 /lāt/。在本书中，我们对单音节词不做重音标记，如 late /lāt/ 和 the /thē, thə/。

1. 重读音节与非重读音节

任何多音节词都含有至少一个重读音节。重读音节要说得重、长，音调高，发音完整到位，清楚响亮。当一个多音节词只含有一个重读音节时，这个音节就是重读音节，其他音节为非重读音节。非重读音节要说得轻、短，音调低，发音随意模糊，一带而过。

例如，多音节词 pan·da /ˈpǎn-də/ 含有两个音节，其中第一个音节 pan /pǎn/ 为重读音节，第二个音节 da /də/ 为非重读音节。我们从 Praat 语音软件生成的语图得到这两个音节的音强、音高和时长的数值，如表 3–1 所示：

表 3–1　panda 各音节的值

pan·da /ˈpǎn-də/	音强（dB）	音高（Hz）	时长（ms）
pan	76.06	225.19	0.32
da	72.23	175.25	0.23

从上表中可以看出，第一个音节 pan 的音强、音高和时长的数值都大于第二个音节 da 的音强、音高和时长的数值。这说明，第一个音节 pan 为重读音节，第二个音节 da 为非重读音节。因此，在读 panda 时，我们要把第一个音节，即重读音节 pan，说得重、长，音调高，而把第二个音节，即非重读音节 da，说得轻、短，音调低。从 pan·da 的 Praat 语图（图 3–2），我们可以更直观地对比 pan·da 中的两个音节：

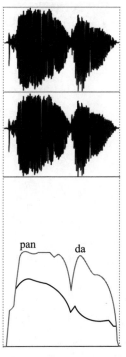

图 3–2　panda 的语图

又如，多音节词 fam·i·ly /ˈfă-mə-lē/ 含有一个重读音节 fam 和两个非重读音节 i 和 ly。从 Praat 语音软件生成的语图得到这三个音节的音强、音高和时长的数值，如表 3–2 所示：

表 3–2　family 各音节的值

fam·i·ly /ˈfă-mə-lē/	音强（dB）	音高（Hz）	时长（ms）
fa (m)	73.94	147.79	0.23
mi	73.18	113.20	0.11
ly	68.69	90.12	0.22

从上表中可以看出：重读音节 /fă/ 的音强、音高和时长的数值都分别大于两个非重读音节的音强、音高和时长的数值。因此，我们要将重读音节 fa(m) 读得重、长，音调高，而非重读音节 mi 和 ly 读得轻、短，音调低。从 family 的 Praat 语图（图 3–3），我们可以更直观地对比 fam·i·ly 中的三个音节：

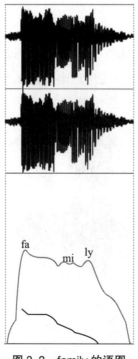

图 3–3　family 的语图

当然，这并不是说，我们说所有单词时，其重读音节的音强、音高和时长都一定同时大于非重读音节的音强、音高和时长。例如，多音节词 to·day /tə-ˈdā/ 含有一个重读音节 day 和一个非重读音节 to。我们从 Praat 语音软件生成的语图得到这两个音节的音强、音高和时长的数值，如表 3–3 所示：

表 3–3　today 各音节的值

to·day /tə-ˈdā/	音强（dB）	音高（Hz）	时长（ms）
to	72.81	192.49	0.16
day	75.99	191.87	0.46

从上表中可以看出，重读音节 day 的音强和时长的数值都大于非重读音节 to 的音强和时长的数值，但是，其音高的数值却微小于非重读音节 to 的音高的数值。

又如，多音节词 o·ver /ˈō-vər/ 含有一个重读音节 o 和一个非重读音节 ver。从 Praat 语音软件生成的语图得到这两个音节的音强、音高和时长的数值，如表 3–4 所示：

表 3–4　over 各音节的值

o·ver /ˈō-vər/	音强（dB）	音高（Hz）	时长（ms）
o	73.67	149.63	0.23
ver	69.93	97	0.32

从上表中可以看出，重读音节 o 的音强和音高的数值都大于非重读音节 ver 的音强和音高的数值，但是其时长的数值却小于非重读音节的时长的数值。这主要是因为，重读音节 o 只含有一个音位，而非重读音节 ver 却含有三个音位。通常情况下，音位数目多时用的时间就可能相对长一些。

总之，重读音节说得重、长，音调高，而非重读音节说得轻、短，音调低。但是，由于多种因素的影响，重读音节与非重读音节中音的轻重、长短以及高低，不会像乐曲中那样严格。

2. 主重读音节与次重读音节

有些多音节词可能含有两个重读音节。这两个重读音节，一个读得相对较重、较长，音调较高，这就是主重读音节；另一个重读音节读得相对较轻、较短，音调较低，这就是次重读音节。例如，多音节词 Sun·day /ˈsŭn-ˌdā/ 含有两个音节，这两个音节都可以重读[①]，但是两个音节重读的程度有差异。我们从 Praat 语音软件生成的语图得到这两个音节的音强、音高和时长的数值，如表 3–5 所示：

[①] 在 Sun·day 中，第二个音节 day 可以重读，也可以不重读。如果重读，它就是次重读音节，标记为 Sun·day /ˈsŭn-ˌdā/；如果不重读，它就是非重读音节，标记为 Sun·day /ˈsŭn-dā/。在此，我们选择的是它重读。

表 3-5　Sunday 各音节的值

Sun·day /ˈsŭn-ˌdā/	音强（dB）	音高（Hz）	时长（ms）
Sun	73.44.82	170.95	0.38
day	71.75	101.01	0.33

从上表中可以看出，Sun·day /ˈsŭn-ˌdā/ 中的第一个音节 Sun 为主重读音节，第二个音节为次重读音节，因为第一个音节在音强、音高和时长方面的数值都大于第二个音节。

当然，并不是所有的主重读音节在音强、音高和时长三个方面的数值都总是会同时大于次重读音节的音强、音高和时长。例如，多音节词 earth·quake /ˈərth-ˌkwāk/ 含有两个重读音节，我们从 Praat 语音软件生成的语图得到这两个音节的音强、音高和时长的数值，如表 3-6 所示：

表 3-6　earthquake 各音节的值

earth·quake /ˈərth-ˌkwāk/	音强（dB）	音高（Hz）	时长（ms）
earth	73.91	146.34	0.27
quake	71.52	103.71	0.36

从上表可以看出，第一个音节，即主重读音节 earth，其音强和音高的数值都大于次重读音节 quake 的音强和音高的数值，但是其时长的数值却小于第二个音节，即次重读音节 quake 的数值。这主要是因为两个原因：首先，第二个音节中的元音为长元音 /ā/，而第一个音节中的元音是轻元音 /ə/；其次，第二个音节含有四个音位 /k/、/w/、/ā/ 和 /k/，而第一个音节只含有三个音位 /ə/、/r/ 和 /th/。其中，/th/ 在该单词中失去爆破，因此发音所用时间短。

3. 重读音节、次重读音节和非重读音节

有些多音节词，它可能会同时含有两个重读音节（即一个主重读音节和一个次重读音节）以及一个或多个非重读音节。不言而喻，在这三类音节中，主重读音节比次重读音节的发音要重、长，音调高，但是次重读音节的发音也要够重、够长，音调够高，因为它也属于重读音节，而非重读音节的发音要轻、短，音调低。

3.4.3　重读音节和非重读音节中音位的发音特征

重读音节和非重读音节中音位的发音特征非常不同。

1. 重读音节中音位的发音特征

在多音节词中，虽然重读音节要说得重、长，音调高，发音要完整到位，清楚响亮，但是，重读音节中的各个音位，由于其位置的不同发音也不相同。

在重读音节中，起始处的辅音以及元音要说得重、长，音调高，发音要完整到位，清楚响亮，要用足够的力气，而说音节末尾处的辅音时要放松，将末尾辅音说得弱、短，音调低，随意模糊，一带而过。例如，在多音节词 dif·fi·cult /ˈdĭ-fĭ-kəlt/ 中，重读音节 dif 的读音音节为 /dĭ/，其起始辅音 /d/ 及其元音 /ĭ/，都要说得完整到位，清楚响亮。又如，在多音节词 re·sult /rĭ-ˈzŭlt/ 中，重读音节 sult /ˈzŭlt/ 中的起始辅音 /z/ 及其元音 /ŭ/，都要说得完整到位，清楚响亮，而其末尾辅音丛 /lt/ 却要说得随意模糊，一带而过。再如，在多音节词 fac·tor /ˈfăk-tər/ 中，重读音节 fac /ˈfăk/ 的起始辅音 /f/ 及其元音 /ă/，都要说得完整到位，清楚响亮，而其末尾辅音 c /k/，却要失去爆破省音，即只做发音准备，而不发音[①]。

我们知道，单音节实词，包括名词、动词、形容词、副词等，本身就是一个重读音节。因此，其音位的发音方式与多音节词中重读音节中音位的发音方式相同。例如，单音节形容词 great /grāt/ 起始处的辅音及其元音 /grā/，要说得完整到位，清楚响亮，而其末尾辅音 /t/ 要说得随意模糊，一带而过，几乎不被听见。

总之，重读音节中的起始辅音和元音，要说得重、长，音调高，完整到位，清楚响亮，而其末尾辅音，要说得随意模糊，一带而过。

2. 非重读音节中音位的发音特征

非重读音节中音位的发音与重读音节中音位的发音有质的区别。在非重读音节中，无论是辅音还是元音，它们都要说得随意模糊，一带而过。在说这些音位时，不要用"力气"而是要"放松"，口型不需要完全到位，位于单词中间位置的非重读音节尤其如此。例如，在多音节词 dif·fi·cult /ˈdĭ-fĭ-kəlt/ 中，第二个音节 fi /fĭ/ 和第三个音节 cult /kəlt/ 都是非重读音节，因此，其辅音和元音都要说得随意模糊，一带而过。尤其是位于单词中间位置的非重读音节 fi /fĭ/ 以及 cult /kŭlt/ 的末尾辅音丛 /lt/，发音要非常轻，几乎不被听见。

比较多音节词 fif·ty /ˈfĭf-tē/ 中的重读音节 fi(f) /fĭ/ 与多音节词 dif·fi·cult /ˈdĭ-fĭ-kəlt/ 中的非重读音节 fi /fĭ/ 的发音，可以清楚地体会到重读音节和非重读音节中音位发音的不同。在 fif·ty /ˈfĭf-tē/ 中，fif /fĭf/ 是重读音节，因此，要用足够的"力气"，将其起始处的辅音 /f/ 及其元音 /ĭ/ 说得重、长，音调高，完整到位，清楚响亮；而在 dif·fi·cult /ˈdĭ-fĭ-kəlt/ 中，/fĭ/ 是非重读音节并且处于单词的中间位置，因此，说它时不要用"力气"，而是要"放松"，要将它说得随意模糊，一带而过。

但是，当非重读音节位于词尾，而且该音节的末尾为元音时，该元音一般要说得够长、够清楚。例如，在多音节词 fam·i·ly /ˈfă-mə-lē/ 中，非重读音节 /mə/ 处于单词的中间位置，因此其轻元音 /ə/ 要说得轻、短，随意模糊，一带而过，甚至可以省去发音。但是在多音节词 pan·da /ˈpăn-də/ 中，非重读音节 /də/ 位于单词的结尾，因此，其轻元音 /ə/ 就要说得

[①] 关于失去爆破省音，详见本书第 4 讲。

相对够完整、够清楚，不能省去发音。特别是当单词末尾的元音为长元音 /ō/ 时，如在单词 po·ta·to /pə-'tā-tō/、ze·ro /'zĭr-ō/、pho·to /'fō-tō/ 和 win·dow /'wĭn-dō/[①] 中，其末尾的元音 /ō/ 都要说得够长、够清楚，而不像位于单词中间部位的非重读音节中的元音那样随意模糊。

总之，除了位于词尾的元音之外，非重读音节中的所有音位都要说得轻、短，音调低，随意模糊，一带而过。

3.4.4 以重读音节为核心，拍手说单词

由于受汉字语音的影响，许多中国英语学习者缺乏对英语多音节词中音节轻重的明确认识。他们要么把多音节词的重读音节放错位置，如多音节词 in·ter·est·ing /'ĭn-trə-stĭng, -trĕ-/ 的第一个音节为重读音节，而许多学生却把重读音节放在第二个音节上，误说为 *in·ter·est·ing /ĭn-'trĭ-stĭng/；要么把多音节词中的每个音节都说得几乎一样重、一样长。同时，不管是重读还是非重读音节中的音位，也不管是元音还是辅音，都试图说得完整到位，清清楚楚。例如，把英语单词 tem·per·a·ture 中的四个音节说得几乎一样重、一样长、一样清楚，结果是，该重、该长、该清楚的音节不够重、不够长、不够清楚，而该轻、该短、该模糊的音节不够轻、不够短、不够模糊。显然，这样试图将单词里的每个元音和辅音都说得完整到位，清清楚楚，而不分轻重、长短、高低，往往会导致英语口语不自然，不流畅，不易懂。

那么，怎样才能说好英语单词呢？

说好英语单词的关键之一在于区分重读音节与非重读音节。在说单词时，要以重读音节为核心，把重读音节的起始辅音和元音说得重、长，音调高，完整到位，清楚响亮，而非重读音节要说得轻、短，音调低，随意模糊，一带而过。要做到这一点，一个行之有效的练习方法是以重读音节为核心，拍手说单词。

拍手说单词的基本原则是：以重读音节为核心，以"拍一下手"为基本单位；合手打强拍，说重读音节中的起始辅音和元音（即读音音节）；分手为弱拍，说该单词的剩余部分，包括重读音节的末尾辅音和非重读音节。

1. 单词的音节结构模式

一个单词必须至少含有一个重读音节，但是它之前或之后可能含有一个或多个非重读音节。以重读音节为中心，单词的音节结构可以分为三种模式：

模式 I：单音节词，它只有一个音节，即重读音节，其模式为：重读音节 + 零个非

[①] 以长元音 /ō/ 结尾的单词，其末尾的音节通常既可以是非重读音节，也可以是次重读音节，如 po·ta·to /pə-'tā-(,)tō/、/'zĭr-(,)ō/、pho·to /'fō-(,)tō/ 和 win·dow /'wĭn-(,)dō/。这实际上是将它们说得够长、够清楚的主要原因。

重读音节；

模式 II：有些多音节词以重读音节开始，之后有一个或多个非重读音节，其模式为：重读音节 + 一个或多个非重读音节；

模式 III：有些多音节词以非重读音节开始，之后为一个重读音节和零个非重读音节，或一个重读音节和一个或多个非重读音节，其模式为：非重读音节 + 模式 I（重读音节 + 零个非重读音节）或模式 II（重读音节 + 一个或多个非重读音节）。

2. 拍手说单词

单词的音节结构模式不同，拍手说单词的模式也就随之不同。

• **模式 I：重读音节 + 零个非重读音节**

就单词而言，单音节词被视为重读音节，其音节结构为：重读音节 + 零个非重读音节。

单音节词分为两种情况：一种以元音结尾，如 go /gō/、shy /shī/ 和 sea /sē/；另一种以一个或多个辅音结尾，如 great /grāt/、lift /lĭft/ 和 eat /ēt/。

现在，我们以单音节词 go /gō/ 为例，讲解如何拍手说以元音结尾的单音节词。

（1）预备：将两手分开成掌心相对姿势，准备拍手；（2）拍手：前半拍合手打强拍说整个单词，即 go /gō/；后半拍分手为弱拍，放松让气息自然流动，同时持续说元音 /ō/ 完成后半拍。需要注意的是，在合手打强拍时，要把这个单词的起始辅音 /g/ 和元音 /ō/ 说得重、长，音调高，完整到位，清楚响亮。

请参考从 Praat 语音软件生成的 go 的语图（图 3-4），直观地感受单词 go 的发音特征：

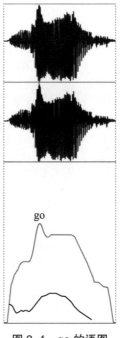

图 3-4　go 的语图

现在，我们以单音节词 great /grāt/ 为例，讲解怎样拍手说以一个或数个辅音结尾的单音节词。

（1）预备：将两手分开成掌心相对姿势，准备拍手；（2）拍手：前半拍合手打强拍说单词的起始辅音和元音，即 gra /grā/；后半拍分手为弱拍，放松让气息自然流动，持续说元音 /ā/，在后半拍结束时轻轻地说词尾辅音 /t/。

请参考从 Praat 语音软件生成的 great 的语图（图 3–5），直观地感受单词 great 的发音特征：

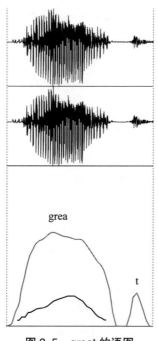

图 3–5　great 的语图

有些单音节词是以辅音丛结尾的。例如，单音节词 lift /lĭft/ 在元音后为辅音丛 ft /ft/。这时，前半拍合手打强拍说单词的起始辅音和元音，即 li /lĭ/；后半拍分手为弱拍，放松让气息自然流动，同时持续说元音 /ĭ/，在后半拍结束时轻轻地说词尾的辅音丛 ft /ft/。另外，单音节词 eat /ēt/ 的开始没有辅音。这时，前半拍合手打强拍说单词的元音，即 ea /ē/；后半拍分手为弱拍，放松让气息自然流动，同时持续说元音 /ē/，在后半拍结束时轻轻地说词尾的辅音 /t/。

- **模式 II：重读音节 + 一个或多个非重读音节**

有些多音节词以重读音节开始，之后有一个或多个非重读音节，即"重读音节 + 一个或多个非重读音节"。例如，多音节词 o·ver /'ō-vər/ 和 dif·fer·ent /'dĭ-fə-rənt/，它们以重读音节开始，之后分别有一个和两个非重读音节。说这类词的方式是：前半拍合手打重拍说重读音节的起始辅音和元音；后半拍分手为弱拍，说单词的剩余部分，包括重读音节的末尾辅音或辅音丛和非重读音节。需要特别提示的是，无论有几个非重读音节，都要在分手的后半拍尽快说完。

我们首先以多音节词 o·ver /ō-vər/ 为例，讲解怎样拍手说以重读音节开始，之后有一个非重读音节的多音节词。

（1）预备：将两手分开成掌心相对姿势，准备拍手；（2）拍手：前半拍合手打强拍说单词的起始重读音节，即 o /ō/；后半拍分手为弱拍，放松让气息自然流动，说非重读音节 ver /vər/，完成后半拍。

请参考从 Praat 语音软件生成的 o·ver 的语图（图 3–6），直观地感受单词 o·ver 的发音特征：

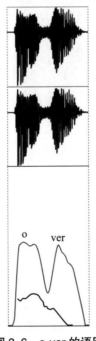

图 3–6　o·ver 的语图

从上图可以看到：多音节词 o·ver 的音强曲线分为两部分：前一部分是重读音节 o，后一部分是非重读音节 ver。重读音节 o 的音强振幅大于非重读音节 ver 的音强振幅，并且说这两个音节所用时长基本相同。另外，音高的对比也比较明显，即音高从重读音节 o 到非重读音节 ver 逐渐降低。

现在，我们再以 dif·fer·ent /ˈdĭ-fə-rənt/ 为例，讲解如何拍手说以重读音节开始，之后有多个非重读音节的多音节词。

（1）预备：将两手分开成掌心相对姿势，准备拍手；（2）拍手：前半拍合手打强拍说单词重读音节的起始辅音和元音，即 di /dĭ/；后半拍分手为弱拍，同时放松让气息自然流动，说重读音节之后的所有非重读音节，即第二和第三个音节 fer·ent /fə-rənt/，完成后半拍。

需要注意的是，这里有两个非重读音节，它们需要在分开手的后半拍尽快完成。这就是为什么连续的几个非重读音节往往需要说得轻、短，音调低，随意模糊，一带而过的主要原因。

请参考从 Praat 语音软件生成的 dif·fer·ent /ˈdĭ-fə-rənt/ 的语图（图 3–7），直观地感受单词 dif·fer·ent /ˈdĭ-fə-rənt/ 的发音特征：

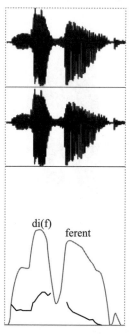

图 3–7　dif·fer·ent 的语图

从以上 dif·fer·ent /ˈdĭ-fə-rənt/ 的语图可以看到：多音节词 dif·fer·ent /ˈdĭ-fə-rənt/ 的音强曲线分为两部分：前一部分是重读音节 di(f)，后一部分是两个非重读音节 ferent。重读音节 dif 的音强振幅大于非重读音节 ferent 的音强振幅；说两个非重读音节，即 ferent，所用时长比说一个重读音节的时长稍微多一些。另外，音高的对比也比较明显，即音高从重读音节 dif 到非重读音节 ferent 逐渐降低。

- 模式 III：非重读音节 + 模式 I；非重读音节 + 模式 II

有些多音节词以非重读音节开始。以非重读音节开始的多音节词分为两种情况：（1）在非重读音节之后只有一个重读音节。因此，其模式为：非重读音节 + 模式 I。例如，单词 a·gree /ə-ˈgrē/ 以非重读音节 a /ə/ 开始，之后只有一个重读音节 gree /grē/；

（2）在非重读音节之后有一个重读音节和一个或多个非重读音节。因此，其模式为：非重读音节 + 模式 II。例如，单词 a·gree·ment /ə-'grē-mənt/ 以非重读音节 a /ə/ 开始，之后有一个重读音节 gree /'grē/，重读音节之后又有一个非重读音节 ment /mənt/。

对于这种以非重读音节开始的多音节词，其起始处的非重读音节，像乐曲中的"弱起"节拍一样，要作为正式"拍一下手打一拍"之前的"弱起音节"。之后再像模式 I 和模式 II 那样，开始"拍一下手打一拍"说属于"模式 I"或"模式 II"的部分。

现在，我们以多音节词 a·gree /ə-'grē/ 为例，来讲解怎样拍手说以非重读音节开始，之后有一个重读音节的多音节词。

在多音节词 a·gree /ə-'grē/ 中，第一个音节 a /ə/ 为非重读音节，第二个音节 gree /grē/ 为重读音节。因此，这个单词的音节结构为模式 III，即"非重读音节 + 模式 I"（重读音节 + 零个非重读音节）。其中，位于起始处的非重读音节 a /ə/ 为弱起音节。

（1）预备：将两手合上掌心相对，准备分手说弱起音节；（2）一边分手，一边说弱起音节 a /ə/（注意要说得轻、短，音调低）到两手分开成掌心相对平行姿势，准备拍手；（3）拍手：前半拍合手打强拍说 gree /grē/；后半拍分手为弱拍，放松让气息自然流动，同时持续说元音 /ē/，完成后半拍。

请参考从 Praat 语音软件生成的 a·gree /ə-'grē/ 的语图（图 3–8），直观地感受单词 a·gree /ə-'grē/ 的发音特征：

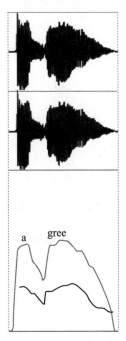

图 3–8　a·gree 的语图

从以上 a·gree /ə-'grē/ 的语图可以看到：多音节词 a·gree /ə-'grē/ 的音强曲线和音调曲线，都被分为明显的两个部分：前一部分为起始处的非重读音节，即弱起音节 a /ə/，后一部分为重读音节 gree /'grē/。

现在，我们再以多音节词 a·gree·ment /ə-'grē-mənt/ 为例，来讲解怎样拍手说以非重读音节开始，之后是一个重读音节和一个或多个非重读音节的多音节词。

（1）预备：像说 a·gree /ə-'grē/ 中的非重读音节 a /ə/ 那样，将两手合上掌心相对，准备分手说弱起音节；（2）一边分手一边说弱起音节 a /ə/ 到两手成掌心相对平行姿势，准备拍手；（3）拍手：前半拍合手打强拍说重读音节 gree /'grē/；后半拍分手为弱拍，同时放松让气息自然流动，说非重读音节 ment /mənt/，完成后半拍。

请参考从 Praat 语音软件生成的 a·gree·ment /ə-'grē-mənt/ 的语图（图 3–9），直观地感受单词 a·gree·ment /ə-'grē-mənt/ 的发音特征：

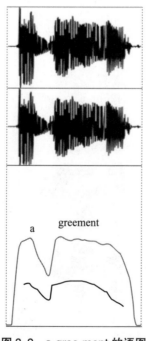

图 3–9　a·gree·ment 的语图

从以上语图可以看到：多音节词 a·gree·ment /ə-'grē-mənt/ 的音强曲线和音高曲线被分为明显的两个部分；前一个部分为非重读音节，即弱起音节 a /ə/，后一部分为 gree·ment /'grē-mənt/。

3. 含有两个重读音节的多音节词

有些多音节词含有两个重读音节，即一个主重读音节和一个次重读音节。说含有两个重读音节的多音节词，等于说两个含有一个重读音节的单词，即分别以两个重读音节为核心，连续"拍两下手打两拍"说完一个含有两个重读音节的多音节词。

现在，我们以多音节词 earth·quake /ˈərth-ˌkwāk/ 为例，讲解怎样拍手说含有两个重读音节的多音节词。

当一个多音节词只含有两个重读音节时，这个多音节词相当于两个单音节词。例如，多音节词 earth·quake /ˈərth-ˌkwāk/ 只含有两个重读音节。其中，第一个音节 earth /ˈərth/ 为主重读音节，第二个音节 quake /ˌkwāk/ 为次重读音节。这两个重读音节分别都与单词 great 的音节结构相似，属于模式 I，即"重读音节 + 零个非重读音节"。因此，说这两个重读音节就像连续说两个 great 一样：拍第一下手打第一拍，说主重读音节 earth /ˈərth/；拍第二下手打第二拍，说次重读音节 quake /kwāk/。

请参考从 Praat 语音软件生成的 earth·quake /ˈərth-ˌkwāk/ 的语图（图 3–10），直观地感受单词 earth·quake 的发音特征：

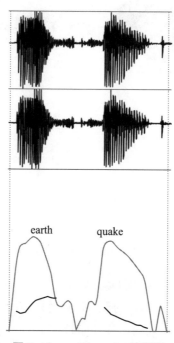

图 3–10　earth·quake 的语图

从以上语图可以看到：多音节词 earth·quake /ˈərth-ˌkwāk/ 的音强曲线和音高曲线是以它的两个重读音节为核心，把这个单词分为两个部分，即 earth /ərth/ 和 quake /kwāk/。

现在，我们再以多音节词 qua·li·ta·tive /ˈkwŏ-lə-ˌtā-tĭve/ 为例，讲解怎样拍手说含有两个重读音节以及非重读音节的多音节词。

多音节词 qua·li·ta·tive /ˈkwŏ-lə-ˌtā-tĭve/ 含有两个重读音节，即 qua /kwŏ/ 和 ta /tā/。前一个重读音节与它之后的非重读音节构成这个单词的第一部分 qua·li /ˈkwŏ-lə/；后一个重读音节与它之后的非重读音节构成这个单词的第二部分 ta·tive /ˌtā-tǐve/。单词的这两个部分分别都与单词 o·ver 的音节结构相似，属于模式 II，即"重读音节 + 一个或多个非重读音节"。因此，说这两个部分就像连续说两个 o·ver 一样：（1）拍第一下手打第一拍，说主重读音节及其之后的非重读音节，即 qua·li /ˈkwǒ-lə/；（2）拍第二下手打第二拍，说次重读音节及其之后的非重读音节，即 ta·tive /ˌtā-tǐve/。

请参考从 Praat 语音软件生成的 qua·li·ta·tive /ˈkwǒ-lə-ˌtā-tǐve/ 的语图（图 3–11），直观地感受单词 qua·li·ta·tive 的发音特征：

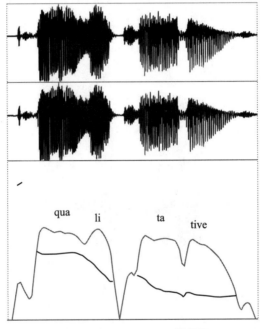

图 3–11　qua·li·ta·tive 的语图

从以上语图可以看到：多音节词 qua·li·ta·tive /ˈkwǒ-lə-ˌtā-tǐve/ 的音强曲线和音高曲线是以它的两个重读音节为核心，把这个单词分为两个部分，即 qua·li /ˈkwǒ-lə/ 和 tative /ˌtā-tǐve/。其中，每个部分都含有一个重读音节和一个非重读音节。

以上我们通过实例详细地讲解了如何以重读音节为核心拍手说单词。需要指出的是，当我们在说多音节词时，必须遵守一个原则，那就是：在前半拍说重读音节时，一定要打强拍给力，以确保重读音节的起始辅音及其元音的发音重、长，音调高，完整到位，清楚响亮；而在后半拍说非重读音节时，要放松让气息自然流动，以便将非重读音节说得随意模糊，一带而过。特别是当后半拍中有多个非重读音节时，每个非重读音节都一定要说得轻、短，音调低，以便在后半拍尽快完成多个非重读音节。

第3讲 音节：构成英语口语节奏的元素

> 综合练习

1. 填空完成下列句子。

（1）影响音节轻重的因素包括_____、_____、_____，以及音的_____等。但是，就某一个音节来说，这些因素不一定都同时起作用。

（2）就多音节词来说，音节有轻重之分。根据音节轻重的级别，音节分为_____和_____。根据其重读的程度，重读音节又分为主重读音节和_____。

（3）重读音节的起始_____和_____要说得重、长，音调高，_____，清楚响亮，而音节末尾的辅音要说得弱、短，_____，随意模糊，_____。

（4）在多音节词中，非重读音节要说得_____、_____，音调低，_____，一带而过。

2. 朗读方框里的单词，然后把它们写在相应的横线上。

beach	lie	'clev·er	'com·for·ta·ble	clean	com·'pu·ter
e·'lev·en	play	ex·'am	fire	to·'day	sea
'au·tumn	cor·'rect	them·'selves	to·'night	'tel·e·phone	job
de·'li·cious	ex·'act·ly	ex·'ci·ting	'ti·dy	'wa·ter	po·'lice

（1）模式 I：重读音节 + 零个非重读音节：

_____

（2）模式 II：重读音节 + 一个或多个非重读音节：

_____

（3）模式 III：非重读音节 + 模式 I（重读音节 + 零个非重读音节）：

_____

（4）模式 III：非重读音节 + 模式 II（重读音节 + 一个或多个非重读音节）：

_____

3. 拍手说下列单词。

（1）play   see   eye   snow   do   blue   May
（2）great   need   like   cold   food   cool   help
（3）'hob·by   'meet·ing 'or·ange 'hol·i·day 'mem·o·ry 'won·der·ful
（4）my·'self ex·'cuse re·'peat be·'fore ex·'ci·ting Sep·'tem·ber De·'cem·ber

3.5 音节的类型与元音字母的发音

元音字母在单词中的发音是理解和掌握英语单词拼写与读音的关键。同时，熟悉元音字母在不同类型的音节中的发音，对英语口语的学习非常重要。

在上一小节中，我们详细讲解了英语单词的重读音节和非重读音节。在理解重读音节和非重读音节的基础上，本小节中，我们讲解音节的类型与元音字母在不同类型的音节中的发音。

从影响元音字母发音的角度出发，我们主要讲解元音字母在五种类型音节中的发音，它们是：重读开音节、重读闭音节、非重读音节、e 辅助音节和元音字母组合音节。

需要指出的是，我们在这里对音节的划分，与语音学中对音节类型的划分有所不同。例如，在语音学中，一般不把"非重读音节"作为一种音节类型。但是，我们这里所划分的音节类型主要是根据口语学习的需要。对于英语口语学习来说，将非重读音节单独划分为一类音节很有必要。

3.5.1 元音字母在重读开音节中发长音

在重读开音节中，元音字母发其所对应的长元音，即 a /ā/、e /ē/、i /ī/、o /ō/、u /ū/ 和 u /ü/。

"开音节"指的是以发音的单元音字母结尾的音节。例如，单音节词 he /hē/ 以发音的单元音字母 e /ē/ 结尾，因此，he /hē/ 为开音节。又如，多音节词 stu·dent /'stū-dənt, stü/ 含有两个音节。其中，第一个音节 stu 以发音的单元音字母 u /ū, ü/ 结尾，因此，stu /stū, stü/ 为开音节。再如，多音节单词 a·lone /ə-'lōn/ 含有两个音节。其中，第一个音节 a 以发音的单元音字母 a /ə/ 结尾，因此，a /ə/ 为开音节。

当开音节同时也是重读音节时，这个开音节叫作"重读开音节"。例如，在多音节词 stu·dent /'stū-dənt, stü/ 中，第一个音节 stu /stū, stü/ 是开音节，同时它又是重读音节，因此 stu 是重读开音节。但是，在多音节词 a·lone /ə-'lōn/ 中，第一个音节 a /ə/ 虽然是开音节，但它是非重读音节，因此，它不是重读开音节。

在重读开音节中，元音字母 a、e、i、o 和 u 通常发它们各自所对应的长元音，即 a /ā/、e /ē/、i /ī/、o /ō/、u /ū/ 或 u /ü/。如上面的例子所示，在多音节词 stu·dent 中，第一个音节 stu 为重读开音节，因此，其元音字母 u 发其长元音 /ū, ü/，即 /'stū-dənt, 'stü/。但是，多音节词 a·lone /ə-'lōn/ 中的第一个音节 a 是开音节，但不是重读开音节，因此，它不发其长元音，而是发轻元音 /ə/，即 a·/ə-'lōn/。

再看以下例子：

ta·ble	se·cret	si·lent	hel·lo	com·pu·ter	con·clu·sion
/ˈtā-bəl/	/ˈsē-krĭt/	/ˈsī-lənt/	/hə-ˈlō/	/kəm-ˈpū-tər/	/kən-ˈklü-zhən/

在以上五个多音节单词中，重读音节依次为 ta、se、si、lo、pu 和 clu。这六个重读音节都以发音的单元音字母结尾，因此，它们都是重读开音节。于是，它们中的元音字母分别发其所对应的长元音，即 a /ā/、e /ē/、i /ī/、o /ō/、u /ū/ 和 u /ü/。

在有些单词的重读开音节中，元音字母也可能发双点元音 /ä/ 或 /ö/。例如，在双音节词 fa·ther /ˈfä-thər/ 和 wa·ter /ˈwö-tər/ 中，它们的第一个音节（即 fa 和 wa）均为重读开音节，其元音字母 a 分别发双点元音 /ä/ 和 /ö/。

另外，就单词本身而言，单音节词被视为重读音节。当单音节词为重读开音节时，其元音字母 a、e、i、o 和 u 通常也发它们所对应的长元音，如以下单词所示：

she	hi	no	flu
/shē/	/hī/	/nō/	/flü/

以上单音节词都以发音的单元音字母结尾，它们都是重读开音节，因此，其元音字母分别发它们所对应的长元音，即 e /ē/、i /ī/、o /ō/ 和 u /ü/。

需要指出的是，元音字母在重读开音节中发其所对应的长元音，这条规则也适用于单音节语法词，即在重读开音节的单音节语法词中，元音字母也发其所对应的长元音，如在介词 to /tü/、冠词 a /ā/ 和 the /thē/、连词 so /sō/、助动词 be /bē/ 和 do /dü/ 等中。

总之，当一个重读音节以发音的单元音字母结尾时，这个重读音节为重读开音节。在重读开音节中，元音字母通常发它们各自所对应的长元音。

3.5.2 元音字母在重读闭音节中发短音

在重读闭音节中，元音字母通常发它们各自所对应的短元音，即 a /ă/、e /ĕ/、i /ĭ/、o /ŏ/、u /ŭ/ 和 u /ü̆/。

"闭音节"指的是以发音的辅音字母结尾的音节。闭音节可以通俗地理解为用发音的辅音字母把一个音节关上。例如，单音节词 cat /kăt/ 以发音的辅音字母 t /t/ 结尾，因此它是闭音节。又如，在多音节词 sud·den /ˈsŭ-dən/ 中，第一个音节 sud /sŭd/ 以发音的辅音字母 d /d/ 结尾[①]，因此它所在的音节 sud 为闭音节。再如，在多音节词 suc·ceed

---

[①] 拼写音节 sud /sŭd/ 以发音的辅音字母 d /d/ 结尾，但是在读音音节中，辅音 /d/ 移位到下一个音节的开始，构成读音音节 /dən/。关于辅音移位，详见本书第 4 讲。

/sək-'sēd/ 中，第一个音节 suc /sək/ 以发音的辅音字母 c /k/ 结尾，因此，它所在的音节 suc 为闭音节。

当闭音节同时也是重读音节时，这个闭音节叫作"重读闭音节"。例如，在多音节词 sud·den /'sŭ-dən/ 中，第一个音节 sud /sŭd/ 为闭音节，它同时又是重读音节，因此，sud 是重读闭音节。但是，在多音节词 suc·ceed /sək-'sēd/ 中，第一个音节 suc /sək/ 虽然是闭音节，但它是非重读音节，因此，它不是重读闭音节。

在重读闭音节中，元音字母 a、e、i、o 和 u 通常发它们各自所对应的短元音，即 a /ă/、e /ĕ/、i /ĭ/、o /ŏ/、u /ŭ/ 或 u /ù/。如上面的例子所示，在多音节词 sud·den 中，第一个音节 sud 为重读闭音节，因此，其元音字母 u 发其短元音 /ŭ/，即 sud·den /'sŭ-dən/。但是，在多音节词 suc·ceed /sək-'sēd/ 中，音节 suc /sək/ 是闭音节，但不是重读闭音节，因此，其元音 u 不发其短元音，而是发轻元音 /ə/，即 suc·ceed /sək-'sēd/。

再看以下单词：

bas·ket	wel·come	bis·cuit	lob·ster	re·sult
/'băs-kĭt/	/'wĕl-kŭm/	/'bĭs-kĭt/	/'lŏb-stər/	/rĭ-'zŭlt/

在以上五个多音节词中，重读音节依次为 bas、wel、bis、lob 和 sult。它们分别以发音的辅音字母，即 s /s/、l /l/、s /s/、b /b/ 和 t /t/ 结尾。因此，这些音节都是重读闭音节，于是，它们中的元音字母分别发其所对应的短元音，即 a /ă/、e /ĕ/、i /ĭ/、o /ŏ/ 和 u /ŭ/。

就单词本身而言，单音节词被视为重读音节。当单音节词为重读闭音节时，其元音字母 a、e、i、o 和 u 发其所对应的短元音，如以下单词所示：

fat	let	big	box	does	cut	put
/făt/	/lĕt/	/bĭg/	/bŏks/	/dŭz/	/kŭt/	/pùt/

以上单音节词都以发音的辅音字母结尾，它们都是重读闭音节，因此，其元音字母都发它们所对应的短元音，即 a /ă/、e /ĕ/、i /ĭ/、o /ŏ/, ŭ/ 和 u /ŭ, ù/。

需要指出的是，元音字母在重读闭音节中发其所对应的短元音，这条规则也适用于单音节语法词，即在重读闭音节的单音节语法词中，元音字母也发其所对应的短元音，如在介词 in /ĭn/、on /ŏn/ 和 from /frŏm/；连词 and /ănd/、if /ĭf/、but /bŭt/、yet /yĕt/ 和 than /thăn/；冠词 an /ăn/；助动词 does /dŭz/、have /hăv/、will /wĭl/ 和 shall /shăl/ 等中。

总之，当一个重读音节以发音的辅音字母结尾时，这个重读音节为重读闭音节。在重读闭音节中，元音字母通常发它们各自所对应的短元音。

3.5.3 元音字母在非重读音节中发轻元音

在重读音节中，元音字母的发音受到开音节和闭音节的影响：在重读开音节中，元音字母通常发它们所对应的长元音，而在重读闭音节中发它们所对应的短元音。但是，在非重读音节中，元音字母的发音与开音节或闭音节无关。

在非重读音节中，五个元音字母的发音主要都是轻元音 /ə/[①]；有些元音字母也可能发短元音 /ɪ/ 或 /ʊ/ 等。

1. 在非重读音节中，元音字母的发音主要是轻元音 /ə/

首先，在非重读音节中，五个元音字母的发音通常都是轻元音 /ə/，如以下单词所示：

/ə/: 'pan·d<u>a</u> 'stu·d<u>e</u>nt 'sim·<u>i</u>·lar p<u>o</u>·'lice '<u>au</u>·tumn

其次，在非重读音节中，元音字母组合通常也发轻元音 /ə/：

（1）ain 中的元音字母组合 ai 在非重读音节中发轻元音 /ə/，如在单词 'moun·t<u>ai</u>n 和 'cer·t<u>ai</u>n 中；

（2）vous 和 vious 中的元音字母组合 ou，在非重读音节中发轻元音 /ə/，如在单词 'fa·m<u>ou</u>s、'ner·v<u>ou</u>s 和 'ob·v<u>iou</u>s 中；

（3）辅音 /sh/ 之后的元音字母组合 ia、ie、io、iou 和 ea 等，在非重读音节中发轻元音 /ə/[②]，如在单词 'spe·c<u>ia</u>l、'pa·t<u>ie</u>nt、'sta·t<u>io</u>n、'an·x<u>iou</u>s 和 'o·c<u>ea</u>n 中。

最后，当单音节语法词（助动、介词、连词、冠词等）为非重读音节时，其元音字母通常发轻元音 /ə/，如在助动词 have /əv/、does /dəz/ 和 could /kəd/；介词 of /əv/、to /tə/ 和 from /frəm/；连词 but /bət/、that /ðət/ 和 than /ðən/；冠词 a /ə/、an /ən/ 和 the /ðə/ 等中。

轻元音 /ə/ 是英语中出现频率最高的音位。理解与掌握它在单词和句子中的发音及其规律，不仅对学习单词的拼写与读音很重要，而且对形成英语口语的正确节奏至关重要（见本书第 5 讲）。

2. 在非重读音节中，元音字母 i 或 e 可能发短元音 /ɪ/

在非重读音节中，元音字母 i 或 e 除了发轻元音 /ə/ 外，也可能发短元音 /ɪ/。

首先，当元音字母 i 与辅音字母 n 构成音节 in 或 ing 出现在非重读音节中时，它

[①] 实际上，正是因为这个原因，轻元音 /ə/ 是英语口语中出现频率最高的音位。

[②] 在这类元音字母组合中的第一个元音字母 i 或 e，其主要作用是将它前面的辅音软化，即将 /t/、/s/ 和 /g/ 软化为 /sh/ 或 /j/，如在单词 sta·t<u>io</u>n、spe·c<u>ia</u>l、o·c<u>ea</u>n /sh/ 和 re·li·g<u>io</u>n /j/ 中。因此，也可以说，是元音字母 a、e、o 和 u，或元音字母组合 ou 发轻元音 /ə/。

通常发短元音 /ĭ/①，即非重读音节中的音节 in 和 ing，其发音分别为 /ĭn/ 和 /ĭng/，如在单词 in·'vite、in·'clude、in·'vent 和 in·'stead /ĭn/ 以及 sing·ing /ĭng/ 中。

其次，当元音字母 e 出现在非重读音节中时，它经常发短元音 /ĭ/，如在单词 e·'raser、e·'leven、e·'nough 和 es·pe·cial·ly(ĭ) 中。特别是当它与辅音字母 x 构成音节 ex 出现在非重读音节中时，它的发音通常为短元音 /ĭ/，即非重读音节 ex 的发音为 ex /ĭks/，如在单词 ex·'cept、ex·'pect、ex·'pen·sive 和 ex·'ci·ting 中。

最后，在一些非重读音节中，元音字母 i 或 e 可以发轻元音 /ə/ 或短元音 /ĭ/。例如，多音节词 'fam·i·ly 中的元音字母 i 和 'in·ter·est·ing 中的元音字母 e，都可以发元音 /ĭ/ 或 /ə/。

3. 在非重读音节中，元音字母 a、e 和 u 可能发短元音 /ă/、/ĕ/ 和 /ŭ/

在少数非重读音节中，元音字母 a、e 和 u 可能发短元音 /ă/、/ĕ/ 和 /ŭ/。例如，在多音节词 ac·'cept 中，非重读音节 ac 中的元音字母 a 可以发短元音 /ă/、/ĕ/ 或 /ĭ/；在多音节词 un·'hap·py 中，非重读音节 un 中的元音字母 u 发短元音 /ŭ/；在多音节词 hel·'lo 中的非重读音节 hel，其元音字母 e 可以发短元音 /ĕ/ 或轻元音 /ə/。

总之，在非重读音节中，元音字母最主要的发音为轻元音 /ə/。其次，元音字母 e 和 i 也可能发短元音 /ĭ/。这是元音字母在非重读音节中发音的首要规则。其他的情况数量小，并且零散，可以作为特例随着单词记忆。

3.5.4 元音字母在"e 辅助开音节"中发长音

"e 辅助开音节"指的是含有"元音字母 + 辅音字母 + 不发音的 e"结构的音节。该音节通常为单音节词，或者是多音节词的词尾音节。

在含有"元音字母 + 辅音字母 + 不发音的 e"结构的音节中，处于音节末尾的元音字母 e 不发音，它的功能是使该结构中的元音字母像在重读开音节中一样发其所对应的长元音，因此，它被称为"e 辅助开音节"，或被尊称为"魔力 e"（magic e）。例如，单音节词 name 是"元音字母 + 辅音字母 + 不发音的 e"结构，即"元音字母 a + 辅音字母 m + 不发音的 e"。因此，其元音字母 a 发其所对应的长元音 /ā/。又如，多音节词 trans·late /trăns-lāt/ 中的第二个音节，即次重读音节 late，为"元音字母 + 辅音字母 + 不发音的 e"结构，即"元音字母 a + 辅音字母 t + 不发音的 e"。同样，其元音字母 a 发其所对应的长元音 /ā/。再如，在多音节词 pro·pose /prə-'pōz/ 中的第二个音节，即重

---

① 实际上，当元音字母 i 与 n 构成音节 in 或 ing 时，即使是出现在重读音节中，它也发短元音 /ĭ/，如在单词 'in·terest、'in·sect、'In·dian 以及 'sing·ing 中。

读音节 pose，为"元音字母+辅音字母+不发音的 e"结构，即"元音字母 o +辅音字母 s +不发音的 e"，因此，其元音字母 o 发其所对应的长元音 /ō/。

再看以下例子：

take	con·cede	ice	sup·pose	in·tro·duce
/tāk/	/kən-'sēd/	/īs/	/sə-'pōz/	/ˌĭn-trə-'dūs, -'düs/

以上五个单词中都含有"e 辅助开音节"结构，它们分别为 take、cede、ice、pose 和 duce。这些重读音节中的元音字母都发其所对应的长元音。

3.5.5 元音字母在元音字母组合音节中的发音

"元音字母组合音节"指的是含有元音字母组合的音节，如单词 tea 中的 ea、movie 中的 ie 和 cough 中的 ou。另外，元音字母组合也包括元音字母与扮演元音字母角色的辅音字母 y 和 w 结合而构成的音节，如单词 day 中的 ay、draw 中的 aw 和 cow 中的 ow。

在"元音字母组合音节"中，元音字母组合作为一个整体出现，通常由这个元音字母组合中的某一个元音字母发音。从这个意义上讲，一个元音字母组合的功能相当于其中一个元音字母的功能。

需要指出的是，当元音字母组合出现在非重读音节中时，其发音通常是轻元音 /ə/。因此，下文中所讲解的元音字母组合，都是指它们出现在重读音节中的情况。

元音字母组合在重读音节中的发音通常是元音字母组合中某一个元音字母的发音。

（1）元音字母组合中的前一个元音字母发音，并且都发它们所对应的长元音，如以下单词所示：

plāy	ēat	tēeth	dīe	cōat	böught	blüe
sēa·son	tēach·er	pēo·ple	de·grēe	re·cēive	bor·rōw	

（2）元音字母组合中的后一个元音字母发音，并且都发它们所对应的长元音，如以下单词所示：

greāt	be·liēf	beaū·ti·ful	throügh

（3）元音字母组合中的前一个元音或后一个元音发音，但是它们都发其所对应的短元音，如以下单词所示：

brĕad	plĕas·ant	plĕa·sure	cŏugh	rŏugh	coŭn·try	buĭld

但是，有些元音字母组合在单词中的发音与这个元音字母组合中的任何一个元音字母的发音都无关，如以下单词所示：

a·gain /ĕ/   view /ū/   book /ŭ/   bam·boo /ū/

总之，大多数元音字母组合在单词中的发音有一定的规律可循，但是也有一些例外。这就需要我们在理解和遵循规则的基础上，记忆一些不符合规则的例外情况。

综合练习

1. 填空完成下列句子。

（1）"开音节"指的是以发音的_____结尾的音节，如单音节词_____。当开音节同时也是重读音节时，这个音节叫作_____。例如，多音节词 'la·zy 中的第一个音节_____是重读开音节，因为它以发音的单元音字母_____结尾，同时它又是_____。

（2）"闭音节"指的是以发音的_____或_____结尾的音节，如单音节词_____或_____。当闭音节同时也是重读音节时，这个音节叫作_____。例如，多音节词 'sen·tence 中的第一个音节_____是重读闭音节，因为它以发音的辅音字母_____结尾，同时它又是_____。

（3）元音字母在重读开音节中发其所对应的_____；元音字母在重读闭音节中发其所对应的_____；元音字母在非重读音节中的发音与它所在的音节的轻重无关，其发音主要是_____；在一些多音节词的非重读音节中，元音字母也可能发短元音_____或_____等。

2. 朗读词框中的单词，把它们写在相应的横线上。

pro·'duce	pi·'an·o	'min·ute	ex·'cuse	'fe·ver	'pris·on
in·'vite	'Jan·u·ary	'pri·ma·ry	'fa·mous	a·'wake	'in·stru·ment
Oc·'to·ber	'o·pen	'sec·ond	'mu·sic	'fo·cus	po·'lice
rose	'dol·lar	take			

（1）含有重读开音节的单词：
_____

（2）含有重读闭音节的单词：
_____

（3）含有"e 辅助开音节"的单词：
_____

3. 根据要求写单词。

（1）写出五个含有重读开音节的单词：
___

（2）写出五个含有重读闭音节的单词：
___

（3）写出五个含有元音字母组合发长元音的单词：
___

（4）写出五个含有元音字母组合发短元音的单词：
___

（5）写出五个含有元音字母组合发轻元音 /ə/ 的单词：
___

第 4 讲
英语口语中的连读

在第 2 讲和第 3 讲，我们分别讲解了音位和音节。音位与音位结合构成音节，音节与音节结合构成单词，单词与单词结合构成词组和句子。在本讲中，我们讲解单词与单词之间的连读。

对于英语母语者来说，在口语中将单词与单词之间连读是自然而然的事，但是，这对于我们外语学习者来说却并非易事，因为在汉语中，字与字之间一般不连读。受汉语的影响，我们往往会倾向于以单词为单位，"一词一顿"说英语。这样说出来的英语，听起来支离破碎，断断续续，很难吸引听众的注意力，影响交际的顺利进行。同时，如果我们自己以"一词一顿"的方式说英语，就不可能听懂地道的英语，因为地道的英语是将单词与单词连读而形成的连贯语流。

另外，掌握口语的连读知识与技巧也是学习下一讲"音步"的必要基础。

单词与单词之间连读，指的是将相邻的两个单词中前一个单词的结尾音位与下一个单词的起始音位连起来发音，以便使相邻的两个单词连接起来，构成一个更长的语段，使口语更连贯、更流畅。

相邻两个单词之间的连读有四种方式：（1）辅音与元音连读；（2）辅音与辅音连读；（3）元音与元音连读；（4）元音与辅音连读。

下面我们逐一讲解英语口语中的这四种连读方式。

4.1 辅音与元音连读：辅音移位连读

在相邻的两个单词中，当前一个单词以辅音结尾，下一个单词以元音开始时，前一个单词的词尾辅音移位，与下一个单词词首的元音连读构成一个音节。这就是"辅音移位连读"。通过连读，相邻的两个单词结合起来构成一个更长的语段，像一个"长单词"一样。例如，美国前总统奥巴马的名字是 Barack Obama，由两个单词构成。奥巴马曾经幽默地说：我很感谢我妈妈给我起了个好名字，因为我的"名"和"姓"可

以连起来说成一个"长单词",即:

Barack Obama ⟶ Bara-cko-bama /bə-ˌrä-kō-ˈbä-mä/。

其中,前一个单词 Barack 以辅音 ck /k/ 结尾,下一个单词以元音 o /ō/ 开始。于是,辅音 ck /k/ 移位,与下一个单词 Obama 的词首元音 o /ō/ 连读,构成音节 cko /kō/。这样,相邻的两个单词 Barack 和 Obama 通过连读就构成一个更长的语段,像一个"长单词"一样,即 Bara-cko-bama /bə-ˌrä-kō-ˈbä-mä/。

提起英语口语中的连读,我们可能最先想到的就是辅音移位连读。确实,从结构上来讲,辅音移位连读是最明显、最简单的一种连读,因为许多英语单词都以辅音结尾,也有许多英语单词以元音开始,将前一个单词的词尾辅音移位,与下一个单词词首的元音拼起来读,自然而然地就将相邻的两个单词连接起来,构成一个更长的语段。

单词与单词之间的辅音移位连读,与单词内部两个音节之间的辅音移位连读相似。例如:

词	词组	句子
vis·it	pick up	Pick it up.
vi-sit	pi-ckup	pi-cki-tup
/ˈvĭ-zĭt/	/ˈpĭ-ˈkŭp/	/ˈpĭ-kĭ-ˈtŭp/

在辅音移位连读中,有时前一个单词的词尾只有一个辅音,有时有两个或多个辅音,即辅音丛。下面我们分别举例说明这两种情况下的辅音移位连读。

4.1.1 "词尾单辅音 + 词首元音"连读

在相邻的两个单词中,如果前一个单词的词尾是一个辅音,它便直接移位到相邻的下一个单词,与其起始元音连读构成一个音节,使相邻的两个单词连接在一起。

请看以下例子:

a man of courage
 ma-nof
 /ˈmă-nəv/

在以上例子中,单词 man 以辅音 n /n/ 结尾,其相邻的下一个单词 of 以元音 o /ə/ 开头。因此,辅音 n /n/ 移位到 of 的词首,与其起始元音 o /ə/ 连读构成音节 nof /nəv/。这样,本来是两个单词 man 和 of,通过"辅音移位连读"就构成一个"长单词" ma-nof /ˈmă-nəv/。

辅音移位连读不局限于两个相邻的单词之间，它可以连续发生。请看以下例子：

pack up and go home
pa-cku-pand
/'pă-'kŭ-pən/

在以上例子中有连续两处"辅音移位连读"。（1）第一处 pack up：pack /păk/ 以辅音 ck /k/ 结尾，up /ŭp/ 以元音 u /ŭ/ 开始。因此，单词 pack 词尾的辅音 ck /k/ 移位与单词 up 词首的元音 u /ŭ/ 连读，构成音节 cku p /kŭp/。（2）第二处 up and：up /ŭp/ 以辅音 p /p/ 结尾，and /ən/[①] 以元音 a /ə/ 开始。因此，单词 up 词尾的辅音 p /p/ 移位与单词 and 词首的元音 a /ə/ 连读构成音节 /pən/。综上，pack up and 三个单词相邻发生连续"辅音移位连读"，得到一个"长单词"pa-cku-pand /'pă-'kŭ-pən/。

从 Praat 语音软件生成的语图（图 4–1），我们可以直观地看到 pack up and go home 中相邻的前三个单词之间的"辅音移位连读"，即 pa-cku-pand /'pă-'kŭ-pən/：

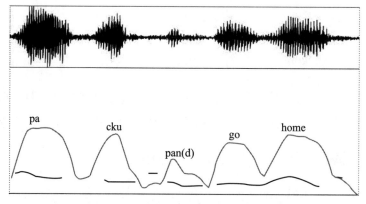

图 4–1　Pack up and go home. 的语图

4.1.2　"词尾辅音丛 + 词首元音"连读

在相邻的两个单词中，如果前一个单词的词尾是辅音丛，即词尾有多于一个辅音，下一个单词的词首为元音，这时，只有这个辅音丛的最后一个辅音移位到相邻的下一个单词，与其词首的元音连读构成一个音节，使相邻的两个单词连在一起构成一个长语段。例如：

---

① 在 and 中，辅音字母 d 常常不发音。因此，and 的读音标记为 /ən/。

left arm	find out	worst oranges
lef-tarm	fin-dout	wors-toranges
/'lĕf-'tärm/	/'fĭn-'dout/	/'wərs-'tör-ĭn-jĭz/

在词组 left arm 中，第一个单词 left /lĕft/ 的词尾是辅音丛 ft /ft/，其最后一个辅音 /t/ 移位，与单词 arm /ärm/ 词首的元音 /ä/ 连读，构成音节 /tärm/，这样就将相邻的两个单词 left 和 arm 连接在一起，构成一个"长单词"lef-tarm /'lĕf-'tärm/；在词组 find out 中，第一个单词 find /fĭnd/ 的词尾为辅音丛 nd /nd/，其最后一个辅音 d /d/ 移位，与其相邻的下一个单词 out 词首的元音 ou /ou/ 连读，构成音节 dout /dout/，这样就将相邻的两个单词 find 和 out 连接在一起，构成一个"长单词"fin-dout /'fĭn-'dout/；在词组 worst oranges 中，第一个单词 worst /wərst/ 以辅音丛 rst /rst/ 结尾，其最后一个辅音 t /t/ 移位，与其相邻的下一个单词 oranges 词首的元音 o /ö/ 连读，构成音节 /tö/，这样就将相邻的两个单词 worst 和 oranges 连接在一起，构成一个"长单词"wors-tor-anges /'wərs-'tör-ĭn-jĭz/。

在英语口语中，通过"辅音移位连读"将相邻两个单词连接在一起是实现口语中语音连贯、自然流畅的有效手段。因此，我们要理解辅音移位连读的基本规律，即前一个单词的词尾辅音移位，与相邻的下一个单词的词首元音连读构成一个音节，从而将相邻的两个单词连接构成一个更长的语段，像一个"长单词"一样。

综合练习

1. 朗读下列词组，用"⌣"标记辅音移位连读，并写出辅音移位连读后构成的"长单词"。

例子：in and out
i-na-n(d)out

(1) travel around
_____

(2) read a book
_____

(3) over and over
_____

(4) once in a while
_____

(5) again and again
_____

(6) a glass of water
_____

(7) for instance
_____

(8) here and there
_____

(9) up and down
_____

(10) as soon as possible
_____

2. 朗读下列句子，用"‿"标出其中的辅音移位连读（一个句子中可能不止一处）。

例：Can I have an egg?

(1) Time is up.

(2) Let's call it a day.

(3) Tell us about it.

(4) I bought a book about birds yesterday.

(5) Don't forget about it.

(6) That's an interesting idea.

(7) The store is open 24/7.

(8) I love apples and oranges.

3. 写出四个含有辅音移位连读的句子，并将其中辅音移位连读用"‿"标记出来。

例：Please turn on the light.

(1) _____

(2) _____

(3) _____

(4) _____

4.2 辅音与辅音连读：省音、拼接与融合

辅音与辅音连读指的是，在相邻的两个单词中，前一个单词以辅音结尾，下一个单词也以辅音开始。这时，将前一个单词的词尾辅音与下一个单词的词首辅音连读，使相邻的两个单词连接为一个更长的语段。

辅音与辅音之间的连读方式主要取决于相邻两个辅音中前一个辅音的发音方法。根据前一个辅音的发音方法，相邻两个辅音之间的连读分为三种不同的方式：（1）爆破音与辅音之间的失去爆破"省音连读"；（2）破擦音与辅音之间的"拼接连读"；（3）持续辅音与辅音之间的"融合连读"，如表4-1所示：

表 4-1 辅音与辅音的连读类型

辅音发音类型	连读方式	单词内部	单词之间
爆破音 + 辅音	省音连读	black·board→bla(ck)·board	big dogs→bi(g)·dogs
破擦音 + 辅音	拼接连读	judge·ment→judge·ment	which jacket→which·jacket
持续辅音 + 辅音	融合连读	police·man→poli·ceman	nice man→ni·ceman

下面我们通过实例分别详细解析这三种辅音与辅音之间的连读。

4.2.1 爆破音 + 辅音：省音连读

第一类辅音与辅音之间的连读为爆破音与辅音之间的连读，即爆破音失去爆破"省音连读"。

在英语中共有 6 个爆破音，即 /p/ 和 /b/、/t/ 和 /d/ 以及 /k/ 和 /g/。从发音方法上来说，爆破音是在发音开始时，气流在口腔中完全受阻，而后突然迸发将气流释放出来而发出的辅音。

在相邻的两个单词中，当前一个单词的词尾是爆破音，与其相邻的下一个单词的词首是辅音时，该爆破音失去爆破，即保持发该爆破音时的发音位置以及气流完全受阻的状态，但是不发出音，而后紧接着发下一个辅音。我们把这种前一个爆破音失去爆破而不发出音从而与相邻的下一个辅音连读的方式，称为失去爆破"省音连读"。

失去爆破"省音连读"可以发生在单词内部相邻的两个音节之间。例如，多音节词 black·board 含有两个音节，即 black 和 board。其中，第一个音节 black 以爆破音 ck /k/ 结尾，第二个音节以辅音 b /b/ 开始。这时，前一个爆破音 /k/ 失去爆破，即保持发 /k/ 这个音的位置以及其气流完全受阻的状态但不发出音，而后紧接着发下一个辅音 /b/，标记为：bla(ck)·board /'blă(k)-ˌbörd/。

失去爆破"省音连读"也可以发生在相邻的两个单词之间。例如，在名词词组 big dogs 中，前一个单词 big 的词尾辅音 g /g/ 为爆破音，其相邻的下一个单词 dogs 的起始辅音为 d /d/。因此，前一个爆破音 /g/ 失去爆破不发出音，紧接着发下一个辅音 /d/，这样就将相邻的两个单词 big dogs 连接为一个长语段，标记为：bi(g)·dogs /'bĭ(g)-'dŏgz/，像一个"长单词"一样。

爆破音与辅音之间的连读，一直被认为是辅音与辅音连读中最棘手的一种，对它的连读方式众说纷纭。事实上，这种连读看似复杂，但是，如果能够抓住其本质特征的话，它是比较容易理解和掌握的。因为，当前一个辅音为爆破音时，无论与其相邻的下一个辅音属于哪种类型，二者之间的连读方式都是失去爆破"省音连读"。

下面我们把爆破音与辅音连读分为三组，即"不同的爆破音之间的省音连读""相同的爆破音之间的省音连读"和"爆破音与其他辅音之间的省音连读"，并逐一举例分析。

1. 不同的爆破音之间的省音连读

当前一个单词的词尾以爆破音结束，其相邻的下一个单词以其他爆破音开始时，前一个爆破音失去爆破不发出音，紧接着说下一个爆破音，这样就将相邻的两个爆破音连读，从而将相邻的两个单词连接起来构成一个长语段。

请看以下例子：

fat dog
fa(t)·dog
/ˈfă(t)-ˈdǒg/

stop crying
sto(p)·crying
/ˈsto(p)-ˈkrī-ĭng/

在 fat dog 中，前一个单词 fat 以爆破音 t /t/ 结尾，相邻的下一个单词 dog 以爆破音 d /d/ 开始。这时，前一个爆破音 /t/ 失去爆破不发出音，而后紧接着发下一个爆破音 /d/，得到 fa(t)·dog /ˈfă(t)-ˈdǒg/。同样，在 stop crying 中，前一个单词 stop 以爆破音 p /p/ 结尾，相邻的下一个单词 crying 以爆破音 c /k/ 开始。这时，前一个爆破音 /p/ 失去爆破不发出音，紧接着发下一个爆破音 /k/，得到 sto(p)·crying /ˈsto(p)-ˈkrī-ĭng/。

2. 相同的爆破音之间的省音连读

当一个单词的词尾以爆破音结束，其相邻的下一个单词以与之相同的爆破音开始时，同样是前一个爆破音失去爆破不发出音，紧接着说下一个相同的爆破音，这样就将相邻的两个相同的爆破音连读，从而将相邻的两个单词连接起来构成一个长语段。相同的爆破音之间的连读是不同的爆破音之间连读的特例。

请看以下例子：

good day
goo(d)·day
/ˈgù(d)-ˈdā/

start time
star(t)·time
/ˈstär(t)-ˈtīm/

在 good day 中，前一个单词 good 以爆破音 d /d/ 结尾，相邻的下一个单词 day 也以爆破音 d /d/ 开始。这时，这两个相同的爆破音之间同样是失去爆破"省音连读"，即前一个爆破音 /d/ 失去爆破不发出音，而后紧接着发下一个爆破音 /d/，得到 goo(d)·day /ˈgù(d)-ˈdā/。同样，在 start time 中，前一个爆破音 t /t/ 失去爆破不发出音，紧接着发下一个爆破音 t /t/，得到 star(t)·time /ˈstär(t)-ˈtīm/。

需要指出的是，当两个相同的爆破音相邻连读时，绝不可以简单地省去前一个爆破音而只说下一个。试比较以下两组例子：

the scheduled start time
    star(t)·time
    /ˈstar(t)-ˈtīm/

Hollywood Star Time
    Star·Time
    /ˈstar-ˈtīm/

可以看出，/ˈstar(t)-ˈtīm/ 对应的是 start time。这时，前一个爆破音 /t/ 虽然不发出音，但是我们却做了发它的准备，即"失去爆破"，而后发下一个爆破音 /t/。其结果是，两

个相同的爆破音 /t/ 相邻，我们虽然只发了下一个，但是听上去仿佛是在发第二个之前有个"停顿"一样；而 /'star-'tīm/ 对应的是 Star Time。这时，star 和 time 都正常发音，二者之间没有停顿的感觉。

3. 爆破音与其他辅音之间的省音连读

当一个单词的词尾以爆破音结束，其相邻的下一个单词的词首以其他辅音，包括破擦音和持续辅音（即摩擦音、鼻辅音和边音）开始时，二者之间连读的方式往往也是失去爆破"省音连读"，即前一个爆破音失去爆破不发出音，紧接着发下一个相邻的辅音。

以下是爆破音与破擦音相邻的例子，请做失去爆破"省音连读"练习：

big chairs	good job	black jacket
bi(g)·chairs	goo(d)·job	bla(ck)·jacket
/'bǐ(g)-'chěrz/	/'gù(d)-'jŏb/	/'blǎ(k)-'jǎ-kǐt/

在 big chairs 中，前一个单词的词尾是爆破音 g /g/，相邻的下一个单词的起始辅音为破擦音 ch /ch/。这时，前一个爆破音 /g/ 失去爆破而不发出音，而后紧接着发下一个辅音，即破擦音 /ch/，得到 bi(g)·chairs /'bǐ(g)-'chěrz/；同样，在 good job 中，前一个单词词尾的爆破音 d /d/ 与相邻的下一个单词词首的破擦音 j /j/ 相邻连读，爆破音 /d/ 失去爆破不发出音，紧接着发下一个辅音，即破擦音 /j/，得到 goo(d)·job /'gù(d)-jŏb/；在 black jacket 中，前一个单词词尾的爆破音 ck /k/ 与相邻的下一个单词词首的破擦音 j /j/ 相邻连读，爆破音 /k/ 失去爆破不发出音，紧接着发下一个辅音，即破擦音 /j/，得到 bla(ck)·jacket /'blǎ(k)-'jǎ-kǐt/。

以下是爆破音与摩擦音相邻的例子，请做失去爆破"省音连读"练习：

good friends	get the chance	top secret
goo(d)·friends	ge(t)·the	to(p)·secret
/'gù(d)-'frěnds/	/'gě(t)-thə/	/'tŏ(p)-'sē-krǐt/

在 good friends 中，前一个单词的词尾是爆破音 d /d/，相邻的下一个单词的起始辅音为摩擦音 f /f/，这时，爆破音 /d/ 失去爆破而不发出音，而后紧接着发下一个辅音，即摩擦音 /f/，得到 goo(d)·friends /'gù(d)-'frěnds/；同样，在 get the chance 中，前一个单词 get 以爆破音 t /t/ 结尾，相邻的下一个单词 the 以摩擦音 th /th/ 开始，这时，爆破音 /t/ 失去爆破不发出音，紧接着发下一个辅音，即摩擦音 /th/，得到 ge(t)·the /'gě(t)-thə/；在 top secret 中，前一个单词 top 以爆破音 p /p/ 结尾，相邻的下一个单词 secret 以摩擦音 s /s/ 开始，这时，爆破音 /p/ 失去爆破不发出音，紧接着发下一个辅音，即摩擦音 /s/，得到 to(p)·secret /'tŏ(p)-'sē-krǐt/。

以下是爆破音与鼻辅音相邻的例子①，请做失去爆破"省音连读"练习：

job market   big nose
jo(b)·market   bi(g)·nose
/'jŏ(b)-'mär-kĭt/   /'bĭ(g)-'nōz/

在以上两个词组中，分别是爆破音 b /b/ 和 g /g/ 与鼻辅音 m /m/ 和 n /n/ 之间的失去爆破"省音连读"。此时，这两个爆破音分别失去爆破不发出音，紧接着发它们之后的鼻辅音 /m/ 和 /n/，分别得到 jo(b)·market /'jŏ(b)-'mär-kĭt/ 和 bi(g)·nose /'bĭ(g)-'nōz/。

在上文中，我们通过实例说明，爆破音与辅音（无论它是哪类辅音）相邻时连读的方式都是失去爆破"省音连读"，即当相邻两个单词中的前一个单词的词尾为爆破音，下一个单词的词首为辅音时，前一个单词词尾的爆破音要失去爆破（即只做发音准备，保持气息完全受阻状态而不发出音），紧接着发下一个相邻的辅音。

4.2.2 破擦音 + 辅音：拼接连读

第二类辅音与辅音之间的连读是破擦音与辅音之间的连读，我们称之为"拼接连读"。

破擦音与爆破音一样，在发音开始时，气流在口腔中完全受阻。但是，不同于爆破音的是，破擦音在气流完全受阻后不是突然迸发将气流释放出来，而是转变为气流部分受阻从而造成摩擦将气流释放出来，这样发出的辅音就是"破擦音"。英语中只有一对破擦音，即清辅音 /ch/ 和浊辅音 /j/。

在相邻的两个单词中，如果前一个单词的词尾为破擦音，即 /ch/ 或 /j/，下一个单词的词首为任何辅音时，这个破擦音都需要发音。说完这个破擦音之后，要紧接着说相邻的下一个单词词首的辅音，以便尽可能把这个破擦音与下一个单词词首的辅音紧密地拼接在一起，使它们像同一个单词中相邻的两个辅音一样。

下面我们把破擦音与辅音的连读分为两组：（1）破擦音与破擦音之间的拼接连读；（2）破擦音与其他辅音之间的拼接连读，并分别举例解析。

1. 破擦音与破擦音之间的拼接连读

当破擦音与破擦音相邻时，无论它们是不同的破擦音相邻连读，还是相同的破擦音相邻连读，二者都需要发音，并且要将这两个相邻的破擦音紧密地拼接在一起。

以下是两个不同的破擦音相邻连读：

---

① 我们知道，鼻辅音共有三个，即 /m/、/n/ 和 /ng/。但是，由于 /ng/ 不出现在音节或单词的起始位置，因此，不可能出现爆破音与鼻辅音 /ng/ 之间的连读。

George changed his mind.　　　　　　Which judge are you talking about?
George·changed　　　　　　　　　　which·judge
/ˈjörj-ˈchānjd/　　　　　　　　　　　/ˈwĭch-ˈjŭj/

在 George·changed 中，前一个单词以破擦音 ge /j/ 结尾，相邻的下一个单词以破擦音 ch /ch/ 开始。这两个相邻的破擦音，即 /j/ 和 /ch/，都要发音，而且要紧密地"拼接"在一起，使相邻的这两个辅音像一个单词内部相邻的两个辅音一样，而不是属于两个分离的单词，即 George·changed /ˈjörj-ˈchānjd/；同样，在 which·judge 中，前一个单词词尾的破擦音 ch /ch/ 与相邻的下一个单词词首的破擦音 j /j/ 也都要发音，而且紧密地拼接在一起，使相邻的这两个辅音像一个单词内部相邻的两个辅音一样，即 which·judge /ˈwĭch-ˈjŭj/。

当两个相同的破擦音相邻时，同样要进行"拼接连读"，即这两个破擦音也都要发音，而且要把它们紧密地"拼接"在一起，使相邻的这两个辅音像一个单词内相邻的两个辅音一样。请用"拼接连读"的方式朗读以下两个例子：

which chair　　　　　　　　　　　　orange juice
which·chair　　　　　　　　　　　　orange·juice
/ˈwĭch-ˈchěr/　　　　　　　　　　　/ˈör-ĭnj-ˈjüs/

在 which chair 中，其前一个单词 which 的词尾与下一个单词的词首是相同的破擦音 ch /ch/，它们之间要进行"拼接连读"，即 which·chair /ˈwĭch-chěr/。在 orange juice 中，其前一个单词 orange 与下一个单词的词首是相同的破擦音 /j/（即 ge /j/ 和 j /j/），因此，它们之间要进行"拼接连读"，即 orange·juice /ˈör-ĭnj-jüs/。

需要注意的是，相邻的两个破擦音，虽然它们每个都需要发音，但是其发音的特征有所不同。这是因为，前一个破擦音为前一个单词的词尾辅音，而下一个破擦音却是下一个单词的词首辅音。因此，前一个破擦音要说得轻、短，音调低，下一个破擦音要说得重、长，音调高。例如，在 which·chair /ˈwĭch-ˈchěr/ 中，前一个破擦音 /ch/ 是 which chair 中前一个单词 which 的词尾辅音，因此它要说得轻、短，音调低，而下一个破擦音 /ch/ 是下一个单词 chair 的起始辅音，因此它要说得重、长，音调高，完整到位，清晰响亮。

2. 破擦音与其他辅音之间的拼接连读

同样，当破擦音与其他辅音相邻时，这个破擦音要发音，而后要紧接着发下一个单词的起始辅音，将前一个单词词尾的破擦音与下一个单词词首的辅音紧密地结合起来，像一个单词中相邻的两个辅音一样，实现"拼接连读"。

请看以下例子：

George bumped his head.	We had lunch late together.
George·bumped	lunch·late
/'jörj-'bŭmpt/	/'lŭnch-'lāt/

在"George bumped his head."中，相邻的两个单词 George 和 bumped 的前一个单词 George 词尾的破擦音 ge /j/ 与下一个单词词首的爆破音 b /b/ 拼接连读；在"We had lunch late together."中，lunch 和 late 的前一个单词 lunch 词尾的破擦音 ch /ch/ 与下一个单词词首的持续辅音 l /l/ 拼接连读。这时，破擦音 /j/ 和 /ch/ 都分别需要发音，而且要将它们分别与辅音 /b/ 和 /l/ 紧密地结合在一起，实现破擦音与辅音之间的"拼接连读"。

4.2.3 持续辅音 + 辅音：融合连读

在第 2 讲我们谈到，根据发音时气流受阻的情况，英语中的辅音可以分为"持续辅音"和"非持续辅音"。持续辅音是除去六个爆破音（即 /p/、/b/、/t/、/d/、/k/ 和 /g/）以及两个破擦音（即 /ch/ 和 /j/）之外的所有辅音，包括九个摩擦音，即 /f/ 和 /v/、/th/ 和 /th/、/s/ 和 /z/、/sh/ 和 /zh/ 以及 /h/；三个鼻辅音，即 /m/、/n/ 和 /ng/；四个近音，即 /y/、/w/、/r/ 和 /l/。所谓"持续辅音"，指的是可以拉长、持续说的辅音，如摩擦音 /s/ 可以拉长持续说成 /sssss/，而爆破音和破擦音则不能持续。例如，我们不能将爆破音 /t/ 拉长持续说成 */ttttt/。也就是说，持续辅音的发音特征在于它可以随着气息的流动而持续。因此，当持续辅音与辅音相邻时，持续辅音不仅要发音，而且要持续直到它与下一个辅音融合为一体构成辅音丛。我们将持续辅音与辅音之间的连读称为"融合连读"。

下面我们将持续辅音与辅音的融合连读分为三组：(1) 相同的持续辅音之间的融合连读；(2) 持续辅音与相同发音部位的辅音之间的融合连读；(3) 持续辅音与不同发音部位的辅音之间的融合连读，分别举例解析。

1. 相同的持续辅音之间的融合连读

在相邻的两个单词中，前一个单词以持续辅音结尾，相邻的下一个单词以相同的持续辅音开始。将相同的两个持续辅音连读就是从发前一个持续辅音开始，在其持续的同时发下一个与之相同的辅音。这样就将相同的两个持续辅音融合为一个。但是，两个相同的持续辅音连读发出的持续辅音，要比发一个持续辅音所用的时间长。

例如，在 moon night 中，前一个单词的词尾和下一个单词的词首都是持续辅音 n /n/。将这两个单词连读，就是从发前一个 n /n/（即 moon 尾部的 n /n/）开始，在其持续的同时发下一个 n /n/（即 night 起始处的 n /n/），这样将这两个相同的持续辅音 /n/ 合并、融合为一个，标记为 /n:/，即 moo·nnight /'mü-'nːīt/。同样，将 this story 这两个单词连读，就是从发前一个单词 this 词尾的持续辅音 s /s/ 开始，在其持续的同时发下一个单词 story 词首的持续辅音 s /s/，这样将这两个相同的持续辅音 s /s/ 合并、融合为一个，标记为 /s:/，即 thi·sstory /thĭ-'s:tör-ē/。

以下例子中都含有两个相同的持续辅音相邻，请练习二者之间的"融合连读"：

enough food	five vests	phone number
enou·ghfood	fi·vevests	pho·nenumber
/ĭ-'nŭ-'f:üd/	/'fī-'v:ĕsts/	/'fō-'n:ŭ-mbər/
I don't feel like fish.	Beth thanked her friends.	
fee·llike	Be·ththanked	
/'fē-'l:īk/	/'bĕ-'th:ăngkt/	

在以上五个例子中，相邻的两个单词 enough 和 food、five 和 friends、phone 和 number、feel 和 like 以及 Beth 和 thanked，分别含有两个相同的持续辅音，它们依次为 /f/、/v/、/n/、/l/ 和 /th/。将这些相同的两个持续辅音连读，就是分别将它们合并、融合为一个"更长"的同一个持续辅音，即 /v:/、/f:/、/n:/、/l:/ 和 /th:/，从而将相邻的两个单词连接起来构成一个更长的语段。

2. 持续辅音与发音部位与之相同的辅音之间的融合连读

有时，在相邻的两个单词中，前一个单词的词尾是持续辅音，下一个单词的词首辅音与之发音部位相同。例如，在 five friends 中，前一个单词的词尾是持续辅音 v /v/，与其相邻的下一个单词的词首辅音为 f /f/。/v/ 和 /f/ 的发音部位相同，即都是唇齿音。再如，在 "Sam broke the glass." 这个句子中，第一个单词 Sam 的词尾是持续辅音 m /m/，与其相邻的下一个单词 broke 的词首辅音为 b /b/。/m/ 和 /b/ 的发音部位相同，即都是双唇音。将持续辅音与发音部位与之相同的辅音连读，就是首先发这个持续辅音，并保持其发音部位，紧接着直接发下一个与之发音部位相同的辅音。这样，这个持续辅音与下一个发音部位与之相同的辅音就融合为一体，构成辅音丛，实现了持续辅音与发音部位与之相同的辅音之间的融合连读。

持续辅音与发音部位与之相同的辅音之间的融合连读标记为辅音丛的形式，如 fi·vefriends /'fī-'vfrĕnds/ 和 Sa·mbroke /'să-'mbrōk/。其中，持续辅音 /v/ 和辅音 /f/ 连读构成辅音丛 v(e)f /vf/；持续辅音 /m/ 和辅音 /b/ 构成辅音丛 mb /mb/。

请看以下例子：

Sam was happy with my work.	Sam broke the glass.
Sa·mwas	Sa·mbroke the glass.
/'să-'mwəz/	/'să-'mbrōk/

Kim praised John for his honesty.

Kǐ·mpraised

/'kǐ-'mprāzd/

在以上三个句子中，第一个单词的词尾都是持续辅音 m /m/。持续辅音 /m/ 分别与相邻下一个单词词首的辅音 w /w/、b /b/ 和 p /p/ 的发音部位相同，即它们都是双唇音。因此，从发持续辅音 /m/ 开始，保持其发音部位，紧接着发发音部位与之相同的辅音 /w/、/b/ 和 /p/，分别构成辅音丛 mw /mw/、mb /mb/ 和 mp /mp/，实现持续辅音 /m/ 与 /w/、/m/ 与 /b/ 以及 /m/ 与 /p/ 之间的"融合连读"。

以下例子中都含有持续辅音与发音部位与之相同的辅音之间的融合连读，请大声朗读进行练习：

[1] I drove Frank home after dinner. [2] I told Beth that she was welcome.
　　dro·veFrank　　　　　　　　　　　　　　Be·ththat
　　/'drō-'vfrǎnk/　　　　　　　　　　　　　　/'bě-'ththət/

[3] I feel sad about that.　[4] What fresh juice!　[5] He's a fan of strong guys.
　　fee·lsad　　　　　　　　　fre·shjuice　　　　　　stro·ngguys
　　/'fē-'lsǎd/　　　　　　　　/'frě-'shjüs/　　　　　　/'strǒ-'nggīz/

在例 [1] 中，相邻的两个单词 drove 和 Frank 的前一个单词词尾的持续辅音 v /v/ 与下一个单词词首的辅音 f /f/ 都是唇齿音，二者融合连读构成辅音丛 vf /vf/；在例 [2] 中，相邻的两个单词 Beth 和 that 的前一个单词词尾的持续辅音 th /th/ 与下一个单词词首的辅音 th /th/ 都是齿音，二者融合连读构成辅音丛 thth /thth/；在例 [3] 中，相邻的两个单词 feel 和 sad 的前一个单词词尾的持续辅音 l /l/ 与下一个单词词首的辅音 s /s/ 都是齿龈音，二者融合连读构成辅音丛 ls /ls/；在例 [4] 中，相邻的两个单词 fresh 和 juice 的前一个单词词尾的持续辅音 /sh/ 与下一个单词词首的辅音 /j/ 都是齿颚音，二者融合连读构成辅音丛 shj /shj/；在例 [5] 中，相邻的两个单词 strong 和 guys 的前一个单词词尾的持续辅音 ng /ng/ 与下一个单词词首的辅音 g /g/ 都是软腭音，二者融合连读构成辅音丛 ngg /ngg/。在这些例子中，前一个持续辅音，即 /v/、/th/、/l/、/sh/ 和 /ng/ 分别与发音部位与之相同的辅音融合连读构成辅音丛，使相邻的两个单词连接起来，构成更长的语段。

2. 持续辅音与发音部位与之不同的辅音之间的融合连读

在相邻的两个单词中，有时前一个单词的词尾是持续辅音，下一个单词的词首是发音部位与之不同的辅音。例如，在 five men 中，前一个单词的词尾是持续辅音 v(e) /

v/，与其相邻的下一个单词的词首辅音为 m /m/。/v/ 和 /m/ 的发音部位不同，即前者是唇齿音，后者是双唇音。再如，在"Sam can do it."这个句子中，第一个单词 Sam 的词尾是持续辅音 m /m/，与其相邻的下一个单词 can 的词首辅音为 c /k/。/m/ 和 /k/ 的发音部位不同，即前者是双唇音，后者是软腭音。将持续辅音与发音部位与之不同的辅音连读，就是从发这个持续辅音开始，随着该持续辅音的持续，尽快将发音部位移到发下一个辅音的位置并发该辅音。这样，就将持续辅音与发音部位与之不同的辅音融合为一体，构成辅音丛，从而将相邻的两个单词连接在一起，构成一个长语段。

持续辅音与发音部位与之不同的辅音之间的融合连读，可以发生在单词内部的辅音丛、音节与音节之间和单词与单词之间。

请看以下例子：

单词内部	音节之间	单词之间
smell	base·ment	prom·ise me
smell	ba·sement	promi·seme
/směl/	/'bā-smənt/	/'prǒ-mǐ-smē/

在以上三个例子中，持续辅音 s /s/ 与下一个辅音 m /m/ 的发音部位不同，即前者为齿龈音，后者为双唇音。将这两个辅音连读，就是从发持续辅音 /s/ 开始，随着其发音的持续，尽快从发 /s/ 的发音部位（即齿龈）移到发 /m/ 的发音部位（即双唇），紧接着发 /m/ 这个音。这样，这个持续辅音 s /s/ 就与发音部位与之不同的辅音 m /m/ 融合在一起，构成辅音丛 sm /sm/。

再看以下例子：

some things	still sleeping
so·methings	sti·llsleeping
/'sǔ-'mthǐngs/	/'stǐ-'lslē-pǐng/

在以上两个例子中，前一个单词的词尾分别为持续辅音 m /m/ 和 l /l/，其相邻的下一个单词的词首分别为发音部位与它们不相同的辅音 th /th/ 和 s /s/。分别将这两个持续辅音 m /m/ 和 l /l/ 与发音部位与它们不同的辅音 th /th/ 和 s /s/ 用融合连读的方式连读，构成辅音丛 mth /mth/ 和 ls /ls/，这样就分别将相邻的两个单词连接了起来。

在以下句子中，有三处持续辅音与发音部位与之不同的辅音之间的融合连读：

Please make sure both Lizz and Sue get the book.
plea·semake   bo·thLizz a·ndSue
/'plē-'zmāk/   /'bō-'thlǐ-zə-'nsü/

以上例句中，三处相邻的两个单词，即 please 和 make、both 和 Lizz 以及 and 和 Sue，分别由持续音 z /z/ 与辅音 m /m/ 相邻融合连读构成辅音丛 zm /zm/、持续音 th /th/ 与辅音 l /l/ 相邻融合连读构成辅音丛 thl /thl/，以及持续音 n /n/ 与辅音 s /s/ 相邻融合连读构成辅音丛 ns /ns/。

再看以下例子：

单词内部	音节之间	单词之间
ask	res·ponse	Thomas broke the window.
ask	re·sponse	Thoma·sbroke
/ăsk/	/rĭ-'spŏns/	/'tŏ-mə-'sbrōk/

在以上三个例子中，相邻的两个辅音中的前一个都是持续辅音 s /s/，下一个都是发音部位与之不同的辅音，分别为 /k/、/p/ 和 /b/。其中，持续辅音 /s/ 为齿龈音，而辅音 /k/ 为软腭音，/p/ 和 /b/ 都是双唇音。这时，它们之间的连读同样是融合连读，即从发持续辅音 /s/ 开始，在其发音持续的同时，尽快将发音部位移到下一个辅音的发音部位，即软腭和双唇，紧接着发这些辅音，分别构成辅音丛 sk /sk/、sp /sp/ 和 sb /sb/。

总之，持续辅音与它相邻的下一个辅音的连读方式都是融合连读。

4.2.4 特殊辅音之间的连读 I：变音连读

相邻的辅音之间，除了我们在上文中学习的连读，包括爆破音与辅音连读的失去爆破"省音连读"、破擦音与辅音连读的"拼接连读"和持续辅音与辅音的"融合连读"之外，在某些情况下还有变音连读现象。理解和掌握辅音连读时的变音现象，是实现辅音与辅音之间正确连读的一个重要方面。

1. /t/、/d/、/s/、/z/ 与 /y/ 相邻的变音连读

在相邻的两个单词中，如果前一个单词以清辅音 /t/ 或浊辅音 /d/、清辅音 /s/ 或浊辅音 /z/，以及由 /t/ 和 /d/ 分别与 /s/ 结合而构成的辅音丛 /ts/ 或 /ds/ 结尾，相邻的下一个单词以辅音 /y/ 开始，那么，这些清、浊辅音与辅音 /y/ 连读时都会发生变音，变为一个新的辅音。具体如下：（1）清辅音 /t/ 或 /ts/ 与 /y/ 连读变为清辅音 /ch/；（2）浊辅音 /d/ 或 /ds/ 与 /y/ 连读变为浊辅音 /j/；（3）清辅音 /s/ 与 /y/ 连读变为清辅音 /sh/；（4）浊辅音 /z/ 与 /y/ 连读变为浊辅音 /zh/。

辅音 /t/、/d/、/s/、/z/、/ts/ 和 /ds/ 分别与 /y/ 连读时变音，如表 4–2 所示：

表 4–2　/t/、/d/、/s/、/z/、/ts/ 和 /ds/ 与 /y/ 连读时变音

清辅音 + y → 清辅音	/t/ /ts/ + /y/ = /ch/	/s/ + /y/ = /sh/
浊辅音 + y → 浊辅音	/d/ /ds/ + /y/ = /j/	/z/ + /y/ = /zh/

请看以下各组例子：

/t/ 或 /ts/ + /y/ = /ch/

在以下例句中，清辅音 /t/ 或辅音丛 /ts/ 与辅音 /y/ 相邻连读，变为清辅音 /ch/：

Don't you believe it?	/ˈdən-chə/
Won't you take a listen?	/ˈwən-chə/
It's nice to meet you.	/ˈmē-chə/
Is that your book?	/ˈthă-chər/
I met her last year.	/ˈlăs-ˈchĭr/
Why didn't you come with us?	/ˈdĭ-dən-chə/
He treats you like a sister.	/ˈtrē-chə/

/d/ 或 /ds/ + /y/ = /j/

在以下例句中，浊辅音 /d/ 或辅音丛 /ds/ 与辅音 /y/ 相邻连读，变为浊辅音 /j/：

Did you meet him?	/dĭ-jə/
Would you mind opening the window?	/wə-jər/
Go read your book.	/ˈrē-jər/
She needs your help.	/ˈnē-jər/

需要指出的是，这种类型的变音不仅发生在相邻的单词之间，也发生在单词内部。例如，在单词 ed·u·ca·tion 的前两个音节 ed·u 中，第一个音节末尾的浊辅音 d /d/ 与第

二个音节，即元音字母 u /yū/①中的第一个辅音 /y/ 连读，变为浊辅音 /j/，而音节 u 在单词 ed·u·ca·tion 中为非重读音节，它发轻元音 /ə/。因此，ed·u 的发音为 /ĕ-jə/，单词 ed·u·ca·tion 的读音为 /ĕ-jə-'kā-shən/。

/s/ + /y/ = /sh/

在以下例句中，清辅音 /s/ 与辅音 /y/ 相邻连读，变为清辅音 /sh/：

There's not much rain this year.	/'thĭ-'shĭr/
I'll miss you a lot.	/'mĭ-shə/
Where's your bicycle?	/'wĕr-shər/

/z/ + /y/ = /zh/

在以下例句中，浊辅音 /z/ 与辅音 /y/ 相邻连读，变为浊辅音 /zh/：

Does your teacher know?	/də-zhər/
Don't freeze your toes.	/'frē-zhər/

清、浊辅音 /t/、/d/、/s/、/z/、/ts/ 和 /ds/ 分别与 /y/ 连读变成一个新的辅音，会使发音更加便利，使口语听起来更加自然流畅。

2. 清、浊辅音之间的变音连读

有些清、浊辅音相邻时，由于发音特征上的相互影响，有的浊辅音可能变为清辅音，即浊辅音清化；有的清辅音可能变为浊辅音，即清辅音浊化。

- **浊辅音清化连读**

在相邻的两个单词中，当前一个单词的词尾是浊辅音，下一个单词的词首为清辅音时，前一个浊辅音常常变为清辅音，即浊辅音清化。这样，本来为浊辅音与清辅音的连读，就变为两个清辅音的连读。例如：

have to	has to
/'hă-ftə/	/'hă-stə/

在单词 have /hăv/ 中，辅音字母 v 发浊辅音 /v/；在单词 has /hăz/ 中，辅音字母 s 发浊辅音 /z/；在单词 to 中，辅音字母 t 发清辅音 /t/。当 have 和 has 分别与 to 相邻连读时，浊辅音 /v/ 和 /z/ 分别清化为其相应的清辅音，即 /f/ 和 /s/。这时，它们与清辅音

---

① 元音字母 u 的名称音，即长元音的发音，可以有两种标记方式，即 u /ū, yū/。

/t/ 连读时，就成为清辅音之间的连读，而不是浊辅音与清辅音之间的连读。

再看以下例子：

[1] He plays for fun.　　　　　　[2] Ask Bob to meet me at my office.
　　/ˈplā-sfər/　　　　　　　　　　/ˈbŏ(p)-tə/

在例 [1] 中，单词 plays /plāz/ 结尾的辅音字母 s 的发音为浊辅音 /z/，与其相邻的下一个单词 for 的起始辅音为清辅音 /f/。因此，将 plays 和 for 连读时，plays 词尾的浊辅音 /z/ 清化为与其相应的清辅音 /s/，以便与其相邻的下一个清辅音 /f/ 连读。这时，本来是浊辅音 /z/ 与清辅音 /f/ 相邻连读，就变为两个清辅音 /s/ 和 /f/ 之间的连读。同理，在例 [2] 中，单词 Bob /bŏb/ 词尾的浊辅音 /b/ 清化为与它所对应的清辅音 /p/，以便与其相邻的下一个清辅音 /t/ 连读。

- **清辅音 /t/ 浊化连读**

在口语中，清辅音 /t/ 浊化是个常见的现象。

为了便于理解清辅音 /t/ 在口语中的浊化现象，首先需要了解一下浊辅音 /d/ 在单词中的发音。

当浊辅音 /d/ 为单词的起始辅音时，如在单词 dir·ty /ˈdər-tē/ 中，作为单词中重读音节的起始辅音，d /d/ 的发音要完整到位，清楚响亮；当浊辅音 /d/ 位于单词中间非重读音节的起始位置时，如在单词 bor·der /ˈbör-dər/ 中，其发音轻、短，随意模糊，即用舌头轻轻碰其发音部位（即齿龈）而发音。我们将这样的浊辅音 /d/ 称为"轻碰 /d/"。

在相邻的两个单词中，清辅音 /t/ 在两种情况下听起来像轻轻说的 /d/，即被浊化为"轻碰 /d/"，像多音节词 bor·der 中浊辅音 /d/ 的发音。

首先，在相邻的两个单词中，当清辅音 /t/ 夹在两个元音之间时，它往往被浊化为"轻碰 /d/"。

请看以下例子：

out of money　　　　　　write it　　　　　　　Take it easy.
/ˈou-dəv/　　　　　　　　/ˈrī-dĭt/　　　　　　　/ĭ-ˈdē-zē/

在 out of money 中，out 的词尾清辅音 t /t/ 位于元音 ou /ou/ 和元音 o /ə/ 之间；在 write it 中，write 的词尾清辅音 t /t/ 位于元音 i /ī/ 和元音 i /ĭ/ 之间；在句子"Take it easy."中，it 的词尾清辅音 t /t/ 位于元音 i /ĭ/ 和元音 ea /ē/ 之间。因此，这三处的清辅音 /t/ 都被浊化为"轻碰 /d/"。

请朗读以下句子，练习夹在两个元音之间的清辅音 /t/ 被浊化为"轻碰 /d/"的连读：

out of water	pick it up	no news about it
/'ou-dəv/	/ĭ-'dŭp/	/ə-'bou-dĭt/

其次，在相邻的两个单词中，当清辅音 /t/ 夹在辅音 /r/ 和元音之间时，它也往往被浊化为"轻碰 /d/"。

请看以下例子：

start over	smart and funny	sort of
/'stär-'dō-vər/	/'smär-dən/	/'sör-dəv/

在 start over 中，start 的词尾清辅音 t /t/ 位于辅音 r /r/ 和元音 o /ō/ 之间；在 smart and funny 中，smart 的词尾清辅音 t /t/ 位于辅音 r /r/ 和元音 a /ə/ 之间；在 sort of 中，sort 的词尾清辅音 t /t/ 位于辅音 r /r/ 和元音 o /ə/ 之间。因此，这三处的清辅音 /t/ 都被浊化为"轻碰 /d/"。

请朗读以下句子，练习夹在辅音 /r/ 和元音之间的清辅音 /t/ 被浊化为"轻碰 /d/"的连读：

art and design	short and fat	sport in China
/'är-dən/	/'shör-dən/	/'spör-dĭn/

清辅音 /t/ 浊化为"轻碰 /d/"不仅可以发生在单词与单词之间，也可以发生在单词内部。例如，在单词 wri·ter 和 but·ter 中，清辅音 t /t/ 分别夹在两个元音之间；在 par·ty 和 dir·ty 中，清辅音 t /t/ 夹在辅音 r /r/ 和元音 y /ē/ 之间。因此，清辅音 /t/ 都被浊化为"轻碰 /d/"。

3. /n/ 的变音连读

当辅音 /n/ 与辅音 /b/ 或 /p/ 相邻连读时，/n/ 变为 /m/。

从发音部位来讲，辅音 /n/ 是齿龈音；从发音方法来讲，它是鼻辅音，属于持续辅音。当持续辅音 /n/ 与双唇音 /b/ 和 /p/ 相邻连读时，本应从发持续辅音 /n/ 开始，随着气流的持续，尽快地将发音部位从齿龈移到双唇，发 /b/ 或 /p/。但是，从齿龈移到双唇非常不方便。在这种情况下，鼻辅音 /n/ 为了与它之后的双唇音 /b/ 和 /p/ 连读方便，就变为双唇音 /m/。这样，本来难以连读的齿龈音 /n/ 与双唇音 /b/ 或 /p/ 之间的连读，就变为双唇音 /m/ 与发音部位与之相同的另外两个双唇音 /b/ 和 /p/ 之间的连读。例如：

ten boys	grandpa
/'tĕ-'mboiz/	/'gră-ˌmpä/

4.2.5 特殊辅音之间的连读 II：省音连读

在口语的连读中，辅音 /t/ 和 /d/ 被省去发音是常见的现象。

1. 省去辅音 /t/

辅音 /t/ 在两种情况下往往被省去发音。

- **"辅音 + /t/ + 辅音"中的 /t/ 不发音**

首先，在相邻的两个单词中，当前一个单词的词尾辅音 /t/ 夹在两个辅音中间，即"辅音 + /t/ + 辅音"时，这个辅音 /t/ 往往不发音。

请看以下例子：

first week
/ˈfər-ˈswēk/

We swept the floor.
/ˈswě-(p)thə/

在 first week 这个词组中，first 的词尾辅音 /t/ 夹在两个辅音 /s/ 和 /w/ 之间。因此，在连读时，辅音 /t/ 不发音。同理，在句子"We swept the floor."中，swept 的词尾辅音 /t/ 夹在两个辅音，即 /p/ 和 /th/ 之间，因此，在连读时，辅音 /t/ 不发音。

以下例句中都含有词尾辅音 /t/ 夹在两个辅音中间因而不发音的连读，请大声朗读进行练习：

I left my cellphone in the car.
/ˈlě-fmī/

Kathy is my best friend.
/ˈbě-ˈsfrěnd/

Are you sure that most roses are red?
/ˈmō-ˈsrō-zǐz/

Get some rest during the flight.
/ˈrě-ˈsjùr-ǐng/

- **"辅音丛 /nt/ + 元音"中的 /t/ 不发音**

在相邻的两个单词中，当前一个单词的词尾是辅音丛 nt /nt/，下一个单词的词首为元音，即"/nt/ + 元音"时，辅音 /t/ 常常不发音。

请看以下例子：

went away
/ˈwě-nə-ˈwā/

government officials
/ˈgǔ-vər-mə-nə-ˈfǐ-shəls/

在以上两个例子中，相邻两个单词中的前一个单词的词尾都是辅音丛 nt /nt/，下一个单词的词首都是元音 /ə/（即 a /ə/ 和 o /ə/）。因此，辅音 /t/ 不发音。这时，位于 /t/ 之前的辅音 /n/ 便移位到相邻下一个单词的词首，与其起始元音构成一个新音节，实现相邻两个单词之间的"辅音移位连读"。

在以下两个例句中，标有下画线的相邻两个单词，其前一个单词的词尾都是辅音丛 /nt/，下一个单词的词首都是元音 i /ĭ/。因此，辅音 /t/ 不发音，辅音 /n/ 移位与下一个单词的词首元音 /ĭ/ 连读：

The eve<u>nt i</u>s canceled.　　　　　We bought an apartme<u>nt i</u>n the city.
　/ĭ-'vĕ-nĭz/　　　　　　　　　　　　　/ə-'pärt-mə-nĭn/

2. "/nd/ + 辅音" 中的辅音 /d/ 不发音

在相邻的两个单词中，当前一个单词的词尾是辅音丛 /nd/，下一个单词的词首为辅音，即 "/nd/+ 辅音" 时，这个辅音 /d/ 常常不发音。

请看以下例子：

sta<u>nd b</u>ack　　　　　　　　　　a<u>nd th</u>en
/'stăn -'băk/　　　　　　　　　　/ăn-thĕn/

在以上两个例子中，前一个单词的词尾都是辅音丛 /nd/，下一个单词的词首分别为辅音 /b/ 和 /th/，因此，辅音 /d/ 不发音。

再看以下三个例句：

He locked the door a<u>nd l</u>eft.　　　　Please ha<u>nd m</u>e the pen.
　　　　　　　/ən-'lĕft/　　　　　　　　　/'hăn-mē/

We're planning a weeke<u>nd p</u>arty.
　　　　　　　/'wē-kən-'pär-tē/

在以上三个例句中，标有下画线的相邻两个单词，其前一个单词的词尾都是辅音丛 /nd/，下一个单词的词首都以辅音开始，即 /l/、/m/ 和 /p/，这时，辅音 /d/ 不发音。

无论是辅音 /t/ 还是辅音 /d/，它们都发爆破音。当它们省去发音时，往往会将本来由爆破音与辅音之间的失去爆破 "省音连读"，变为持续辅音与辅音之间的 "融合连读"。一般说来，持续辅音与辅音之间的连读更容易说，听起来更连贯、流畅。

综合练习

1. 朗读下列短语，用 "(　)" 和 "·" 标记爆破音与辅音之间的省音连读。第一个是例子。

　(1) need to　　　　　　　　　(2) hard copy

　　　nee(d)·to　　　　　　　　　＿＿＿＿＿＿＿＿＿＿＿

(3) pet cat

_____

(4) sleep better

_____

(5) break through

_____

(6) good friends

_____

(7) cheap place

_____

(8) flat tire

_____

(9) red dress

_____

(10) good day

_____

(11) big gift

_____

(12) hard times

_____

2. 朗读下列短语，用"·"标记破擦音与辅音之间的拼接连读。第一个是例子。

(1) which shoes

    which·shoes

(2) orange jacket

_____

(3) each judge

_____

(4) charge your cellphone

_____

(5) each day

_____

(6) rich people

_____

(7) change seats

_____

(8) each choice

_____

(9) orange juice

_____

(10) which air

_____

3. 朗读下列短语，用"·"标记持续辅音与辅音之间的融合连读。第一个是例子。

(1) class time

    cla·sstime

(2) feel sick

_____

(3) feel bad

_____

(4) rose garden

_____

(5) feel happy

_____

(6) live long

_____

(7) beef steak

_____

(8) promise me

_____

(9) ten monkeys

_____

(10) feel like

_____

4. 判断下列短语的连读方式属于哪一种，将序号写在短语后面的横线上。第一个是例子。

> A. 失去爆破省音连读　　B. 拼接连读　　C. 融合连读

keep quiet	A	help me	____	which chair	____
this month	____	black sheep	____	sandwich lunch	____
hot drink	____	class time	____	orange jacket	____
big problem	____	bad news	____	rose garden	____
church day	____	which job	____	same room	____

5. 画线将连读类型与含有该连读类型的句子连接起来。第一个是例子。

（1）失去爆破"省音连读"　　　Have a grea(t) day, Mary!
　　　　　　　　　　　　　　　I fee·lgreat.
　　　　　　　　　　　　　　　It was a dar(k) night.

（2）失去爆破"省音连读"　　　Does this soun(d) familiar?
　　　　　　　　　　　　　　　We wan(t) to mee(t) the children.
　　　　　　　　　　　　　　　Plea·sehand me the scissors.

（3）拼接连读　　　　　　　　Which·one is mine?
　　　　　　　　　　　　　　　He said he woul(d) come.
　　　　　　　　　　　　　　　Don't judge·people just by their looks.

（4）融合连读　　　　　　　　Lily bought a bi(g) house.
　　　　　　　　　　　　　　　She ga·vebirth to a baby girl.
　　　　　　　　　　　　　　　We'·llcontinue to search.

6. 朗读下列句子，判断画线部分的变音连读类型，把变音连读类型的字母序号写在相应的括号中。

> A. /t/ + /y/ = /ch/　　C. /ts/ + /y/ = /ch/　　E. /s/ + /y/ = /sh/
> B. /d/ + /y/ = /j/　　　D. /ds/ + /y/ = /j/　　　F. /z/ + /y/ = /zh/

(1) We're having a lot of snow this year!　　　（　）
(2) Could you repeat it?　　　（　）
(3) The wound has not yet healed.　　　（　）

(4) She understands you, doesn't she?　　（　）
(5) Did you go to the hospital?　　（　）
(6) Does your father like playing football?　　（　）
(7) It's your bedtime, isn't it?　　（　）
(8) I don't know what you are talking about.　　（　）

4.3 元音与元音连读：增音连读

在以上两个小节中，我们分别学习了辅音与元音之间的连读和辅音与辅音之间的连读。在本小节中，我们学习元音与元音之间的连读。

在相邻的两个单词中，当前一个单词的词尾是元音，下一个单词的词首也是元音时，将相邻的这两个元音连读，就是在它们之间增加辅音 /y/、/w/ 或 /r/。在相邻的两个元音之间增加辅音 /y/、/w/ 或 /r/ 的连读为"增音连读"。

元音与元音之间进行"增音连读"可以发生在单词内部相邻的两个音节之间。实际上，我们在学习单词时，早已体会过元音与元音之间"增音连读"的现象，可能只是没有提到过"增音连读"这个概念。

请看以下单词内部两个相邻元音之间的增音连读：

cha·os　　　　　　　　cre·ate　　　　　　　　high·er
chaʸos　　　　　　　　creʸate　　　　　　　　highʸer
/ˈkā-ʸŏs/　　　　　　　/krē-ˈʸāt/　　　　　　　/ˈhī-ʸər/

以上三个单词都含有两个音节。其中，它们的第一个音节分别以元音 a /ā/、e /ē/ 和 i /ī/ 结尾，第二个音节分别以元音 o /ŏ/、a /ā/ 和 e /ə/ 开始。将这三处相邻的两个音节连读，就是在两个元音之间增加辅音 /y/，依次分别构成新音节 /yŏs/、/yāt/ 和 /yər/，实现相邻两个元音之间的增音连读。

再看以下一组单词内部两个相邻元音之间的连读：

co·op·er·ate　　　　　　　　through·out
coʷoperate　　　　　　　　throughʷout
/kō-ˈʷŏ/　　　　　　　　　/thrü-ˈʷout/

在以上两个多音节单词中，第一个音节分别以元音 o /ŏ/ 和 ough /ü/ 结尾，第二个音节分别以元音 o /ŏ/ 和 ou /ou/ 开始。将这两处相邻的两个音节连读，就是在这两个元音之间增加辅音 /w/，依次分别构成新音节 /wŏ/ 和 /wout/，实现相邻两个元音之间的增音连读。

元音与元音之间增音连读也可以发生在相邻的两个单词之间。当前一个单词的词尾是元音，相邻的下一个单词的词首也是元音时，就在这两个元音之间增加辅音 /y/、/w/ 或 /r/ 从而将这两个单词连读，构成一个更长的语段。

在相邻的两个元音之间进行"增音连读"时，增加辅音 /y/、/w/ 还是 /r/，是由前一个元音决定的，具体地说：

（1）当前一个单词的词尾是元音 /ā/、/ē/、/ī/ 或 /oi/，与其相邻的下一个单词的词首为元音时，这两个相邻的元音之间增加辅音 /y/ 实现连读；

（2）当前一个单词的词尾是元音 /ō/、/ū/、/ü/ 或 /ou/，与其相邻的下一个单词的词首为元音时，这两个相邻的元音之间增加辅音 /w/ 实现连读；

（3）当前一个单词的词尾是元音 /ä/、/ö/ 或 /ə/，与其相邻的下一个单词的词首为元音时，这两个相邻的元音之间增加辅音 /r/ 实现连读。

下面分别讲解以上三种相邻元音与元音之间的增音连读。

4.3.1 两个元音之间增音 /y/ 连读

在相邻的两个单词中，当前一个单词以元音 /ā/、/ē/、/ī/ 或 /oi/ 结尾，与其相邻的下一个单词以元音开始时，在这两个元音之间增加辅音 /y/，实现两个单词之间的连读。

请看以下一组句子：

They agree.	They ʸagree.	/thā-ʸə-'grē/
She agrees.	She ʸagrees.	/shē-ʸə-'grēz/
I agree.	I ʸagree.	/ī-ʸə-'grē/
The boy agrees.	The boy ʸagrees.	/'boi-ʸə-'grēz/

在以上这组句子中，标有下画线的相邻两个单词，其前一个单词的词尾分别是元音 ey /ā/、e /ē/、i /ī/ 和 oy /oi/，相邻的下一个单词的词首都是元音 a /ə/。这时，分别在元音 /ā/、/ē/、/ī/ 和 /oi/ 和元音 /ə/ 之间增加辅音 /y/，依次分别构成新音节 /yə/，实现相邻两个单词之间的连读。

下面我们用实例分别讨论元音 /ā/、/ē/、/ī/ 和 /oi/ 与相邻下一个元音之间增加辅音 /y/ 的增音连读。

1. /ā/ + /y/ + 元音

在相邻的两个单词中，当前一个单词以元音 /ā/ 结尾，相邻的下一个单词以元音开始时，这两个元音之间增加辅音 /y/ 从而将这两个单词连读，如以下例子所示：

pay attention   pay and get paid
payʸattention   payʸan(d)
/ˈpā-ʸə-ˈtĕn-shən/   /ˈpā-ʸən/

在以上两个例子中，标有下画线的相邻两个单词，其前一个单词都是以元音 ay /ā/ 结尾，下一个单词都是以轻元音 a /ə/ 开始。这时，分别在元音 /ā/ 和轻元音 /ə/ 之间增加辅音 /y/，依次分别构成新音节 /yə/ 和 /yən/，实现相邻两个单词之间的连续。

🔊 2. /ē/ + /y/ + 元音

在相邻的两个单词中，当前一个单词以元音 /ē/ 结尾，相邻的下一个单词以元音开始时，这两个元音之间增加辅音 /y/ 从而将这两个单词连读，如以下例子所示：

easy and fun   Be a nice person.
easyʸan(d)   beʸa nice person
/ˈē-zē-ʸən/   /ˈbē-ʸə/

在以上两个例子中，标有下画线的相邻两个单词，其前一个单词都是以元音 /ē/（y /ē/ 和 e /ē/）结尾，相邻的下一个单词都以元音 a /ə/ 开始。将它们连读，就是在元音 /ē/ 和元音 /ə/ 之间增加辅音 /y/，依次分别构成新音节 /yən/ 和 /yə/。

🔊 3. /ī/ + /y/ + 元音

在相邻的两个单词中，当前一个单词以元音 /ī/ 结尾，相邻的下一个单词以元音开始时，这两个元音之间增加辅音 /y/ 从而将这两个单词连读，如以下例子所示：

My eyes hurt.   a tie as a gift
myʸeyes   tieʸas
/mī-ʸīz/   /ˈtī-ʸəz/

在以上两个例子中，标有下画线的相邻两个单词，其前一个单词的词尾以元音 /ī/（y /ī/ 和 ie /ī/）结尾，相邻的下一个单词分别以元音 eye /ī/ 和 a /ə/ 开始。将它们连读，就是在元音 /ī/ 与这两个元音之间分别增加辅音 /y/，依次分别构成新音节 /yīz/ 和 /yəz/。

🔊 4. /oi/ + /y/ + 元音

在相邻的两个单词中，当前一个单词以元音 /oi/ 结尾，相邻的下一个单词以元音开始时，这两个元音之间增加辅音 /y/ 从而将这两个单词连读，如以下例子所示：

a boy and a girl   enjoy it
boyʸand   enjoyʸit
/ˈboi-ʸən/   /ĭn-ˈjoi-ʸĭt/

在以上两个例子中，标有下画线的相邻两个单词，其前一个词尾元音都是元音 oy /oi/，相邻的下一个词首元音分别为 a /ə/ 和 i /ĭ/。将它们连读，就是在元音 /oi/ 与这两个元音之间分别增加辅音 /y/，依次构成新音节 /yən/ 和 /yĭt/。

4.3.2 两个元音之间增音 /w/ 连读

在相邻的两个单词中，当前一个单词以元音 /ō/、/ū/、/ü/ 或 /ou/ 结尾，相邻的下一个单词以元音开始时，在这两个元音之间增加辅音 /w/，从而实现相邻两个单词之间的连读。

下面我们用实例分别讨论元音 /ō/、/ū/、/ü/ 或 /ou/ 与相邻的下一个元音之间增加辅音 /w/ 的增音连读。

1. /ō/ + /w/ + 元音

在相邻的两个单词中，当前一个单词以元音 /ō/ 结尾，相邻的下一个单词以元音开始时，这两个元音之间增加辅音 /w/ 将这两个单词连读。

下面的例子中都含有元音 /ō/ 与相邻的下一个元音之间增加辅音 /w/ 的连读：

Go away!	Go on, please	Show it to her.
go^waway	go^won	show^wit
/ˈgō-ʷə-ˈwā/	/ˈgō-ˈʷŏn/	/ˈshō-ʷĭt/

在以上三个例子中，标有下画线的相邻两个单词，其前一个单词的词尾元音都是 /ō/（ o /ō/、o /ō/ 和 ow /ō/），相邻的下一个单词的词首分别为元音 a /ə/、o /ŏ/ 和 i /ĭ/。将它们连读，就是在元音 /ō/ 与这三个元音之间分别增加辅音 /w/，依次分别构成新音节 /wə/、/wŏn/ 和 /wĭt/。

2. /ū/ + /w/ + 元音

在相邻的两个单词中，当前一个单词以元音 /ū/ 结尾，相邻的下一个单词以元音开始时，这两个元音之间增加辅音 /w/ 从而将这两个单词连读，如以下例子所示：

You asked the right person.	both new and old
you^wasked	new^wan(d)
/ū-ˈʷăskt/	/ˈnū-ʷən/

在以上标有下画线的相邻两个单词中，其前一个单词的词尾元音都是 /ū/（ you /ū/ 和 ew /ū/），相邻的下一个单词的词首分别为元音 a /ă/ 和 a /ə/。将它们连读，就是在元音 /ū/ 和这两个元音之间分别增加辅音 /w/，依次分别构成新音节 /wăskt/ 和 /wən/。

3. /ü/ + /w/ + 元音

在相邻的两个单词中，当前一个单词以元音 /ü/ 结尾，相邻的下一个单词以元音开始时，这两个元音之间增加辅音 /w/ 从而将这两个单词连读，如以下例子所示：

blue and white	two apples	True or false?
blueʷan(d)	two-ʷapples	trueʷor false
/ˈblü-ʷən/	/ˈtü-ˈʷă-pəlz/	/ˈtrü-ʷər/

在以上三个例子中，标有下画线的相邻两个单词，其前一个单词都是以元音 /ü/（ue /ü/、o /ü/ 和 ue /ü/）结尾，相邻的下一个单词的词首分别为元音 a /ə/、a /ă/ 和 o /ə/。将它们连读，就是在元音 /ü/ 和这三个元音之间分别增加辅音 /w/，依次分别构成新音节 /wən/、/wă/ 和 /wər/。

4. /ou/ + /w/ + 元音

在相邻的两个单词中，当前一个单词以元音 /ou/ 结尾，相邻的下一个单词以元音开始时，在这两个元音之间增加辅音 /w/ 从而将这两个单词连读，如以下例子所示：

How are you?	a cow and a horse
howʷare	cowʷan(d)
/ˈhou-ʷər/	/ˈkou-ʷən/

在以上两个例子中，标有下画线的相邻两个单词，其前一个单词都是以元音 ow /ou/ 结尾，相邻的下一个单词的词首都是元音 a /ə/。将它们连读，就是在元音 /ou/ 和下一个元音之间分别增加辅音 /w/，依次分别构成新音节 /wər/ 和 /wən/。

4.3.3 两个元音之间增音 /r/ 连读

在相邻的两个单词中，当前一个单词以元音 /ä/、/ö/ 或 /ə/ 结尾，相邻的下一个单词以元音开始时，在这两个元音之间可以增加辅音 /r/，从而实现这两个单词之间的连读。

请看以下例子：

a spa in this area	I saw a movie yesterday.	the whole idea of the game
spaʳin	sawʳa	ideaʳof
/ˈspä-ˈrĭn/	/ˈsö-ˈrə/	/ī-ˈdē-ə-ˈrəv/

在以上三个例子中，标有下画线的相邻两个单词，其前一个单词分别以元音 a /ä/、aw /ö/ 和 a /ə/ 结尾，相邻的下一个单词的词首分别为元音 i /ĭ/、a /ə/ 和 o /ə/。这时，依次分别在元音 /ä/、/ö/ 和 /ə/ 与 /ĭ/、/ə/ 和 /ə/ 之间增加辅音 /r/，依次分别构成新音节

/rĭn/、/rə/ 和 /rəv/，实现相邻两个单词之间的连读。

综合练习

1. 朗读下列句子，为画线部分选择增音连读方式，将相应的字母序号写在句子后面的括号中。第一个是例子。

| A. /ā/ + /y/ | B. /ē/ + /y/ | C. /ī/ + /y/ | D. /oi/ + /y/ |
| E. /ō/ + /w/ | F. /ū/ + /w/ | G. /ü/ + /w/ | H. /ou/ + /w/ |

(1) We agreed to wait till next year.　　　　(B)

(2) Is that too easy for you?　　　　(　)

(3) Please say it again.　　　　(　)

(4) He was rude, if you ask me.　　　　(　)

(5) How about meeting for a cup of tea?　　　　(　)

(6) There's no end to education.　　　　(　)

(7) Try on those shoes.　　　　(　)

(8) Why did they destroy it?　　　　(　)

(9) How to make the pain go away?　　　　(　)

(10) She always wears a smile on her face.　　　　(　)

2. 在以下标有下画线的相邻两个单词中，前一个单词以元音结尾，下一个单词以元音开始。请在两个单词中间增加辅音 /y/、/w/ 或 /r/，将这两个单词连读。第一个是例子。

(1) My ears are burning.　　　　(my ʸears)

(2) I'll tell you how I feel.　　　　(　　　)

(3) Say it out loud.　　　　(　　　)

(4) Try again.　　　　(　　　)

(5) Enjoy it!　　　　(　　　)

(6) in the end　　　　(　　　)

(7) too often　　　　(　　　)

(8) My heart will go on.　　　　(　　　)

(9) Just do it.　　　　(　　　)

(10) It's new and pretty.　　　　(　　　)

(11) to be honest with you　　　　(　　　)

(12) I saw it with my own eyes.　　　　(　　　) (　　　)

4.4 元音与辅音连读：融合连读

在本讲的第 2 节中，我们讲解了辅音与辅音之间的连读。其中，当持续辅音与辅音相邻时，前一个持续辅音要持续发音，直到它与下一个辅音融合为一体构成辅音丛。我们将持续辅音与辅音之间的连读称为"融合连读"。

元音也属于持续音，因为元音在发音时气流不受阻碍。它们像持续辅音一样都可以拉长，随着气息的流动而持续发音，如元音 /ā/ 和 /ă/，它们都可以拉长持续说 /āāāāā/ 和 /ăăăăă/。因此，当相邻的两个单词中，前一个单词以元音结尾，下一个单词以辅音开始时，这两个单词之间的连读也是"融合连读"。

下面我们详细解析元音与辅音之间的"融合连读"。

4.4.1 元音与辅音之间的融合连读

在相邻的两个单词中，当前一个单词以元音结尾，下一个单词以辅音开始时，前一个单词词尾的元音要持续发音，直到与下一个单词词首的辅音紧密连接起来，使相邻的两个单词融合为像一个单词中相邻的两个音节那样。这就是元音与辅音之间的"融合连读"。

例如，在 stay quiet 这个词组中，前一个单词的词尾是元音 ay /ā/，相邻的下一个单词以辅音丛 qu /kw/ 开始。因此，将 stay 和 quiet 连读，就是将元音 /ā/ 持续发音，直到与辅音丛 /kw/ 以及它所在的音节紧密结合在一起，融合为像一个单词中相邻的两个音节一样，标记为：ˈstay·ˈqui·et /ˈstā-ˈkwī-ʸət/。

请看以下例句：

It's nice to see you.

在以上例句中，我们分析元音与辅音相邻时的融合连读。

首先，单词 to 和 see 两个单词相邻。其中，前一个单词 to 以元音 o /ə/ 结尾，下一个单词 see 以辅音 s /s/ 开始。将这两个单词通过融合的方式连读，构成一个"长单词"，即 to·see /tə-ˈsē/。其次，单词 see 和 you 两个单词相邻。其中，前一个单词 see 以元音 ee /ē/ 结尾，下一个单词 you 以辅音 y /y/ 开始。这两个单词也进行融合连读，构成一个"长单词"，即 see·you /ˈsē-yə/。

我们把这三个单词 to see you 连续融合连读，得到一个更长的单词，即 to·see·you /tə-ˈsē-ū/。这个"长单词" to·see·you 与多音节词 to·geth·er /tə-ˈgĕ-thər/ 的音节结构相同。因此，虽然在书面语中 to see you 是三个独立的单词，但是在连贯的口语中，它们通过融合的方式连读结合为一个多音节"长单词"，即：

to see you

to·see·you

/tə-'sē-yə/

请以说多音节词 together 的方式，将相邻的三个单词 to see you 进行融合连读：

together	to see you
to·geth·er	to·see·you
/tə-'gĕ-<u>th</u>ər/	/tə-'sē-yə/

再看以下例句：

I've made up my mind.

在以上这个例句中，my 和 mind 相邻，其中前一个单词 my /mī/ 以元音 y /ī/ 结尾，下一个单词 mind /mīnd/ 以辅音 m /m/ 开始。将这两个相邻的单词通过融合的方式连读，构成一个"长单词"，即 my·mind /mī-'mīnd/，其音节结构与多音节词 my·self /mī-'sĕlf/ 的音节结构相同。因此，虽然在书面语中 my mind 是两个独立的单词，但是在连贯的口语中，它们通过融合连读结合为一个多音节"长单词"，即：

my mind

my·mind

/mī-'mīnd/

请以说多音节词 myself 的方式，将相邻的两个单词 my mind 进行融合连读：

my·self	my·mind
/mī-'sĕlf/	/mī-'mīnd/

4.4.2 "元音＋辅音融合连读"与"辅音移位连读"的比较

相邻的两个单词之间通过元音与辅音"融合连读"构成的两个音节，与相邻的两个单词通过"辅音移位连读"构成的两个音节，它们在音节结构上相同，但是它们在读音上却有所不同。

请看以下例子：

[1] My car is old.　　　　　　[2] Lee and Mike are friends.

　　my·car　　　　　　　　　　　Mi·keare

　　/mī-'kär/　　　　　　　　　　/'mī-kär/

在句 [1] 中标有下画线的相邻两个单词 my·car /mī-'kär/ 中，辅音 c /k/ 是后一个单词 car 的起始辅音。因此，虽然通过融合连读成为 my·car，但是，辅音 /k/ 作为单词起始辅音的发音特征不能改变，即辅音 /k/ 在 my·car 中的发音应该清晰响亮，完整到位；在句 [2] 中标有下画线的相邻两个单词 Mi·k(e)are /'mī-kär/ 中，辅音 ke /k/ 是前一个单词 Mike 的词尾辅音。因此，虽然通过辅音移位连读成为 Mi·keare，但是，辅音 /k/ 作为词尾辅音的发音特征不能改变，即辅音 /k/ 在 Mi·keare 中的发音应该随意模糊，一带而过。也就是说，通过元音和辅音之间"融合连读"与辅音和元音之间"移位连读"所构成的新音节的读音是不同的。

为了体现两个辅音在新构成的音节中的不同发音，我们用粗体大写字母标记通过元音与辅音融合连读所构成的新音节中的辅音，以凸显其作为音节起始辅音的特征，即清晰响亮，完整到位：

my·car   Mi·keare

/mī-'**K**är/   /'mī-kär/

请尝试说下列两个句子中的 my car 和 Mike are 这两组相邻的两个单词，体会通过"元音与辅音融合连读"与"辅音与元音移位连读"所构成的新音节的不同读音：

My car is here.   Lee and Mike are friends.

my·car   Mi·k(e)are

/mī-'**K**är/   /'mī-kä-rə/

再以"This eye is big."和"The sign is big."为例，比较通过"元音与辅音融合连读"与"辅音与元音移位连读"所构成的新音节的不同读音：

[3] This eye is big.   [4] The sign is big.

    thi·seye is big   the·sign is big

    /thĭ-'sī/   /thə-'**S**īn/

在句 [3] 中标有下画线的相邻两个单词 This eye 中，thi·seye /thə-'sī/ 是通过"辅音移位连读"而构成的。因此，在 thi·seye /thə-'sī/ 中，辅音 /s/ 的发音保持它在前一个单词 this 中词尾辅音的发音特征，即发音随意模糊，一带而过；而在句 [4] 中标有下画线的相邻两个单词 The sign 中，the·sign /thə-'**S**īn/ 是通过元音和辅音"融合连读"而构成的。因此，在 the·sign /thə-'**S**ī/ 中，辅音 s /s/ 仍然保持它在下一个单词 sign 中词首辅音的发音特征，即 /s/ 的发音要清晰响亮，完整到位。

1. 朗读下列句子，将画线的单词写成音节结构的形式。第一个是例子。

(1) It may result in great harm.

　　　may·re·'sult

(2) Please do something right now.

　　　_____

(3) Slow but steady wins the race.

　　　_____

(4) So far, so good.

　　　_____

(5) Do your job.

　　　_____

(6) I just keep doing the work.

　　　_____

2. 朗读下列句子。在通过元音与辅音融合连读所构成的"长单词"下画线，并将它写成音节结构的形式。第一个是例子。

(1) We need it right now.　　　　(2) What can we do?

　　　we·'need　　　　　　　　　　_____

(3) What did he know?　　　　　(4) I don't mind.

　　_____　　　　　　　_____

(5) He's no trouble.　　　　　　　(6) I'm happy for you.

　　_____　　　　　　　_____

(7) I fell asleep soon.　　　　　　(8) I want to buy a car.

　　_____　　　　　　　_____

3. 写出四个含有元音与辅音之间融合连读的句子，并在需要融合连读的两个单词下画线标记。第一个是例子。

(1) Do you have any questions for me?

(2) _____

(3) _____

(4) _____

(5) _____

4.5 英语口语中的连读：经典歌曲"My Heart Will Go On"分析

在上文中，我们详细解析了英语口语中相邻单词之间的连读，包括辅音与元音之间的连读、辅音与辅音之间的连读、元音与元音之间的连读，以及元音与辅音之间的连读。我们也讲解了在一些情况下的省音与变音连续。在本小节中，我们以席琳·迪翁演唱的经典歌曲"My Heart Will Go On"的第一段为例，看英语口语中的连读。

在分析连读之前，我们把分析时所使用的标记说明如下：

（1）每个乐句中相邻的两个单词之间用序号标记；

（2）在相邻的两个单词之间，元音与辅音之间或持续辅音与辅音之间的融合连读，用"·"隔开作为标记；辅音与元音之间的辅音移位连读，用"⌣"连接作为标记；元音与元音之间的增音连读，将增音写在两个元音之间作为标记；

（3）不发音的字母放在（　　）中；

（4）当歌词中没有标点符号的乐句中做换气停顿时，换行排版。

4.5.1 第一段主歌中的连读与分析

 1. 歌词

Every night in my dreams,

I see you, I feel you.

That is how I know you go on.

Far across the distance,

And spaces between us,

You have come to show you go on.

2. 歌词中的连读方式及其说明

歌词	连读方式	连读方式说明
Every night in my dreams,	Every·night i⌣nmy·dreams 　　　　1　　2 3　　4	1&4 元音 + 辅音融合连读 2 辅音移位连读（/t/ 变为轻碰 /d/） 3 持续辅音 + 辅音融合连读
I see you, I feel you.	I·see·you, I·fee·lyou 　1　2　　3　　4	1&2&3 元音 + 辅音融合连读 4 持续辅音 + 辅音融合连读
That is how I know you go on.	That i·show^wI·know·you 　　1　2　3　4　5 go^won 　6	1 辅音移位连读（/t/ 变为轻碰 /d/） 2 持续辅音 + 辅音融合连读 3&6 元音 + 元音增音连读（/w/） 4&5 元音 + 辅音融合连读

（续表）

歌词	连读方式	连读方式说明
Far across the distance,	Far acro·ssthe·distance 　　 1　　2　　3	1 辅音移位连读 2 持续辅音＋辅音融合连读 3 元音＋辅音融合连读
And spaces between us,	A·n(d)space·sbetween us 　　1　　　2　　　3	1&2 持续辅音＋辅音融合连读 3 辅音移位连读
You have come to show you go on.	You·ha·v(e)co·m(e)to·show·you 　1　　2　　3　　4　　5 go^won 　6	1&4&5 元音＋辅音融合连读 2&3 持续辅音＋辅音融合连读 6 元音＋元音增音连读（/w/）

 3. 第一段主歌中的连读分析

该歌曲成为一首经典爱情歌曲，除了许多其他原因之外，其中单词与单词的连读特征也是重要原因之一。

在本段主歌中，共有26处单词与单词之间的连读。其中，元音与辅音之间融合连读11次，持续辅音与辅音之间融合连读8次；辅音与元音之间辅音移位连读4次；元音与元音之间增音连读3次。在这一段主歌中没有出现一处爆破音与辅音之间的连读，这使乐曲听起来流畅、缠绵，带来委婉动听、扣人心弦的听觉效果。

 4.5.2 第一段副歌中的连读与分析

 1. 歌词

Near, far, wherever you are,
I believe that the heart does go on.
Once more, you open the door,
And you're here in my heart,
And my heart will go on and on.

 2. 歌词中的连读方式及其说明

歌词	连读方式	连读方式说明
Near, far, wherever you are,	Near, far, wherever·you^ware 　　　　　　　1　　　2	1 持续辅音＋辅音融合连读 2 元音＋元音增音连读（/w/）

(续表)

歌词	连读方式	连读方式说明
I believe that the heart does go on.	I·belie·v(e)that the·hear(t)·does 　1　　　2　　　　3　　4 　　go^won 　　　5	1&3 元音＋辅音融合连读 2 持续辅音＋辅音融合连读 4 爆破音＋辅音省音 /t/ 连读 5 元音＋元音增音连读（/w/）
Once more, you open the door,	Onc(e)·more, 　　1 you^wope·nthe·door 　2　　3　　4	1&3 持续辅音＋辅音融合连读 2 元音＋元音增音连读（/w/） 4 元音＋辅音融合连读
And you're here in my heart and,	And-you're·here i·nmy·heart·and 　1　　2　　3　4　　5　　6	1* 爆破音 /d/＋辅音 /y/ 变音为 /j/ 连读 2&4 持续辅音＋辅音融合连读 3&6 辅音移位连读 5 元音＋辅音融合连读
my heart will go on and on.	my·heart·wi·llgo^won and on 　1　　2　3 4　5　　6	1 元音＋辅音融合连读 2* 爆破音＋辅音拼接连读 3 持续辅音＋辅音融合连读 4 元音＋元音增音连读（/w/） 5&6* 辅音移位连读

3. 第一段副歌中的连读分析

首先，对表格中三处标有 * 的说明：

（1）在第四句歌词，即"And you're here in my heart and"中，And you're 之间的连读为爆破音 /d/ 与辅音 /y/ 相邻变音连读，即 /d/ ＋ /y/ 变为 /j/。我们把它归于爆破音与辅音失去爆破连读。

（2）在最后一句歌词，即"my heart will go on and on"中，heart will 之间是爆破音 t /t/ 与持续音 w /w/ 之间的连读。一般说来，二者之间应该为失去爆破省音连读，但是歌唱家把它作为拼接连读，即前一个爆破音 /t/ 没有省音，而是先轻轻地发了爆破音 /t/，之后与下一个持续音 /w/ 连读。我们把这一处的连读视为特殊的拼接连读，因为这种连读在本质上像破擦音与辅音之间的连读一样，每个辅音都分别发音。

（3）在该句中，歌唱家没有省去 and 末尾的辅音 d /d/，而是将它与相邻的下一个单词 on 的起始元音 o /ð/ 进行辅音移位连读。

在本段副歌中共有 23 处单词与单词之间的连读。其中，元音与辅音之间的融合连读 5 次；持续辅音与辅音之间融合连读 7 次；辅音移位连读 4 次；元音与元音之间增音连读 4 次；爆破音与辅音之间失去爆破省音连读 2 次；爆破音与辅音之间特殊的拼接连读 1 次。

一般说来，副歌比主歌高亢。本段副歌也符合这个特点。从单词与单词之间的连读来看，本段的连读虽然仍然以融合连读、辅音移位连读和增音连读为主，但是却出现了两次爆破音失去爆破的省音连读，也出现了一次爆破音与辅音之间特殊的拼接连读。这在一定程度上打破了主歌中所有乐句清一色的流畅、缠绵，带来一丝高亢、断裂、哭泣的听觉效果，增强了歌曲的感染力。

综合练习

1. 填空完成下列句子。

在英语口语中，相邻两个单词之间的连读，大致上可以分为四类，即_____、辅音与辅音之间的连读、_____，以及元音与辅音之间的连读。

（1）辅音与元音之间的连读为_____，如：I'll _____ my mother.

（2）辅音与辅音之间的连读包括三种类型：a. 爆破音与辅音之间的连读，即爆破音失去爆破_____，如：I saw a big _____.；b. 破擦音与辅音之间的连读，即_____，如：Which _____ do you want?；c. 持续辅音与辅音之间的连读，即_____，如：This _____ is very famous.

（3）元音与元音之间的连读为_____，即前一个单词词尾的元音与下一个单词词首的元音之间增加辅音 /　/，如：We^y _____ the house.；或增加辅音 /　/，如：Let's go^w _____ to play.；或增加辅音 /　/，如：She saw^r _____ bird in the sky.

（4）元音与辅音之间的连读为_____，如：We _____ swim.

2. 朗读句子，画线连接连读类型（一个序号可能有多个对应）。第一个是例子。

(1) Fix the problem now. 　　　1　　2　　　3	1 2 3　　元音与辅音融合连读 　　　持续辅音与辅音融合连读
(2) What day is today? 　　　1　　2　3	1　　持续音与辅音融合连音 2　　失去爆破省音 /t/ 连读 3　　元音与元音增音 /y/ 连读
(3) No doubt about it. 　　　1　　2　　3	1 2　　辅音移位 + 辅音 /t/ 变音连读 3　　元音与辅音融合连读

(4) Have a cup of coffee. 　　　1 2　3 4	1 2 3 4	辅音移位连读 元音与辅音融合连读 持续辅音与辅音融合连读

(5) Which shoes to wear? 　　　1　　2 3	1 2 3	破擦音与辅音拼接连读 元音与辅音融合连读 持续辅音与辅音融合连读

(6) Stand behind the yellow line. 　　　1　　2　　3　　4	1 2 3 4	"nd + 辅音" 省去 /d/ 连读 元音与辅音融合连读

3. 朗读下列句子，然后将方框里的语段的序号写在相应的连读类型旁边的横线上。
I'm a slow walker, but I never walk back. May we all keep walking forward together?

> A. I'm a slow walker　　　B. but I never walk back　　　C. May we all
> D. keep walking forward　　　E. walking forward together

（1）元音与辅音融合连读 – 元音与元音增音 /y/ 连读：_____
（2）辅音移位连读 – 元音与辅音融合连读 – 元音与辅音融合连读：_____
（3）持续辅音与辅音融合连读 – 爆破音失去爆破省音 /d/ 连读：_____
（4）爆破音失去爆破省音 /p/ 连读 – 持续辅音与辅音融合连读：_____
（5）辅音移位 + 辅音 /t/ 变为 "轻碰 /d/" 连读 – 元音与辅音融合连读 – 持续辅音与辅音融合连读 – 爆破音失去爆破省音 /k/ 连读：_____

第 5 讲
音步：英语口语节奏的载体

节奏是英语口语的核心要素之一。在英语中有这样一句话："Rhythm controls everything in English."（在英语中，节奏控制一切）。音乐的节奏是音乐的灵魂，同样，英语口语的节奏是英语口语的灵魂，没有节奏就谈不上英语口语。因此，理解并掌握英语口语的节奏是提高英语口语的重要一环。只有顺利地听懂并正确理解英语母语者的口语，并说出地道、容易被英语母语者听懂的英语，才有可能有效地进行英语口语交际。在本讲中，我们讲解英语口语的节奏。

在音乐中，计量节奏的单位是节拍和小节：音乐中强弱不同的节拍每隔一定的时间重复出现就形成了音乐的节奏。例如，以"一个强拍和一个弱拍构成一个小节"的规律反复重现的乐曲，其节奏模式为 2/4，即以四分音符为一拍，每小节两拍；以"一个强拍和两个弱拍构成一个小节"的规律反复重现的乐曲，其节奏模式为 3/4，即以四分音符为一拍，每小节三拍等。如同音乐一样，英语口语也有计量自己节奏的单位，它们就是音节和音步。

在第 3 讲中，我们详细地讲解了音节。在下文中，我们首先讲解音步的概念，而后讲解由音节和音步所构成的英语口语的节奏及其模式。

5.1 音步的概念

无论哪种语言，其口语都是有节奏的。根据口语不同的节奏特征，语言可以分为不同的类型。其中，有的语言"以音节计时"（syllable-timing），有的语言"以音步计时"（foot-timing）。在"以音节计时"的语言中，说每个音节所用的时长大致相等，换言之，说一句话所花时间的长短，主要取决于这句话所含音节的数目。汉语属于以音节计时的语言，一个汉字相当于一个音节。在汉语中，除了儿化、轻声等现象以外，说每个汉字所用的时长都大致相等。因此，说一句话所花时间的长短，主要取决于这句话中有多少个字，因为一个字就是一个音节。

与汉语不同，英语属于"以音步计时"的语言。"以音步计时"的语言是以音步为核心，说每个音步所花的时长大致相等。一个音步指的是从一个重读音节开始到下一个重读音节出现之前的语段。也就是说，一个音步从重读音节开始，之后可能会有零个、一个或多个非重读音节。当另一个重读音节出现时，新的一个音步就开始了。因此，重读音节是音步开始的标记；一句话含有几个重读音节，它就含有几个音步。也正因为如此，"以音步计时"的语言也被称为"以重音计时"（stress-timing）的语言。

请看以下例句：

Catherine is listening to the recording.

上边这句话含有六个单词，十一个音节。其中，重读音节共三个，即 Cathe（'Cathe·rine 的第一个音节）、lis（'lis·ten·ing 的第一个音节）和 cord（re·'cord·ing 的第二个音节）；非重读音节共八个：rine（'Cathe·rine 的第二个音节）、ten 和 ing（'lis·ten·ing 的第二个和第三个音节）、re 和 ing（re·'cord·ing 的第一个和第三个音节）以及三个单音节语法词，即 is、to 和 the（单音节语法词在句子中一般不重读）。

我们将每个重读音节加粗，并在每个重读音节前加一个重音符号"'"标记一个音步的开始，在一个音步中的音节与音节之间用"-"连接。以上句子的音步标记如下：

'**Cathe**-rine-is '**lis**-ten-ing-to-the-re '**cord**-ing.

该句子共含有三个重读音节，它们引领三个音步：'**Cathe**-rine-is、'**lis**-ten-ing-to-the-re 和 '**cord**-ing。其中，第一个音步含有三个音节，即一个重读音节和两个非重读音节；第二个音步含有六个音节，即一个重读音节和五个非重读音节；第三个音步含有两个音节，即一个重读音节和一个非重读音节。

在以音步计时的语言中，不管一个音步含有几个音节，即不管一个重读音节之后有几个非重读音节，说每个音步所用的时长都是大致相等的。以上例句中的三个音步所含音节数量差异很大，即分别为三个、六个和两个，但是说这三个音步所用的时间应该大致相等。

再看以下例句：

Jane suggests that we celebrate New Year's Eve virtually this year.

以上句子共含有十七个音节。其中包括九个重读音节和八个非重读音节。首先它含有九个重读音节：句中的三个多音节词 sug·gests、cel·e·brate 和 vir·tu·al·ly 共含有四个重读音节，它们是 gests（sug·'gests 的第二个音节）、cel 和 brate（'cel·e·brate 的第一个和第三个音节）和 vir（'vir·tu·al·ly 的第一个音节）；句中的五个单音节实义词 Jane、

New、Year's、Eve 和 year 都是重读音节（单音节实义词在句子中需要重读）。其次，它含有八个非重读音节：句中的三个多音节词含有五个非重读音节，即 sug、e、tu、al 和 ly；句中的三个单音节语法词 this、that 和 we 都是非重读音节。以上句子的音步标记如下：

'Jane-sug 'gests-that-we 'cel-e ˌbrate 'New 'Year's 'Eve 'vir-tu-al-ly-this 'year.

以上句子共含有九个重读音节，它们引领九个音步：'Jane-sug、'gests-that-we、'cel-e、ˌbrate、'New、'Year's、'Eve、'vir-tu-al-ly-this 和 'year。虽然这九个音步所含音节的数量不同，但是，它们都要用大致相等的时间来完成。

最后，我们再借用 Richards[①] 的一个例句来示范如何根据句子的重读音节和非重读音节来划分并标记音步：

The cat is interested in protecting its kittens.

首先，该句共有五个单音节词，即 the、cat、is、in 和 its。其中只有 cat 是实义词，因此它在句中要重读，即为句子的重读音节。其他四个单音节词，即 the、is、in 和 its，都是语法词，它们在句子中不重读，是句子的非重读音节。

其次，该句共有三个多音节词，interested、protecting 和 kittens。其中，interested 含有四个音节，即 'in·ter·est·ed[②]，第一个音节 in 为重读音节；protecting 含有三个音节，即 pro·'tect·ing，第二个音节 tect 为重读音节；kittens 含有两个音节，即 'kit·tens，第一个音节 kit 为重读音节。多音节词的重读音节在句子中仍然要保持重读，因此，这三个多音节词本身含有的三个重读音节，也是句子的重读音节。加上单音节实义词 cat，该句共有四个重读音节。

综上，该句共含有十四个音节。其中，四个为重读音节，它们引领四个音步。以上句子的音步标记如下：

The 'cat-is 'in-ter-est-ed-in-pro'tect-ing-its 'kit-tens.

我们注意到，在句子中第一个音步 'cat-is 之前有一个非重读音节 the。这个非重读音节 the 为该句的"弱起音节"，不计入音步的时长。

---

① Richards, J. G. Listening Comprehension: Approach, Design, Procedure [J]. *TESOL Quarterly*, 1983, 17 (2): 219–240.

② 单词 in·ter·est·ed 含有四个拼写音节，但是它可以是四个读音音节，也可以是三个读音音节，即 /'ĭn-t(ə)rə-stĭd/。

以上句子共含有四个重读音节，即四个音步：'cat-is、'in-ter-est-ed-in-pro、'tect-ing-its 和 'kit-tens。这四个音步所含的音节数量不同，但是都要用大致相等的时间说完。

总之，音步指的是从一个重读音节开始到下一个重读音节出现之前的语段。一个音步所含音节的数目可能不同（因为除了一个重读音节之外，它可以含有零个、一个或多个数量不等的非重读音节）。但是，不管一个音步含有几个音节，说每个音步所用的时间都要大致相等。由一个重读音节和数量不等的非重读音节所构成的音步，按照大致相等的时长反复重现，就形成了英语口语的节奏。

综合练习

1. 填空完成下列句子。

（1）口语是有节奏的。根据口语节奏的不同特征，语言分为两种类型，它们是_____的语言和_____的语言。汉语属于_____；英语属于_____。

（2）音步是指从一个_____开始到下一个_____出现之前的语段。

（3）一个音步中必须含有且只能含有_____重读音节，但是它可以含有_____非重读音节。

（4）音步按照大致相等的时长反复重现，就形成了英语口语的_____。

2. 回答下列问题。

就英语口语而言，如何判断一个英语句子中有几个音步？
_____

3. 为下面英语句子划分音步，并在括号中写出重读音节和音步的个数。第一个是例子。

(1) I'm thinking about changing my cellphone.

　　I'm 'think-ing-a'bout 'chang-ing-my 'cell'phone.（我想换个手机。）

　　该句子含有（5）个重读音节，即（5）个音步。

(2) I take everything he says with a pinch of salt.（我对他说的任何话都将信将疑。）

_____

　　该句子含有（　　）个重读音节，即（　　）个音步。

(3) Failure is the mother of success.（失败是成功之母。）

_____

　　该句子含有（　　）个重读音节，即（　　）个音步。

5.2 音步的确定——句子重音

从上一个小节的讲解我们知道，音步是由句子的重读音节决定的：一个音步从一个重读音节开始，重读音节之后可以跟零个、一个或多个非重读音节。因此，确定句子的音步，实际上就是确定句子的重读音节。那么怎样确定句子的重读音节呢？

在英语口语中，确定句子的重读音节，一般会遵守以下三条规则：

（1）单音节词：单音节词在句子中是否为重读音节，主要看它们是实义词还是语法词[①]。单音节实义词在句子中重读，为句子的重读音节；单音节语法词在句子中不重读，为句子的非重读音节。

（2）多音节词：多音节词本身都含有一个或多个重读音节。在句子中，无论多音节词是实义词还是语法词，其重读音节在句子中都保持重读，都是句子的重读音节，其非重读音节在句子仍然是非重读音节。

（3）在特定语境中，表示"强调"或"对照"等意义时，任何单音节词或多音节词中的任何音节，在句子中都可以重读，为句子的重读音节。

确定句子重音的三条规则，如表5-1所示：

表5-1 确定句子重音的三条规则

	句重音	非句重音	音步
单音节词	实义词重读	语法词不重读	一个重读音节就是一个音步的开始。
多音节词	词重音为句重音	多音节词的非重读音节在句中仍然为非重读音节	
特定语境	任何音节都可以为重读音节		

确定句子重音就是确定句子的音步，因为句子中的一个重读音节就是一个音步的开始。下面逐条解析确定句子重音，即确定音步的三条规则。

5.2.1 单音节词：实义词重读，语法词不重读

单音节词在句中的重读与非重读是判断句子中重读音节的难点所在。

我们知道，单音节词指的是只含有一个音节的单词。那么，哪些单音节词在句子中为重读音节，哪些单音节词在句子中为非重读音节呢？

就独立的单词来讲，所有单音节词都被视作重读音节，无论是名词（如man和nature）、动词（如work和go）、形容词（如great和big）和副词（如quickly和

[①] 语法词也被称为"虚词""结构词"或"功能词"。

slowly），还是冠词（如 a 和 the）、介词（如 in 和 from）、连词（如 and 和 than）和代词（如 he 和 him）。

但是，当单音节词出现在句子中时，情况就不同了。

在通常语境中，单音节词在句子中是否重读是由其词类决定的。一般说来，实义词（content words）包括名词、实义动词、形容词、副词、疑问词（包括疑问代词和疑问副词）、否定词和名词性代词（包括名词性指示代词和名词性物主代词）等。这类单音节词，其本身具有实际意义。它们承载句子的重要信息，传达说话者的意图，引起听众的注意。因此，它们在句子中要重读，是句子的重读音节；而语法词（grammar words）包括助动词、介词、连词、限定词和代词等。这类单音节词，其本身不具有实际意义，在句子中只体现语法结构。它们不承载句子的重要信息，不引起听众的注意。因此，它们在句子中不重读，是句子的非重读音节。

实义词和语法词的具体分类及其例词，如表 5–2 所示：

表 5–2　实义词和语法词的分类及其例词

实义词重读	语法词不重读
名词：chair, year, John	助动词：be, does, will, have, would
实义动词：talk, run, sleep	介词：in, at, on, from, with
形容词：good, strong, cool, red	连词：and, but, or, till, that, so, if, when, as
副词：slowly, hard, late 短语动词中的副词：(put) on, (wake) up	限定词： ● 不定冠词和定冠词：a, an, the ● 形容词性指示代词：this, that, these, those ● 形容词性物主代词：my, his, her, its, our, your, their ● 泛指限定词：some, much 等
否定词： ● 否定词：no, not ● 否定缩写词：don't, haven't, won't ● yes、no、助动词等在简短回答中	
疑问词：what, which, who, when, where, why, how	代词： ● 人称代词主格：I, he, she, it, you, we, they ● 人称代词宾格：me, him, her, it, us, you, them ● 关系代词：that, who, whom, which, whose ● 关系副词：when, where, why
名词性代词： ● 名词性指示代词：this, that, these, those ● 名词性物主代词：mine, his, hers, ours, yours, theirs	

首先看以下例句：

Jane is tall and she runs fast.

在以上例句中有七个单词，它们都是单音节词。其中四个为实义词：Jane 是名词（专有名词），tall 是形容词，runs 是实义动词，fast 是副词。这四个实义词在句子中都要重读，都是句子的重读音节。其余三个词，即 is、and 和 she，分别是助动词、连词和代词，它们都是语法词，因此在句子中不重读，都是句子的非重读音节。

我们知道，句子中的每个重读音节都是一个音步的开始，它们分别引领一个音步，承载口语的节奏。因此，该句子中的四个重读音节引领四个音步，标记如下：

'Jane-is 'tall-and-she 'runs 'fast.

再看以下例句：

Where did you travel for the spring week?

在以上例句中共有四个重读音节，它们是三个单音节实义词，即 where（疑问副词）、spring 和 week（名词），以及多音节词 'trav·el 的重读音节（第一个音节 trav），它们在句子中都要重读。这个句子共有五个非重读音节，它们是四个语法词，即 did（助动词）、you（代词）、for（介词）和 the（冠词），以及多音节词 'trav·el 的非重读音节 el，它们在句子中都不重读。

一旦确定了句子的重读音节，也就确定了句子的音步，因为一个重读音节引领一个音步。因此，以上句子的四个重读音节引领四个音步，标记如下：

'Where-did-you 'trav-el-for-the 'spring 'week?

5.2.2　多音节词：词重音为句重音

与单音节词相比，多音节词在句子中的重读和非重读是非常容易判定的。这是因为，多音节词本身含有重读音节和非重读音节。无论多音节词是实义词还是语法词，它们本身的重读音节（包括次重读音节）在句子中仍然是重读音节，引领音步；而多音节词本身的非重读音节在句子中仍然是非重读音节，为音步中的非重读音节。

请看以下例句：

It was a wonderful party.

在以上句子中有五个单词。其中，'won·der·ful 和 'par·ty 都是多音节词，它们的第一个音节，即 won 和 par，分别为单词本身的重读音节。它们在句子中也是重读音节，分别引领一个音步，即 'won-der-ful 和 'par-ty。另外，位于句子起始处的前三个单音节语法词，即 it was a，在句子中不重读，为弱起音节，不计入音步。

该句子中的两个重读音节，即 won 和 par，引领两个音步，标记如下：

It was a 'won-der-ful 'par-ty.

再看以下例句：

Let's talk about the story.

在以上例句中，about（介词）和 story（名词）都是多音节词，即 a·'bout 和 'stor·y，它们本身的重读音节，即 bout 和 stor，在句子中都要保持重读，是句子的重读音节。句子中的单音节实义词 Let's 和 talk（动词）在句子中都要重读，是句子的重读音节。句子中的其余音节，包括单音节语法词 the（冠词）和多音节词 a·'bout 和 'stor·y 中的非重读音节 a 和 y 都是非重读音节。

该句子中的四个重读音节，即 Let's、talk、bout 和 stor，引领四个音步，标记如下：

'Let's 'talk-a'bout-the 'stor-y.

总之，多音节词，无论是实义词还是语法词，其本身的重读音节在句子中都要保持重读，是句子的重读音节，每个重读音节都引领一个音步。

5.2.3 特定语境中的重读音节：任何音节都可能重读

从本质上来说，重音本身与其在句子中所表达的意义直接相关，即句子的重读音节是用来引起听者的注意的，以便有效地传达说话者想要表达的思想。一般来说，单音节词中的实义词和多音节词的重读音节承载着说话者想要表达的中心意义，于是它们成为句子的重读音节。

但是，在特定语境中，当说话者想要强调某个意义，或表达对照意义时，可以重读任何单音节词或多音节词中的任何音节。

请看以下例句：

It was a difficult problem.

在普通语境中，根据句子重音的规则，该句共含有两个重读音节，即多音节词 'dif·fi·cult 的重读音节 dif 和多音节词 'prob·lem 的重读音节 prob。这两个重读音节引领两个音步，标记为：

It was a 'dif-fi-cult 'prob-lem.

这时，说话者在谈论过去所发生的事，意思是：那是一个难题。

但是，如果说话者要强调"在**过去**那是一个难题，但**现在**却不是了"，就可以将句子中的助动词 was 重读。这时，语法词 was 得到重读，它成为本句中凸显程度最高的音节，即该句的"调核"（nucleus 或 tonic syllable），在句中用粗体大写标记。这时，该句的重读音节，即音步，自然发生变化，标记如下：

It 'WAS-a 'dif-fi-cult 'prob-lem.

再看以下例句：

...and that government of the people, by the people, for the people, shall not perish from the earth.[①]

以上句子成为经典名句不仅在于它所表达的内容，而且也因为说话者将其中的语法词，包括连词、介词和助动词，都重读，表达了特定语境中的特殊含义。

首先，说话者将句中的连词 and 重读，特别强调该句话所说的内容是前文所说内容的递进。其次，说话者将句中的三个介词 of、by 和 for 都重读，特别强调政府是人民<u>的</u>政府、<u>由</u>人民建立的政府、<u>为</u>人民服务的政府。最后，说话者将句中的助动词 shall 重读，表达了该政府不同寻常的坚定信念。

总之，通过把句中的语法词（包括一个连词、三个介词和一个助动词）都重读，使它们成为句子中凸显程度最高的音节，为这句话创造了特别的语境意义和特殊的口语节奏效果，使它成为经久不衰的世界名句。

该句中的重读音节及其所引领的音步，标记如下：

...'AND-that 'gov-ern-ment 'OF-the 'peo-ple, 'BY-the 'peo-ple, 'FOR-the 'peo-ple, 'SHALL 'not 'per-ish-from-the 'Earth.

最后，再看以下例句：

The stressed syllable of the word "polite" is on "lite" not on "po".

我们知道，多音节词 polite 的第二个音节 lite 为重读音节，第一个音节 po 为非重读音，即 po·'lite。但是，在该句子中，老师在向学生说明：在单词 polite 中，音节 lite 是重读音节，而音节 po 是非重读音节，这就形成了两个音节 lite 和 po 的对照意义。因此，多音节词 po·'lite 中的第一个音节 po，虽然是这个单词的非重读音节，但是它和该词的重读音节 lite 一样，在该句中也得到重读，成为句子中凸显程度最高的音节。

该句话中的重读音节及其所引领的音步，标记如下：

The 'stressed 'syl-la-ble-of-the 'word-po'lite-is-on 'LITE 'not-on 'PO.

---

① 这是美国前总统 Abraham Lincoln 在"Gettysburg Address"中的名句。

5.2.4 关于句子重音的误区

关于句子重音有一个误区，即所谓的"在句子中，实义词重读而虚词不重读"。稍加分析就可以看出，这种说法是不严谨的。它可能引起混淆，导致误解。

在英语中，重读与否是就音节而言的，而不是就单词而言的。就单音节词来说，实义词在句子中重读，语法词在句子中不重读。因此，我们可以说，单音节实义词在句子中重读，单音节语法词在句子中不重读。

但是，就多音节词来说，我们却不能这样说。因为对于多音节词来说，实义词和语法词的地位是平等的，即它们本身的重读音节在句子中都同样保持重读，而它们的非重读音节都不能重读。例如，多音节语法词，如介词 a·'mong 和 'un·der、连词 'wheth·er 和 al·'though、反身人称代词 my·'self 和 them·'selves 等，它们本身的重读音节，即 mong、un、wheth、though、self 和 selves，在句子中都要重读，它们的非重读音节都不重读；又如，多音节实义词，如名词 'tem·per·a·ture、动词 pro·'vide、形容词 'si·lent 和副词 'slow·ly 等，同样只有它们的重读音节，即 tem、vide、si 和 slow，在句子中才能重读；它们的非重读音节，即 per·a·ture、pro、lent 和 ly，在句子中都不能重读。

请看以下例句：

No doubt about it.

'No 'doubt-a 'bout-it.

在以上例句中，多音节介词 a·'bout 是语法词。但是，在句子中，其本身的重读音节 bout，与单音节实义词 No 和 doubt 一样要重读，而它本身的非重读音节 a，和单音节语法词 it（代词）一样，在句子中不重读。

总之，确定句子的重读音节，首先要看单词是单音节词还是多音节词。以下规则口诀可以帮助我们确定单音节词和多音节词在句子中的重读音节：

多音节词有重音，句中保持不用动。

单音节词看词性，语法轻读实义重。

5.2.5 句子重音与语义

作为英语口语节奏的载体，音步是个纯语音单位，即音步本身不承载任何语义。

请看以下例句：

Let me take the opportunity to introduce myself.

'Let-me 'take-the ˌop-por 'tu-ni-ty-to ˌin-tro 'duce-my 'self.

在以上例句中，音步，如 'take-the、,op-por、'tu-ni-ty-to 和 ,in-tro，都不表示任何语义，它们只承载口语的节奏。

需要指出的是，作为音步核心元素的重读音节本身，在句子中却具有语义功能。因此，句子重读音节的变化必然会导致句子在语义上的变化。我们对此要有清楚的认识。

1. 句子重音体现句子的语义

我们知道，单词的重音可以体现单词的意义。在一些英语单词中，如果改变其重读音节的位置，其词性就会改变，而词性的改变必然会带来词义的改变，即"重音变，语义变"。

请看多音节词 address 的重音及其语义变化：

'ad·dress: Can I have your address, please?

ad·'dress: The president will address the nation on television this evening.

从以上例句可以看出，当多音节词 address 的重音落在第一个音节上，即 'ad·dress 时，它是名词"地址"；当它的重音落在第二个音节上，即 ad·'dress 时，它是动词"对……讲话"。

再看多音节词 conduct 的重音及其语义变化：

'con·duct: Students are rewarded for good conduct.

con·'duct: You need great skills and emotion to conduct a choir.

从以上例子可以看出，当多音节词 conduct 的重音落在第一个音节上，即 'con·duct 时，它是名词"行为"；当它的重音落在第二个音节上，即 con·'duct 时，它是动词"指挥（合唱团）"。

同单词重音可以体现单词的词义一样，句子重音也可以体现句子的语义。当句子重音发生变化时，也自然会引起句子语义的变化。

我们以单音节词组成的句子为例：当一个句子由单音节词组成时，如果将所有的非重读音节，即单音节语法词都去掉，只剩下单音节实义词，我们仍然可以明白句子的意思。

请看以下例句：

I want to sing a song.

以上句子中共有六个单音节词，其中三个为实义词，即 want、sing 和 song，它们是句子的重读音节；其余三个为语法词，即 I、to 和 a，它们是句子的非重读音节。如果把三个语法词去掉，只保留三个实义词，句子变为：

112

Want sing song.

这时，我们完全可以明白这个句子的意思，只是这个句子不合乎语法规范。

相比之下，语法词却不同。语法词在句子中不重读，因为它们不能表示语义，只表示语法。如果把以上句子中的三个实义词去掉，只保留三个语法词，句子变为：

I to a.

这时，我们根本无法理解句子的意思。可见，句子的重读音节是表达句子语义的核心元素。

事实上，这种仅仅由实义词组成的句子，正是儿童学习语言初始阶段的句子结构，即儿童最先习得承载重要意义的实义词。在多数情况下，儿童用只含有实义词的句子与成人进行交流时，都可以实现其交际目的，即能让成人理解其意思，从而达到交际目的。例如，儿童说："Want ball."家长完全明白孩子的需求，即"想要球"。这说明，句子的重读音节是表达句子语义的主体。

2. 句子的重音不同，其语义不同

同一个句子，如果其重读音节不同，不仅会引起句子在节奏上的变化，而且句子的语义也会随之发生变化。

试比较以下句子的两种重音结构：

[1] Tell me when he arrives.

[1a] **'Tell**-me-when-he-ar'rives.

[1b] **'Tell**-me **'when**-he-ar'rives.

从句 [1a] 和句 [1b] 可以看出，这两个句子的重音不同，而重音不同的原因就在于单音节词 when 是否重读。在句 [1a] 中，when 为连词，引导时间状语从句 when he arrives，因此它是语法词，在句子中不重读。这时，它是音步 **'Tell**-me-when-he-ar 中的一个非重读音节；但是在句 [1b] 中，when 在宾语从句 when he arrives 中作时间副词，因此它是实义词，在句子中需要重读。这时，它作为重读音节，引领音步 **'when**-he-ar。

由于句子的重音不同，即在句 [1a] 中有两个重读音节，它们引领两个音步：**'Tell**-me-when-he-ar 和 **'rives**；在句 [1b] 中有三个重读音节，它们引领三个音步：**'Tell**-me、**'when**-he-ar 和 **'rives**，其语义完全不同，如以下语境所示：

[1a] 的语境：

A: **'Tell**-me-when-he-ar **'rives**.（他到了告诉我。）

B: All right.（好的。）

[1b] 的语境：

A: '**Tell**-me '**when**-he-ar '**rives**.（告诉我他什么时候到。）

B: Late this afternoon.（今天下午晚些时候。）

从以上例子可以看出，当句子的重音不同时，句子的语义自然也就不同。

综合练习

1. 填空完成下列句子。

（1）在英语口语中，只要确定句子中的重读音节，就能确定句子的_____。

（2）单音节词在句子中是否为重读音节，主要看它们是_____还是_____。_____在句子中重读，为句子的_____；_____在句子不重读，为句子的_____。

（3）多音节词本身的_____在句子中仍然为重读音节；多音节词的_____在句子中仍然为非重读音节。

（4）在特定语境中，任何音节都可能得到重读，成为句子的_____。

2. 判断句子正误。如果有误，请将句子改正。

（1）在通常语境中，实义词在句子中重读，语法词在句子中不重读。

（2）在通常语境中，实义动词在句子中重读，助动词在句子中不重读。

3. 根据要求，写单音节词。

（1）写出五个单音节实义词：

_____

（2）写出五个单音节语法词：

_____

4. 在多音节词的重读音节前加重音符号。第一个是例子。

(1) ˌed·u·'ca·tion   (2) af·ter·noon   (3) se·cret   (4) mor·ning

(5) tem·per·a·ture   (6) pro·gress   (7) with·out   (8) a·mong

(9) weath·er   (10) bi·cy·cle   (11) to·ma·to   (12) po·lice·man

5. 朗读下列句子，将粗体单词的词性写在句子右侧的横线上。第一个是例子。

(1) Let's **close** the other box.   实义词（实义动词）

(2) **Rose** is a symbol of love.   _____

(3) They **drank** a toast to the victory.   _____

(4) He came here **late.**   _____

(5) He was **fast**.   _____

(6) The shop **is** open twenty-four seven. _____

(7) Say it loud **and** clear. _____

(8) Who's **in** the room? _____

(9) **She** has a high voice. _____

(10) **What** have you been doing? _____

(11) Her name and **mine** are the same. _____

(12) Who's **Bill**? _____

6. 给下面的句子划分音步，在重读音节前加"'"，并把音步中的音节用"-"连接起来。第一个是例子。

(1) It's nice to meet you.

　　It's '**nice**-to '**meet**-you.

(2) I seldom play video games.

　　_____

(3) We don't know the answer yet.

　　_____

(4) No doubt about it.

　　_____

(5) I think that that is possible.

　　_____

(6) My daughter loves driving and she wants to buy a car.

　　_____

(7) Kathy can speak several languages.

　　_____

(8) China won the championship after a nail-biting final.

　　_____

5.3 音步的模式

我们知道，重读音节是单词的核心。就单词而言，每个单词至少含有一个重读音节：单音节词本身就是一个重读音节，多音节词可以含有一个或多个重读音节。

在第 3 讲中，以重读音节为中心，我们把单词的音节结构分为三种：（1）模式 I：重读音节 + 零个非重读音节。这个模式指的是单音节词，因为一个单音节词就是一个重读音节，它之后为零个非重读音节，如单词 tea 和 class。（2）模式 II：重读音节 +

一个或多个非重读音节。这个模式指的是以重读音节开始的多音节词，这些多音节词之后有一个或多个非重读音节，如单词 'mid·dle 和 'in·ter·est·ing。（3）第三种模式：非重读音节 + 模式 I 或模式 II。这个模式指的是以非重读音节开始的多音节词，如单词 re·'ceive 和 con·'di·tion。

像单词一样，音步也是由音节构成的，而且其核心也是重读音节：一个音步的音节结构相当于一个单词的音节结构。

请看以下例句：

The cheese tastes salty and delicious.

以上例句中共有四个重读音节，即 cheese、tastes、sal（多音节词 'sal·ty 的重读音节）和 li（多音节词 de·'li·cious 的重读音节），这四个重读音节引领四个音步，标记如下：

The 'cheese 'tastes 'sal-ty-and-de'li-cious.

其中，第一个音步 'cheese 连同它之前的弱起音节 the 构成的 The 'cheese 在结构上相当于一个以弱读音节起始的多音节词，如 recite（re·'cite）；第二个音步 'tastes 本身就是一个单音节实义词；第三个音步 'sal-ty-and-de 相当于一个以重读音节起始，之后有多个非重读音节的多音节词，如 ceremony（'cer·e·mo·ny）；第四个音步 'li-cious 相当于一个以重读音节起始，之后有一个非重读音节的多音节词，如 famous（'fa·mous）。

以上句子的四个音步与四个与之音节结构相似的单词，对比如下：

四个音步 The 'cheese 'tastes 'sal-ty-and-de'li-cious.
四个单词　　re·'cite　　tastes 'cer·e·mo·ny 'fa·mous

需要指出的是，虽然音步的结构模式与单词的结构模式相似，但是二者之间有所不同。这主要在于：一个单词可以有一个或两个重读音节，如单词 ˌaf·ter·'noon 含有两个重读音节。其中 noon 为主重读音节，af 为次重读音节；而音步却不同：一个音步必须含有且只能含有一个重读音节，而且这个重读音节必须是音步的第一个音节，因为只要有另一个重读音节出现，下一个音步就开始了。

了解句子中音步的结构模式有助于掌握英语口语的节奏。下面我们详细讲解句子中音步的模式。

5.3.1 音步的三种模式

像单词的音节结构模式一样，句子中的音步结构模式也同样分为三种类型：

（1）音步模式 I：重读音节 + 零个非重读音节。这个模式指的是一个音步中只含有一个重读音节，即重读音节之后没有非重读音节；

（2）音步模式 II：重读音节 + 一个或多个非重读音节。这个模式指的是音步开始为一个重读音节，之后有一个或多个非重读音节；

（3）音步模式 III：弱起音节 + 音步模式 I 或音步模式 II。许多句子以一个或多个非重读音节开始。在这一个或多个非重读音节之后，才出现重读音节，即句子的第一个音步才开始。我们把句子起始处的一个或多个非重读音节作为句子第一个音步的"弱起音节"，类似于乐曲起始处的"弱拍"。该音步前的"弱起音节"，无论是一个或多个，都不计入说该音步所用的时长。

请看以下例句：

An elephant is tall and strong.

An 'el-e-phant-is 'tall-and 'strong.

在以上句子中有三个音步。其中，第三个音步为 'strong，这个音步属于音步模式 I，因为它只含有一个重读音节，这个重读音节之后没有非重读音节；第二个音步为 'tall-and，这个音步属于音步模式 II，因为它的结构为"重读音节 + 一个非重读音节"；第一个音步为 'el-e-phant-is，这个音步属于音步模式 II。同时，句子的起始处有一个非重读音节 An。我们把这个非重读音节 An 作为第一个音步的"弱起音节"。于是，得到 An 'el-e-phant-is，它属于音步模式 III，即：弱起音节 + 音步模式 II（重读音节 + 一个或多个非重读音节）。

句子中音步的三种结构模式，如表 5–3 所示：

表 5–3　音步的三种结构模式

音步类型	音步的结构模式	示例
模式 I	重读音节 + 零个非重读音节	'Good 'job!
模式 II	重读音节 + 一个或多个非重读音节	'Pay-at'ten-tion-to-it.
模式 III	弱起音节 + 音步模式 I	He's 'tall.
	弱起音节 + 音步模式 II	It's 'won-der-ful.

下面我们结合例子分别讲解这三种音步模式。

1. 音步模式 I：重读音节 + 零个非重读音节

"音步模式 I"指的是只含有一个重读音节的音步。在这个音步中只有一个重读音节，之后没有非重读音节，即"重读音节 + 零个非重读音节"。这种音步的音节结构与一个单音节实义词的音节结构相似。

请看以下例句：

Good job!　　　　　　　　　Have fun.
'Good 'job!　　　　　　　　'Have 'fun.

在以上两个例句中分别有两个单音节实义词，即 good 和 job 以及 have 和 fun，它们在句子中都要重读，都是句子的重读音节，分别引领一个音步。也就是说，以上这两个句子，每个句子分别含有两个音步，每个音步分别只含有一个重读音节，之后没有非重读音节。因此，它们都属于音步模式 I，即"重读音节 + 零个非重读音节"。

再看以下例句：

I had a great time at the party.
I 'had-a 'great 'time-at-the 'par-ty.

在以上例句中共有四个重读音节，包括三个单音节实义词，即 had、great 和 time，和多音节词 'par·ty 的重读音节 'par，这四个重读音节引领四个音步。其中，音步 'great 是一个单音节实义词，它只含有一个重读音节，之后没有非重读音节，它属于音步模式 I，即"重读音节 + 零个非重读音节"。

再看以下例句：

We're happy with the result.
We're 'hap-py-with-the-re'sult.

在以上句子中共有两个重读音节，即多音节词 'hap·py 和 re·'sult 的重读音节 'hap 和 'sult，这两个重读音节引领两个音步。其中，音步 'sult 只含有一个重读音节，它属于音步模式 I，即"重读音节 + 零个非重读音节"。

2. 音步模式 II：重读音节 + 一个或多个非重读音节

"音步模式 II"指的是从一个重读音节开始，之后有一个或多个非重读音节的音步，即"一个重读音节 + 一个或多个非重读音节"。

请看以下例句：

Heavy rain prevented the train from departing.
'Heav-y 'rain-pre'vent-ed-the 'train-from-de'part-ing.

在以上例句中共有五个重读音节。其中，三个多音节词 'heav·y、pre·'vented 和 de·'part·ing 中分别有一个重读音节，即 heav、vent 和 part；句中有两个单音节实义词，即 rain 和 train，它们在句子中重读。这五个重读音节引领五个音步。这五个音步，

即 **'Heav**-y、**'rain**-pre、**'vent**-ed-the、**'train**-from-de 和 **'part**-ing，都属于音步模式 II，即"一个重读音节 + 一个或多个非重读音节"。

再看以下例句：

Pay attention to it.

'Pay-at**'ten**-tion-to-it.

在以上例句中共有两个重读音节：单音节词 pay 是实义动词，因此，它是句子的重读音节；多音节词 at·**'ten**·tion 的第二个音节 **'ten** 为重读音节。这两个重读音节引领两个音步。其中，第一个音步 **'Pay**-at 含有一个重读音节，之后有一个非重读音节；第二个音步 **'ten**-tion-to-it 含有一个重读音节，之后有三个非重读音节。因此，这两个音步都属于音步模式 II，即"重读音节 + 一个或多个非重读音节"。

3. 音步模式 III：非重读音节 + 音步模式 I 或音步模式 II

"音步模式 III"指的是一个句子以一个或多个非重读音节开始，之后才出现重读音节，从而进入音步模式 I 或音步模式 II。其中，位于第一个音步之前的非重读音节为"弱起音节"，归属于第一个音步，其时长不计入音步的时长。属于音步模式 III 的音步，其音节结构与以非重读音节开始的多音节词的音节结构相似。

请看以下例句：

It can't be too cold to snow.

It **'can't**-be **'too** **'cold**-to **'snow**.

在以上句子中共有四个重读音节：can't 是情态动词的否定式，因此是句子的重读音节；单音节词 too、cold 和 snow 都是实义词，因此它们也是句子的重读音节。这四个重读音节引领四个音步。其中，句子中的第一个音步 **'can't**-be 由一个重读音节和一个非重读音节构成，因此，它属于音步模式 II，即"一个重读音节 + 一个或多个非重读音节"。另外，在句子起始处的单音节语法词 it 是句子的非重读音节。因此，它作为"弱起音节"归属于第一个音步 **'can't**-be，构成 it **'can't**-be。它属于音步模式 III，即"弱起音节 + 音步模式 II"，其结构模式与以非重读音节开始的多音节词，如 un·**'hap**·py 的结构模式相似：

It' **can't**-be

un·**'hap**·py

再看以下例句：

I'm cold.

I'm 'cold.

在以上例句中只有一个重读音节，即单音节实义词 cold，它引领音步 'cold。音步 'cold 只含有一个重读音节，之后没有非重读音节，因此，它属于"音步模式 I"。另外，句子起始处的单音节语法词 I'm 在句子中为非重读音节，因此它作为"弱起音节"归属于句子的第一个音步，构成 I'm 'cold，它属于音步模式 III，即"弱起音节 + 音步模式 I"，其结构模式与以非重读音节开始的多音节词，如 be·'lief 和 sur·'round，的结构模式相似。

最后，我们来看以下例句中的音步模式：

Did you have a great time at the party?

Did you 'have-a 'great 'time-at-the 'par-ty?

以上这个句子含有所有三类音步结构模式。其中，句子的第二个音步 'great 只含有一个重读音节，因此，它属于音步模式 I，即"重读音节 + 零个非重读音节"；句子的第三个和第四个音步，即 'time-at-the 和 'par-ty，都属于音步模式 II，即"一个重读音节 + 一个或多个非重读音节"；句子的起始处有两个非重读音节 Did you，它作为"弱起音节"归属于句子的第一个音步 'have-a，构成音步模式 III，即"弱起音节 + 音步模式 II"。

5.3.2 音步模式：从 Praat 语音软件生成的语图示例

现在我们通过从语音软件生成的音强曲线语图，直观地观察音步的模式。

请看以下例句：

I doubt it.

'I 'doubt-it.

在以上例句中，该说话者将句子起始处的人称代词 I 重读，表示对照意义，旨在说明"其他人"相信它，而"我"则怀疑它。这样，句子 I doubt it. 就含有两个重读音节，即 I 和 doubt。这两个重读音节引领两个音步：第一个音步是 'I；第二个音步是 'doubt-it。其中，'doubt-it 这个音步连读为 'dou(b)-dit[①]。

[①] 音步 doubt-it 的读音标记为 'dou(b)-dit，这是因为：（1）doubt 中的辅音字母 b 不发音，标记为 (b)，即 dou(b)；（2）dou(b)t 中的词尾辅音 /t/ 夹在两个元音 /ou/ 和 /ɪ/ 之间，因此变音为"轻碰 /d/"；（3）"轻碰 /d/"发生移位连读，与下一个相邻单词的起始元音 /ɪ/ 构成一个新的音节，即 /dɪt/。

请看从 Praat 软件生成的 'I 'dou(b)-dit. 的音强曲线语图（图 5–1）：

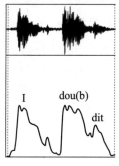

图 5–1　I doubt it. 语图

在图 5–1 中，语图的形态上升和降落的走势类似于两条大抛物线，它们体现的是句子"I doubt it."的两个音步：（1）第一个音步 'I 只含有一个重读音节，属于音步模式 I，它体现为一条大抛物线；（2）第二个音步 'dou(b)-dit 含有一个重读音节，之后有一个非重读音节，属于音步模式 II，它体现为一条大抛物线上依附着一条小抛物线：大抛物线体现的是重读音节 'dou(b)；依附于大抛物线上的小抛物线为非重读音节 dit。可以看出：音步 'dou(b)-dit 的重读音节 'dou(b) 的音强振幅远远高于非重读音节 dit 的音强振幅；（3）说第一个音步 'I 和说第二个音步 'dou(b)-dit 所用的时长大致相等，这体现的就是英语口语的节奏。

5.3.3　拍手说音步

拍手说音步，与拍手说单词的方法基本相同，其关键在于要将每个音步看作一拍：前半拍合手打强拍，说音步的重读音节（重读音节的起始辅音和元音），后半拍分手为轻拍，说音步的剩余部分，包括音步中重读音节末尾的辅音和它之后的非重读音节。

1. 拍手说音步：音步模式 I

在句子中，有许多音步只含有一个重读音节，之后没有非重读音节，这样的音步属于音步模式 I。这个音步实际上就是一个重读的单音节词。因此，像我们"拍一下手打一拍"说一个单音节词那样，我们"拍一下手打一拍"来说一个属于音步模式 I 的音步。例如：

Good job!
'Good 'job!

以上这个例句含有两个重读音节，即两个音步，它们都属于音步模式 I。因此，说这个句子的两个音步，用连续拍两下手打两拍完成。

需要注意的是，句子中相邻的两个单词 good 和 job 中的前一个单词 good 的词尾辅音 /d/ 为爆破音，它与相邻的下一个单词 job 的起始辅音 /j/ 之间要失去爆破"省音连读"，即单词 good 的词尾辅音 d /d/ 只做发音准备但不发出音来。

（1）拍第一下手打第一拍说第一个音步 'Good：前半拍合手打强拍，说该音步的起始辅音和元音，即 goo /gù/；后半拍分手为轻拍，放松气息持续说元音 /ù/，第一拍结束时发词尾爆破音 d /d/（只做发音准备而不发出音来）；（2）紧接着拍第二下手打第二拍说第二个音步 'job：前半拍合手打强拍，说该音步的起始辅音和元音，即 jo /jǒ/，后半拍分手为轻拍，放松气息持续说元音 /ǒ/，分手结束时轻轻地说词尾辅音 b /b/。

再看以下例句：

Let's go home.
'Let's 'go 'home.

以上这个例句含有三个单音节实义词，它们都是重读音节。因此这个句子含有三个音步，这三个音步都属于音步模式 I。这个句子的三个音步，用连续拍三下手打三拍完成。

（1）拍第一下手打第一拍说第一个音步 **'Let's**：前半拍合手打强拍，说 le /lě/，后半拍为轻拍，放松气息持续说元音 /ě/，分手结束时轻轻地说词尾辅音 ts /ts/；（2）紧接着拍第二下手说第二个音步 **'go**：前半拍合手打强拍，说 go /gō/，后半拍分手为轻拍，放松气息持续说元音 /ō/ 完成后半拍；（3）紧接着拍第三下手说第三个音步 **'home**：前半拍合手打强拍，说该重读音节的起始辅音和元音，即 /hō/，后半拍分手为轻拍，放松气息持续说元音 o /ō/，分手结束时轻轻地说词尾辅音 m /m/。

2. 拍手说音步：音步模式 II

许多音步由一个重读音节和一个或多个非重读音节结合构成，这样的音步属于音步模式 II。这种音步相当于以重读音节开始的多音节单词，如 **'la·dy**、**'gen·tle·man** 和 **'tem·per·a·ture** 等。对于这类音步，我们同样用"拍一下手打一拍"来完成：前半拍合手打强拍，说重读音节的起始辅音和元音，后半拍分手为轻拍，说重读音节之后的剩余部分。

需要注意的是，当这个音步的重读音节后有多个非重读音节时，要尽量将它们说得轻、短，音调低，随意模糊，一带而过，以便在后半拍用尽量短的时间完成多个非重读音节。

请看以下例子：

ladies and gentlemen
'la-dies-and **'gen**-tle-men

在以上词组中共有两个重读音节，即多音节词 'la·dies 的重读音节 'la 和 'gen·tle·men 的重读音节 'gen。这两个重读音节引领两个音步，依次为 'la-dies-and 和 'gen-tle-men。这两个音步都是一个重读音节之后有两个非重读音节，因此，它们都属于音步模式 II，即"一个重读音节 + 一个或多个非重读音节"。我们连续拍两下手打两拍说这两个音步：（1）拍第一下手打第一拍说第一个音步，即 'la-dies-and：前半拍合手打强拍，说重读音节 'la /lā/，后半拍分手为轻拍，说两个非重读音节 dies-an(d)。请注意：要将 dies 和 and 之间进行"辅音移位连读"，即 di-(e)san(d)。（2）以同样的方式拍一下手说由一个多音节词 gentleman 构成的第二个音步 'gen-tle-men。

再看以下例句：

Watch the movie with me.
'Watch-the 'mov-ie-with-me.

在以上例句中共有两个重读音节，即单音节实义词 watch 和多音节词 'mov·ie 的重读音节 'mov。这两个重读音节分别引领一个音步，依次为 'Watch-the 和 'mov-ie-with-me。这两个音步都属于音步模式 II。因此，用连续拍两下手打两拍完成。（1）拍第一下手说第一个音步 'Watch-the：前半拍合手打强拍，说重读音节 'Watch 的起始辅音和元音，即 /wǒ/，后半拍分手为轻拍，放松气息说该音步的剩余部分，即 tch-the /chthə/。（2）紧接着拍第二下手说第二个音步，即 'mov-ie-with-me：前半拍合手打强拍，说重读音节 'mov 的起始辅音和元音，即 /mü/，后半拍分手为轻拍，说该音步的剩余部分，即 vie-with-me。请注意：这个音步的后半拍含有三个非重读音节，因此，要尽量将它们说得轻、短，音调低，随意模糊，一带而过，以便用尽量短的时间完成这个音步的后半拍。

3. 拍手说音步：音步模式 III

属于音步模式 III 的音步，在句子的第一个音步开始之前有一个或多个非重读音节作为弱起音节，之后为重读音节，即音步的开始。弱起音节之后的音步，可能属于音步模式 I，即只含有一个重读音节，也可能属于音步模式 II，即含有一个重读音节和一个或多个非重读音节。

很明显，音步模式 III 与音步模式 I 和音步模式 II 的不同之处在于句子第一个音步前的"弱起音节"。因此，只要把弱起音节说好，后边的部分实际上就是拍一下手打一拍说一个属于音步模式 I 或音步模式 II 的音步。那么怎样说好该音步前的弱起音节呢？

像乐曲开始的弱拍那样，句子起始处的弱起音节不计入说第一个音步所用的时长，它是用拍手的后半拍，即"分手"来完成的：先合上手准备说弱起音节，而后一边分开手一边说句子起始处的弱起音节。无论是几个弱起音节，都要在分开手的半拍说完，之后紧接着开始拍一下手打一拍说句子的第一个音步。

以"弱起音节"开始的音步，即属于音步模式 III 的音步，与以弱起音节开始的多音节词的音节结构相似。

请看以下例句：

The cats ran away.

以上例句以语法词 The 开始，因此它是非重读音节，即弱起音节。它与句子的第一个音步 'cats 构成 the 'cats，属于音步模式 III，即"弱起音节 + 音步模式 I"，其音节结构相当于以非重读音节起始的多音节词 a·'gree，即：

The 'cats 'ran-a 'way.
　　a·'gree

我们这样说 the 'cats 这个音步：（1）预备：先掌心相对合上手，做好说弱起音节 the 的准备，而后一边分开手一边说非重读音节 the。（2）紧接着拍一下手说弱读音节 the 之后的第一个音步，即 'cats：前半拍合手打强拍，说该音步重读音节中的起始辅音和元音，即 'ca /kǎ/，后半拍分手为轻拍，持续元音说 a /ǎ/，后半拍结束时轻轻地说词尾辅音 ts /ts/。

再看以下例句：

The cats are black.

以上例句以语法词 The 开始，是非重读音节，它作为弱起音节与句子的第一个音步 'cats-are 构成 the 'cats-are，属于音步模式 III，其音节结构相当于以弱读音节起始的多音节词 a·'gree·ment，即：

The 'cats-are 'black.
　　a·'gree·ment

我们这样说 the 'cats-are 这个音步：（1）预备：先掌心相对合上手，做好说弱起音节 the 的准备，而后一边分开手一边说非重读音节 the。（2）紧接着拍一下手说弱起音节之后的第一个音步，即 'cats-are：前半拍合手打强拍，说该音步重读音节的起始辅音和元音，即 'ca /kǎ/，后半拍分手为轻拍，放松气息说该音步的剩余部分，即 ts-are /tsər/。

再看以下例句：

It was a black cat.

It was a 'black 'cat.

以上例句以三个语法词，即 It、was 和 a 开始，它们都是非重读音节，即弱起音节。这三个弱起音节与句子的第一个音步 'black 构成 It was a 'black，属于音步模式 III，即"弱起音节＋音步模式 I"。

我们这样说这个带有三个弱起音节的音步 It was a 'black：（1）预备：先掌心相对合上手，做好说三个弱起音节 It was a 的准备，而后一边分开手一边说这三个非重读音节 It was a。注意：这三个弱起音节要说得轻、短，音调低，随意模糊，一带而过，以便在分手时尽快说完。（2）紧接着拍一下手打一拍说第一个音步 'black：前半拍合手打强拍，说该音步重读音节的起始辅音和元音，即 'bla /blă/，后半拍分手打轻拍，放松气息持续说元音 a /ă/，结束时轻轻地说词尾辅音 ck /k/。

综合练习

1. 以下句子中的音步都属于音步模式 I，即"重读音节＋零个非重读音节"。拍手说这些句子。

    (1) 'Take 'care.

    (2) 'Great 'job!

    (3) 'Well 'done!

    (4) 'No 'rush.

    (5) 'Let's 'read.

    (6) 'Don't 'push.

    (7) 'Don't 'give 'up.

    (8) 'Have 'fun!

2. 以下每个句子中都含有属于音步模式 II，即"重读音节＋一个或多个非重读音节"。拍手说这些句子。

    (1) 'That's 'ver-y 'kind-of-you.

    (2) 'Thank-you-for 'be-ing 'help-ful!

    (3) 'Thank-you-for 'reach-ing 'out-to-me.

    (4) 'Find 'what 'makes-you 'hap-py.

    (5) 'Don't 'look 'down-on 'oth-ers.

    (6) 'Keep 'calm-and 'dream 'big.

3. 以下每个句子都含有音步模式 III，即"弱起音节＋音步模式 I 或音步模式 II"。拍手说这些句子。

    (1) Be 'care-ful.

    (2) I ap-'pre-ci-,ate-your 'help.

(3) I 'great-ly-ap'pre-ci-ate-it.

(4) Your sup'port 'means-a 'lot-to-me.

(5) I'm 'grate-ful-for-this ,op-por'tu-ni-ty.

(6) It's 'nice 'meet-ing-you.

4. 拍手说以下的句子。

(1) 'You're-the 'best.

(2) 'Thank-you 'so 'much.

(3) 'Thanks-for-the-sup'port.

(4) I 'can't 'thank-you-e'nough.

(5) 'Don't 'get-me 'wrong.

(6) 'Take 'good 'care-of-your'self.

(7) I 'don't 'see-your 'point.

(8) I 'don't 'get 'what-you 'mean.

5.4 说好音步的关键

说好音步的关键在于正确地说好音步起始处的重读音节和之后的零个、一个或多个非重读音节，并做好音步中音节之间的连读。

在前文中我们讲到，英语是以音步或重读音节为计时的语言。句子中的每个音步都起始于一个重读音节，之后可能有零个、一个或多个非重读音节。也就是说，只要有一个重读音节，就开始一个音步。说每个音步所花的时间是大致相等的。含有不同数量音节的音步，以大致相等的时长（用"拍一下手打一拍"计量）反复重现就形成了英语口语的节奏。

需要强调说明的是：在口语中使用"打拍子"所计量的时间是一个"大致的"时间，不会像音乐中用打拍子计量的时间那么精确。特别是当一个音步中的重读音节之后有多个非重读音节时，说这些非重读音节所用的总时长往往会大于说该音步中的这一个重读音节所用的时长。但是，我们要尽量将这些非重读音节说得轻、短，音调低，随意模糊，一带而过，以便用尽量短的时间在后半拍说完音步中的多个非重读音节。

那么，怎样才能说好音步，即音步中的重读音节及其之后的非重读音节呢？我们分别聚焦重读音节和非重读音节进行解析。

5.4.1 聚焦音步中的重读音节

重读音节是音步的核心。它是一个音步的起始音节，独自或与它之后的非重读音节一起构成一个音步。因此，说好重读音节是说好音步的第一步。那么，怎样说好音步起始处的重读音节呢？

首先，当音步起始处的重读音节以元音结尾时，说好重读音节就是将重读音节起始处的辅音和元音都说得够重、够长，音调高，清楚响亮，完整到位。当我们合手打强拍说重读音节时，就容易说好这个重读音节起始处的辅音和元音。

请看以下例句：

Sea turtles are fascinating creatures.
'Sea 'tur-tles-are 'fas-ci ˌna-ting 'crea-tures.

在以上句子中有五个重读音节，即 'Sea、'tur、'fas、ˌna 和 'crea，它们引领五个音步。其中，第一个、第四个和第五个重读音节，即 'Sea /sē/、ˌna /nā/ 和 'crea /krē/，都以元音结尾，因此它们都是重读开音节。说好这三个重读音节，就是要把它们的起始辅音和元音都说得重、长，音调高，清楚响亮，完整到位。具体练习的方法是：合手打强拍时，顺势分别说这三个音节：'Sea /sē/、ˌna /nā/ 和 'crea /krē/。

其次，当音步起始处的重读音节以辅音结尾时，说好重读音节包括两点：（1）说好重读音节起始处的辅音和元音；（2）将重读音节中元音之后的辅音，与下一个音节连读。

请看以下例句：

Healthy eating habits are important.
'Heal-thy 'eat-ing 'hab-its-are-im'por-tant.

在以上句子中共有四个音步，它们分别以重读音节 'Heal、'eat、'hab 和 'por 开始。这四个重读音节分别以辅音 l /l/、t /t/、b /b/ 和 r /r/ 结尾。

说好这四个重读音节，首先要把这四个重读音节 'heal、'eat、'hab 和 'por 的起始辅音和元音，即 hea /hě/、ea /ē/、ha /hǎ/ 和 po /pŏ/，说得重、长，音调高，清楚响亮，完整到位。具体练习的方法是：（1）合手打强拍说这些重读音节中的起始辅音和元音；（2）将这四个音节的末尾辅音，即 /l/、/t/、/b/ 和 /r/，分别与它们相邻的下一个音节连读。

总之，说好音步，首先要说好音步起始处的重读音节，而说好音步起始处的重读音节，首先要将该重读音节的起始辅音和元音说好，即说得重、长，音调高，清楚响亮，完整到位。如果该重读音节以辅音结尾，就要将其末尾的辅音与下一个音节连读。

5.4.2 聚焦音步中的非重读音节：弱化与省音

在前文中我们讲到，一个音步用"拍一下手打一拍"说完：前半拍说音步起始处的重读音节的起始辅音和元音，后半拍说音步的剩余部分，包括重读音节中元音之后的辅音以及非重读音节。无论一个音步中有几个非重读音节，都要在后半拍完成。

用拍一下手打一拍的方式说一个音步，前半拍是容易的，因为打半拍说一个重读音节的起始辅音和元音时间充裕；从时间上来说，当音步的后半拍为零个或一个非重读音节时，说这个后半拍也不难。那么，说好音步中非重读音节的难度主要在于：当一个音步中的后半拍含有两个甚至多个非重读音节时，用半拍的时间说完，意味着说这几个非重读音节要尽量节省时间。节省时间的办法是把这些非重读音节说得轻、短，音调低，而且要把这几个非重读音节连读为一个整体。要做到这一点，除了按照连读规则将音步中相邻的单词之间连读之外，还要了解并掌握一些必要的其他具体方法。其中，非重读音节中元音的弱化、元音的省略以及一些辅音的省略都是必要的技巧。

非重读音节中元音的弱化、元音的省略和辅音的省略，主要是单音节语法词在句子中的弱化与省音。因此，在本小节中，我们主要讲解单音节语法词在句子中的弱化与省音。

在前文中我们曾提到，单音节词，无论是实义词还是语法词，作为单独的单词出现时，都被视为一个重读音节。因此，所有的单音节词都有一个重读形式。但是，在通常语境中，单音节语法词在句子中一般都不能重读，是句子中的弱读音节。因此，这些单音节语法词，除了有重读形式外，也常常有弱读形式。其弱读形式主要体现在其元音的弱化，即将其元音字母或字母组合读作轻元音 /ə/。例如，冠词 a、an 和 the 都分别有重读形式和弱读形式，即 a /ā, ə/、an /ăn, ən/ 和 the /thē, thə/。在弱读形式中，其元音字母的读音多数都弱化为轻元音 /ə/。

将单音节语法词在句子中弱读与省音，是说好音步中重读音节之后多个非重读音节时节省时间的重要手段。但是，在词典中，这些单音节语法词的出现零散，不容易形成显性的规律，因此不易于学习与掌握，导致学习者在这方面的知识欠缺，难以形成口语的节奏，最终影响口语的流畅性。

在下文中，我们分类总结单音节语法词在音步的非重读音节中的弱化与省音。

1. 助动词的弱读与省音

动词 have 和 do 及其不同的形式，在句子中可以做助动词，也可以作实义动词：当它们在句子中用作助动词时一般不重读，为音步中的非重读音节。这时，其元音常常弱化为轻元音 /ə/ 或省去发音；用作实义动词时，其元音不弱化不省音。另外，have、has 和 had 的起始辅音字母 h 常常不发音。动词 have 和 do 作为助动词和实义动词的发音对照，如表 5-4 所示：

表 5-4　助动词 have 和 do 与实义动词的读音对照

动词	弱读及例句（助动词）		重读及例句（实义动词）	
have	/əv, v/	They have left. They've left.	/hăv, ăv/	I have a car.
has	/əz, z/	She has read it. She's read it.	/hăz, ăz/	He has a son.
had	/əd, d/	I had done it before class. I'd done it before class.	/hăd, ăd/	We had a party.
do	/də/	What do you think?	/dü/	I do my homework early.
does	/dəz/	Does she like art?	/dŭz/	She does exercises every day.
did	/dəd/	Did he go too?	/dĭd/	I know he did his best.

2. 情态动词的弱读

在不同的语境中，情态动词可以弱读或重读。当情态动词弱读时，它们为音步中的非重读音节。这时，同样是将其元音弱化为轻元音 /ə/；情态动词重读时，其元音不弱化，如表 5-5 所示：

表 5-5　情态动词的弱读形式与重读形式对照

情态动词	弱读及例句		重读形式
will	/wəl, əl, l/	Things will get better. I'll let you know.	/wĭl/
can	/kən/	Can you hear me?	/kăn/
shall	/shəl/	Shall we do it together?	/shăl/
could	/kəd/	Could you say it louder?	/kùd/
should	/shəd/	Should we leave now?	/shùd/
would	/wəd, əd, d/	Would you take that? I'd like to go too.	/wùd/

3. 连系动词的弱读

连系动词 be 具有不同的形式，包括 am、is、are、was、were 和 been。它们在句子中一般不重读，为音步中的非重读音节。这时，除了 been 中的元音字母组合 ee 的读音为 /ĭ/ 外，其他形式中的元音都弱化为轻元音 /ə/。在特殊语境中，be 的各种形式也可以重读。重读时，其元音不弱化，如表 5-6 所示：

表 5-6　连系动词的弱读形式与重读形式对照

连系动词 be /bē/	弱读形式及例句		重读形式
am	/əm/	I am writing a story.	/ăm/
is	/əz/ 或 /z/	Is there a problem? Who's in the bathroom?	/ĭz/
are	/ər/	We are happy. We're on time.	/är/
was	/wəz/	He was my hero.	/wŏz/
were	/wər/	Where were you then?	/wər/
been	/bĭn/	You've been a good friend.	/bēn/

4. 单音节介词的弱读

与其他语法词一样，一般情况下，单音节介词在句子中不重读，是音步中的非重读音节。这时，其元音常常弱化为轻元音 /ə/。其中，当介词 of 之后的单词以辅音开头时，其辅音字母 f 的发音也可以省略，即 of /ə/。在特殊语境中，介词也可以重读。重读时，其元音不弱化，如表 5-7 所示：

表 5-7　单音节介词的弱读形式与重读形式对照

单音节介词	弱读形式及例句		重读形式
at	/ət/	Let's meet at the bus stop.	/ăt/
for	/fər/	This tree is not for sale.	/för/
from	/frəm/	I borrowed the book from the library.	/frŏm/
in	/ən/	Don't run in the classroom.	/ĭn/
of	/əv, ə/	I'm very proud of Anna. It's one of the best love songs of all time.	/ŏv/
on	/ən/	I fell asleep on the bus.	/ŏn/
to	/tə/	Would you like to take a walk?	/tü/

5. 单音节连词的弱读

连词为语法词。其中，单音节连词在句子中一般不重读，为音步中的非重读音节。这时，其元音被弱化为轻元音 /ə/。在特殊语境中，连词也可以重读。重读时，其元音不弱化，如表 5-8 所示：

表 5–8　单音节连词的弱读形式与重读形式对照

单音节连词	弱读形式及例句		重读形式
and	/ən/	We'll wait and see.	/ăn(d)/
as	/əz/	I will leave as soon as I can.	/ăz/
or	/ər/	So what do you say, yes or no?	/ör/
than	/thən/	Actions speak louder than words.	/thăn/
that	/thət/	We're certain that this is true.	/thăt/

6. 冠词的弱读

冠词分为定冠词和不定冠词，即定冠词 the 和不定冠词 a 和 an。冠词为语法词，在句子中一般不重读，为音步中的非重读音节。这时，其元音弱化为轻元音 /ə/。在特殊语境中，冠词也可以重读。重读时，其元音不弱化，如表 5–9 所示：

表 5–9　冠词的弱读形式与重读形式对照

冠词	弱读形式及例句		重读形式
a	/ə/	Your help made a big difference.	/ā/
an	/ən/	That's an open secret.	/ăn/
the	/thə/	The sun is hot today.	/thē/

7. 单音节代词的弱读与省音

单音节代词，包括主格代词、宾格代词以及形容词性物主代词，它们在句子中通常不重读，为音步中的非重读音节。它们弱化的情况比较复杂：

（1）第一人称：复数 our 在句子中弱读时，其元音字母组合 ou 的读音为 /ä/，即 our /är/。其他第一人称代词一般没有弱读形式。

（2）第二人称代词：you 和 your 在句子中弱读时，其元音被弱化为轻元音 /ə/，即 you /yə/ 和 your /yər/。

（3）第三人称代词：弱读时，单数第三人称代词 he、his、him、her 和复数第三人称代词宾格 them 的起始辅音字母 h 和辅音字母组合 th 的读音常常被省略。其中，只有 he 和 his 的元音不能弱化，它们仍然分别发长元音 e /ē/ 和短元音 i /ĭ/。

在特殊语境中，代词也可以重读。重读时，其元音不弱化，如表 5–10 所示：

表 5-10 人称代词的弱读形式与重读形式对照

人称代词	弱读形式及例句		重读形式
our	/ər/	The rain didn't ruin our day.	/our/
you	/yə/	You're so early today.	/ū/
your	/yər/	I loved your speech.	/yör/
he	/ē/	We all know he's a famous artist.	/hē/
his	/ĭz/	It's his best performance.	/hĭz/
him	/əm, ĭm/	We all love him.	/hĭm/
her	/ər/	Have you read her letter?	/hər/
them	/əm, thəm/	I asked them to reply early.	/thĕm/

其中，单数第三人称代词的宾格形式 him 和复数第三人称的宾格形式 them，有一个相同的读音，即 /əm/，这需要根据上下文辨别。

请看以下例句：

John is a nice guy. We all love him.
　　　　　　　　　　　　　　　　/əm/

These kids are cute. I love them.
　　　　　　　　　　　　　　/əm/

在以上两个句子中，him 和 them 分别作动词 love 的宾语，它们在句子中弱读，其读音相同，即都是 /əm/。虽然它们的读音相同，但是语境告诉我们：在句（3）中，/əm/ 为 him 的弱读形式，即指代专有名词 John；在句（4）中，/əm/ 为 them 的弱读形式，即指代复数名词 these kids。

8. 两个相邻语法词缩略为一的弱读与省音

情态动词 could、should 或 would 在句子中与它之后的助动词 have 连读时，常常缩略为一个双音节词。该双音节词在句子中一般不重读，为音步中的非重读音节。这时，该双音节词中的两个元音都弱化为轻元音 /ə/，如表 5-11 所示：

表 5-11 情态动词 + have 缩略

完整形式	缩略形式	示例
could have /kùd/ /hăv/	coulda /ˈkə-də/	I could have come earlier. I coulda come earlier.
should have /shùd/ /hăv/	shoulda /ˈshə-də/	You should have told her earlier. You shoulda told her earlier.
would have /wùd/ /hăv/	woulda /ˈwə-də/	We would have been there earlier. We woulda been there earlier.

第5讲 音步：英语口语节奏的载体

综合练习

1. 拍手朗读下列表格中带有标记的音步，然后把字母序号写在相应的横线上。第一个是例子。

A. /ˈbĭl-kə-dəv/	B. /ˈbŏ-rō-dĭ(t)-frəm-<u>th</u>ə/	C. /ˈpĕn-səl-zən/
D. /ˈwŏ(t)-də-yə/	E. /ˈhĕl-pĭng-mē-də/	F. /ˈlŭ-və-mə/
G. /ˈkĕ-rə-fəm/	H. /ˈbŏ-dĭ-zōn/	I. /ˈmör-<u>th</u>ə-nī-kən/

(1) ˈ**What**-do-you know about that?   D

(2) I ˈ**love**-him-a lot. _____

(3) I wanted to thank you for ˈ**help**-ing-me-toˈ**day**. _____

(4) I'll take ˈ**care**-of-them. _____

(5) He ˈ**bought**-his-own house in London. _____

(6) Here're some ˈ**pen**-cils-and pencil sharpeners. _____

(7) I love you ˈ**more**-than-I-can say. _____

(8) ˈ**Bill**-could-have ˈ**bor**-rowed-it-from-the library. _____ _____

2. 根据所标记的音步，拍手说下面的句子。

(1) ˈGood ˈ**mor**-ning-to-you ˈ**guys**!

(2) ˈGood ˌ**af**-terˈ**noon** ˈ**guys**!

(3) It's ˈ**nice**-to ˈ**meet**-you.

(4) ˈ**Have**-a ˈ**great** ˈ**day** ˈ**Jane**!

(5) I ˈ**love**-my ˈ**school**.

(6) ˈ**Let**'s ˈ**go** ˈ**play** ˈ**foot**ˌ**ball**.

(7) I ˈ**on**-ly ˈ**had**-a ˈ**piece**-of ˈ**bread**-for ˈ**break**-fast.

(8) They're ˈ**twins**, but ˈ**ap**-ples-and ˈ**or**-anges.

(9) An ˈ**ap**-ple-a ˈ**day** ˈ**keeps**-the ˈ**doc**-tor-aˈ**way**.

(10) ˈ**La**-dies-and ˈ**gen**-tle-men, ˈ**wel**-come-to-the ˈ**o**-pen-ing ˈ**cer**-e-mo-ny.

3. 给下面的句子标记重读音节及其音步，而后拍手说这些句子。

(1) It's easy to say.

(2) I have a cat.

(3) What are you doing tonight?

(4) Do you prefer coffee or tea?

(5) Do you like red roses or white ones?

(6) I don't like chocolate.

(7) Kathy is a great young lady.

(8) It means a lot to me.

(9) Where are you going after class?

(10) Thanks for having my back.

5.5 英语口语的节奏：经典实例分析

在本讲的前四个小节中，我们从重读音节及音步的概念出发，详细地分析了英语口语的节奏。在本小节中，我们首先对英语口语的节奏做出总结，而后对经典实例作口语节奏分析。

5.5.1 音步：英语口语节奏的载体

在英语中有一个短语叫"sausage-making process"，即制作香肠的过程。我们知道，制作香肠的过程是烦琐的、凌乱的。但是一旦完成了制作香肠的过程，我们就达到了目的，即得到了光滑成形的、香喷喷的香肠。在以上几个小节中，我们讲解了英语口语的节奏问题，涉及许多琐碎的细节，看上去有些凌乱。但是，一旦掌握了要领，我们就会在英语口语的节奏方面得到质的飞跃。现在我们用以下口诀把英语口语节奏的有关内容概括如下：

英语口语有节奏，它的载体是音步。

音步起始于重读，一拍说完一音步。

重读音节前半拍，说得响亮又清楚。

弱读音节后半拍，说得轻快又模糊。

5.5.2 英语口语节奏的经典范例：分析与操练

我们知道，英语口语是以音步计时的语言。音步以大致等时的间隔反复重现就形成了英语口语的节奏。显而易见，说一个句子所花时间的长短，取决于这个句子中所含音步的多少，即重读音节的数量。它与句子的长短，即句子所含单词和音节的数量没有直接关系。英语中，有一组经典句子可以说明这个问题，并可以用于我们进一步理解和有效地操练英语口语的节奏。

请看以下这组句子：

[1] Cows eat grass.

[2] The cows will eat the grass.

[3] The cows have been eating the grass.

[4] The cows could have been eating the grass.

1. 四个句子中的音步分析

在以上四个句子中，句 [1] 最短，它含有三个单词和三个音节；句 [4] 最长，它含有八个单词和九个音节。也就是说，这一组的四个句子，其所含单词和音节的数量非常不同。但是，这四个句子分别都含有三个重读音节，即 cows、eat 和 grass，这三个重读音节分别引领三个音步，标记如下：

[1] 'Cows 'eat 'grass.

[2] The 'cows-will 'eat-the 'grass.

[3] The 'cows-have-been 'eat-ing-the 'grass.

[4] The 'cows-could-have-been 'eat-ing-the 'grass.

也就是说，以上这四个句子的长短不同，即所含单词和音节的数量不同，但是它们所含重读音节的数量相同，因此，它们所含音步的数量也相同。其中，句 [2]、句 [3] 和句 [4] 分别在开始处有一个弱起音节 the，如表 5–12 所示：

表 5–12　经典实例音步分析

	第一个音步	第二个音步	第三个音步
句 [1]	'Cows	'eat	'grass.
句 [2]	The 'cows-will	'eat-the	'grass.
句 [3]	The 'cows-have-been	'eat-ing-the	'grass.
句 [4]	The 'cows-could-have-been	'eat-ing-the	'grass.

由于以上四个句子所含的音步数量相同，因此，说这四个句子所用的时间应该大致相同。我们用"拍一下手打一拍"来计量说一个音步所用的时间，那么，说每个句子所用的时间都是连续"拍三下手打三拍"所用的时间，即说这四个句子所用的时间大致相等。

2. 拍手说四个句子

在以上四个句子中，每个句子都含有三个音步。我们用"拍一下手打一拍"说一个音步，用连续"拍三下手打三拍"来完成每个句子。

在拍手说这四个句子时，需要注意以下几点：（1）在说每个音步时，都要将其起始处重读音节中的起始辅音和元音说得重、长，音调高，清晰响亮，完整到位；（2）音步中重读音节之后的部分，包括重读音节末尾的辅音以及重读音节之后的非重读音节，要说得轻、短，音调低，随意模糊，一带而过。要特别注意非重读音节中元音的弱化以及省音；（3）要注意音步中相邻单词之间的连读。

现在我们分别拍手说这四个句子：

拍手说句 [1]，即 Cows eat grass.：

句 [1] 只含有三个重读音节，这三个重读音节引领三个音步，标记如下：

'Cows 'eat 'grass.

在拍手说这三个音步之前，注意这三个音步中单词与单词之间的连读，即：

'Cows 'eat 'grass.

cow-sea(t)-grass

/'kou-'zē(t)-'grăs/

其中，第一个与第二个单词之间为"辅音移位连读"，即第一个词 cows 的末尾辅音 s /z/ 移位与其相邻的下一个单词 eat 的起始元音 /ē/ 连读；第二和第三个单词之间为爆破音 t /t/ 失去爆破"省音连读"。

现在，我们连续拍三下手打三拍练习说句 [1] 'Cows 'eat 'grass. /'kou-'zē(t)-'grăs/。（1）拍第一下说第一个音步 'Cow(s) /kou/：前半拍合手打强拍说 /'kou/，后半拍分手为轻拍，持续说元音 /ou/（请注意，Cows 的末尾辅音 /z/ 要移位到下一个音步实现"移位连读"）；（2）紧接着拍第二下说第二个音步 (s)'eat /'zē(t)/：前半拍合手打强拍说 /'zē/，后半拍分手为轻拍，持续说元音 /ē/，拍手结束时以"失去爆破省音连读"的方式说爆破音 /t/，即做发 /t/ 的准备，但是不发出音来；（3）紧接着拍第三下说第三个音步 'grass /'grăs/：前半拍合手打强拍说 /'gră/，后半拍为轻拍，持续说元音 /ă/，在拍手结束时轻轻地说词尾辅音 /s/。

拍手说句 [2]，即 The cows will eat the grass.：

句 [2] 含有三个重读音节，这三个重读音节引领三个音步，标记如下：

The 'Cows-will 'eat-the 'grass.

在拍手说这三个音步之前，注意这三个音步中单词与单词之间的连读，即：

The 'Cows-will 'eat-the 'grass.

the cow-swi-llea(t)-the-grass

/thə 'kou-zwə-'lē(t)-thə-'grăs/

现在，我们连续拍三下手打三拍练习说句 [2] The 'cows-will 'eat-the 'grass. /ðə 'kou-zwə-'lē(t)- ðə-'grǎs/。（1）拍第一下说第一个音步 The 'cows-will /ðə 'kou-zwə/：先分开手做拍手准备，并同时说"弱起音节"the /ðə/，而后开始拍第一下手说音步 'cows-will /'kou-zwə/：前半拍合手打强拍说 'Cow(s) /'kou/，后半拍分手为轻拍说 (s)wi(ll) /zwə/（请注意，will 的末尾辅音 /l/ 要移位到下一个音步实现"移位连读"）；（2）紧接着拍第二下说第二个音步，即 (l)'eat-the /'lē(t)- ðə/：前半拍合手打强拍说 /'lē(t)/，后半拍分手为轻拍说 /ðə/（请注意 eat 末尾辅音 /t/ 失去爆破"省音连读"）；（3）紧接着拍第三下说第三个音步 'grass /'grǎs/。

拍手说句 [3]，即 The cows have been eating the grass.：

句 [3] 含有三个重读音节，这三个重读音节引领三个音步，标记如下：

The 'cows-have-been 'eat-ing-the 'grass.

在拍手说这三个音步之前，注意这三个音步中单词与单词之间的连读，即：

The 'cows-have-been 'eat-ing-the 'grass.

the cow-s(h)ave-bee-nea-ting-the-grass

/ðə 'kou-zəv-bǐ'-nē-tǐng-ðə-'grǎs/

现在，我们连续拍三下手打三拍练习说句 [3] The 'cows-have-been 'eat-ing-the 'grass. /ðə-'kou-zəv-bǐ-'nē-tǐng-ðə-'grǎs/。（1）拍第一下说第一个音步 The 'cows-have-bee(n) /ðə-'kou-zəv-bǐ/：先一边分开手一边说弱起音节 the /ðə/，而后开始拍第一下手说第一个音步 'cows-have-been /'kou-zəv-bǐ/，前半拍合手打强拍说 /'kou/，后半拍分手为轻拍说 /zəv-bǐ/（请注意，been 的末尾辅音 /n/ 要移位到下一个音步实现"移位连读"）；（2）紧接着拍第二下手说第二个音步 (n)'eat-ing-the /'nē-tǐng-ðə/：前半拍合手打强拍说 /'nē/，后半拍分手为轻拍说 /tǐng-ðə/；（3）紧接着拍第三下手说第三个音步 'grass /'grǎs/。

拍手说句 [4]，即 The cows could have been eating the grass.：

句 [4] 含有三个重读音节，这三个重读音节引领三个音步，标记如下：

The 'cows-could-have-been 'eat-ing-the 'grass.

可以看出，句 [4] 和句 [3] 之间只有第一个音步不同，即句 [4] 的第一个音步在重读音节之后多了一个非重读音节。现在，我们只把句 [4] 的第一个音步分析如下：

The 'cows-could-have-been

the cow-scoul-dha-(ve)been

/ðə 'kou-zkə-də-bǐn/

我们拍一下手说这个音步 The **'cows**-could-have-bee(n) /ðə 'kou-zkə-də-bǐ(n)/。先一边分开手一边说弱起音节 the /ðə/，而后开始拍手说音步 **'cows**-could-have-bee(n) /'kou-zkə-də-bǐ(n)/：前半拍合手打强拍说 /'kou/，后半拍分手为轻拍说 /zkə-də-bǐ(n)/。（请注意：been 的词尾辅音 /n/ 要移到下一个音步实现"辅音移位"连读。）

这个音步之所以比较难说，是因为在强拍 /kou/ 之后有三个非重读音节 /zkə-də-bǐ(n)/。因此，这三个非重读音节就需要尽量说得轻、短，音调低，随意模糊，一带而过。

总之，英语口语是有节奏的，音步是英语口语节奏的载体。英语口语的节奏共有以下四个方面：

第一，英语口语的节奏是由音步体现出来的：句子中的各个音步以大致等时的间隔反复重现，就形成了英语口语的节奏；第二，音步的核心是重读音节：一个音步必须含有且只能含有一个重读音节，并且重读音节是一个音步的起始音节。重读音节之后可以有零个、一个或多个非重读音节；第三，我们用"拍一下手打一拍"的方式说一个音步：前半拍合手打强拍说音步中重读音节的起始辅音和元音，后半拍分手为轻拍，放松气息说音步中剩余的部分（包括重读音节的末尾辅音以及重读音节之后的所有非重读音节）；第四，当音步中的重读音节之后有多个非重读音节时，要通过将这些非重读音节中的元音弱化、元音和辅音省音等方式节省时间，以便用尽可能短的时间完成后半拍中的多个非重读音节。最后，在说音步时，要注意运用单词与单词之间的连读技巧。

1. 按照所标记的音步，拍手说这些句子。

(1) **'Dogs 'chase 'cats**.

(2) The **'dogs**-will **'chase**-the **'cats**.

(3) The **'dogs**-are **'chas**-ing-the **'cats**.

(4) The **'dogs**-have-been **'chas**-ing-the **'cats**.

(5) The **'dogs**-could-have-been **'chas**-ing-the **'cats**.

2. 按照所标记的音步，拍手说韵律诗。

(1) Star Light, Star Bright

　　　　　'Star 'light, 'star 'bright,

　　　　　The **'first 'star**-I **'see**-to**'night**;

　　　　　I **'wish**-I **'may**, I **'wish**-I **'might**,

　　　　　'Have-the **'wish**-I **'wish**-to**'night**.

(2) Twinkle, Twinkle, Little Star

'Twin-kle, **'twin**-kle, **'lit**-tle **'star**,
'How-I **'won**-der **'what**-you **'are!**
'Up-a**'bove**-the **'world**-so **'high**,
'Like-a **'dia**-mond **'in**-the **'sky**.

'When-the **'bla**-zing **'sun**-is **'gone**,
'When-he **'noth**-ing **'shines**-u**'pon**,
'Then-you **'show**-your **'lit**-tle **'light**,
'Twin-kle, **'twin**-kle, **'all**-the **'night**.

第6讲 调块：口语交际的基本单位

到目前为止，我们已经学习了构成口语的三个基本单位，即音位、音节和音步。音位是英语口语框架下的最小语音单位；一个音位或数个音位结合构成其上一级语段，即音节；一个音节或数个音节结合构成其上一级语段，即音步。

在本讲中，我们讲解比音步更高一级的语段，即调块。调块是由一个音步或数个音步结合构成的语段。也就是说，一个调块可以含有一个或多个音步。

调块是我们进行口语交际的基本单位。在英语口语交际中，人们不是以单词或音步为基本单位进行交际，而是用更长的语段，即调块进行交际的。句子的长度合适时，一个句子作为一个调块用于交际；句子太长时不易于说，不易于理解，这时，英语母语者自然而然地就会在合适的位置进行断句切分，以便用长度合适的调块把自己的想法逐步呈现给听者。

但是，作为外语学习者，我们更习惯于把单词作为口语交际的基本单位。当我们以单词为基本单位来表达思想时，我们的语言听起来就会琐碎、不流畅，这必然会给听者带来理解上的困难，因而难以顺利地完成交际任务。同时，当我们不懂得使用调块进行交际时，我们也很难正确、顺利地理解母语者以调块方式呈现出来的口语内容。

认识、理解并经过一定的练习最终掌握调块，是我们提高英语口语的关键所在。在本讲中，我们对调块进行详细讲解。

6.1 从断句到调块

在书面语中，我们可以直观地看到，文章由段落构成；段落由句子构成；句子由单词构成；单词由字母构成。另外，句子与句子之间有不同的标点符号，单词与单词之间有空隙等。

6.1.1 书面语的断句：从长语段到子句

我们知道，在中国古文里，文章是没有标点符号的。在阅读时，人们根据意思对文章进行断句，在文章中自行加入记号标记文句的停顿。这就是"句读"。一般来说，人们在表达完一个完整的意思后停顿，用句号（。）作为"句子"的标记。但是，当句子比较长时，人们会根据句子的意思，在句子中间再做停顿，用逗号（，）作为"子句"的标记等。句读，实际上就是我们通常所说的"断句"。请看古文《与善人居》中的语段：

与善人居如入兰芷之室久而不闻其香则与之化矣与恶人居如入鲍鱼之肆久而不闻其臭亦与之化矣

像这样没有标点符号的一个"长语段"，看起来混沌一片，给阅读带来很大的困难。因此，我们在阅读时，就会自然而然地为它断句，即根据意思将它切分为较小的语段。在书面语中，断句切分在两个层次上进行。

1. 第一层次的断句

第一层次的断句是将一个"长语段"切分为含有完整意思的句子，句子与句子之间用句号（或与句号功能接近的其他标点符号，如问号、感叹号、分号或冒号等）隔开。以上《与善人居》中的长语段含有两个完整的意思，因此，我们将它断句切分为两个句子，用分号隔开，即：

与善人居如入兰芷之室久而不闻其香则与之化矣；与恶人居如入鲍鱼之肆久而不闻其臭亦与之化矣。

2. 第二层次的断句

第二层次的断句是将"长句子"切分为更小的语段。如果第一层次的断句所得到的句子仍然太长，我们称之为"长句子"。长句子语义仍然不够清晰明了，其语法结构仍然比较复杂。这时，我们会再根据语义为长句子断句，将它切分为更小的语段，我们称之为"子句"。子句与子句之间用逗号隔开。例如，在以上《与善人居》的语段中，用分号隔开的两个句子仍然太长，即为"长句子"。因此，我们就将它们进一步断句切分为更小的语段，即"子句"：

与善人居，如入兰芷之室，久而不闻其香，则与之化矣；与恶人居，如入鲍鱼之肆，久而不闻其臭，亦与之化矣。

可见，在书面语中，断句切分包括两个层次：（1）将一个长语段切分为句子，句子与句子之间用句号隔开；（2）将一个长句子切分为子句，子句与子句之间用逗号隔开。

古文阅读一直是中国学生学习古汉语的一个难点。为了能够顺利地阅读古文，我们每个人都需要通过学习，培养自己理解文章语义并为其断句的能力。好在现代汉语的书面语带有标点符号，这给阅读带来了极大的便利，大大降低了阅读的难度。

在英语书面语中同样也需要断句切分。当一个完整的意思结束时，也用句号（.）作为标记；长句子也会被再次切分为子句，子句与子句之间用逗号作为标记。例如：

There's some emerging evidence that patience might be good for our health. Some research found that patient people were less likely to report health problems while people who exhibit impatience tend to have more health complaints and worse sleep. If patience can protect us against illness, it is reasonable to think that it could also reduce our daily stress.

在英语中有很多长句子，有的句子长达数百词，有的长达数千词。例如，在20世纪爱尔兰作家乔伊斯（James Joyce）的意识流小说《尤利西斯》（*Ulysses*，1922）中，一个著名的长句子含有4,391个单词；英国作家柯伊（Coe）超过了乔伊斯，在他的小说《无赖俱乐部》（*The Rotters' Club*，2001）中，最长的句子含有13,955个单词，一度成为世界文学作品中的长句之最；还有的整部小说只用一个句子完成。因此，就需要将它切分为较小的语段，即子句。

为了方便起见，我们这里来看一个含有100多个单词的长句子。这个长句子是著名英国作家狄更斯（Charles Dickens）的小说《双城记》（*The Tale of Two Cities*，1859）的开篇句：

It was the best of times, it was the worst of times, it was the age of wisdom, it was the age of foolishness, it was the epoch of belief, it was the epoch of incredulity, it was the season of light, it was the season of darkness, it was the spring of hope, it was the winter of despair, we had everything before us, we had nothing before us, we were all going direct to Heaven, we were all going direct the other way—in short, the period was so far like the present period, that some of its noisiest authorities insisted on its being received, for good or for evil, in the superlative degree of comparison only.

在以上语段中，只有最后有一个句号，因此它是一个长句子。这个长句子，读者不可能一口气读完；即使能一口气读完，也不易被理解。因此，作者就将这个长句子断句切分为很多子句，子句与子句之间用逗号标记。

在书面语中，断句切分一般止于子句。

6.1.2 口语的断句：从长语段到调块

像书面语一样，口语也同样需要断句，即把长语段切分为小的语段；小的语段切分为更小的语段。

口语与书面语的断句有吻合和不吻合之处。首先，像书面语一样，在口语中，同样要把长语段切分为句子，将长句子进一步切分为子句。其次，当子句仍然太长时，口语中往往要把它断句切分为更小的语段。这个更小的语段在相关文献中有不同的名称，如"意群""调群""语调单位"等。在本书中，我们称之为"调块"（intonation chunk）。[①]

1. 把长语段切分为句子和子句

在口语中，把长语段切分为句子和子句，与书面语在这两个层面的断句是相同的。因此，我们借用书面语中的句号和逗号来标记口语中在这两个层面的断句。

我们以《与善人居》中的语段为例，将长语段切分为句子和子句。在书面语和口语中的断句切分标记如下：

书面语：与善人居，如入兰芷之室，久而不闻其香，则与之化矣；与恶人居，……
口　语：与善人居，如入兰芷之室，久而不闻其香，则与之化矣；与恶人居，……

可见，将上述古文长语段切分为句子和子句时，书面语和口语断句的交界处是相同的。在英语中，多数情况下，口语和书面语在句子和子句层面的断句交界处也是相同的。请看以下英文段落：

书面语/口语：Basketball is a team sport in which two teams, most commonly of five players each, oppose each other on a rectangular court. The five players on each side fall into five playing positions. The tallest player is usually the center, the second-tallest and strongest is the power forward...

总之，将英文长语段切分为句子，将长句子切分为子句，在口语和书面语的断句交界处往往是相同的。

2. 将长句子或子句进一步切分为调块

在书面语中，长语段的断句一般止于子句。但是，在口语中，有些书面语的句子（即用句号隔开的语段）或子句（即用逗号隔开的语段）仍然太长，其语义和语法结构复杂，

[①] 学术界对口语的研究与认识还远远没有达成共识，可谓仁者见仁，智者见智。因此，许多用来研究口语所使用的术语，虽然看似相似，但是却往往具有不同的内涵。请在阅读不同的文献时注意鉴别。

既不容易说也不容易理解。这时，往往要将句子或子句做进一步断句，将它们切分为更小的语段，即"调块"。

将太长的句子或子句进一步断句切分所得到的调块，我们称之为"句内调块"。在相邻的两个句内调块之间，我们用"‖"作为标记。现在，我们以《与善人居》中的前一个句子"与善人居，如入兰芷之室，久而不闻其香，则与之化矣"为例，分析口语中的句内调块。

在口语中，当我们朗读以上句子中的四个子句时，我们会对它们做进一步断句，把它们分别切分为两个"调块"，标记如下：

与‖善人居，如入‖兰芷之室，久而‖不闻其香，则‖与之化矣；

将以上子句断句所得到的调块，即用"‖"隔开的语段，一般不再做进一步断句切分。

我们再看五言绝句的朗读。在朗读五言绝句时，我们不仅在句号和逗号处断句停顿，在每个句内也要做进一步断句。事实上，五言绝句的朗读已经形成基本固定的断句模式，即"2+3模式"。也就是说，我们在朗读时，自然而然地会将每句诗切分为分别含有"两个字"和"三个字"的两个调块，标记如下：

床前‖明月光，疑是‖地上霜。
举头‖望明月，低头‖思故乡。

将以上每个诗句断句所得到的两个调块，即"床前"和"明月光"等，在朗诵时一般不再做进一步断句切分。

在朗读七言绝句时，我们也同样会对每句诗做进一步断句。朗读七言绝句的基本断句模式为"4+3模式"。也就是说，我们在朗读时，会将每句诗切分为分别含有"四个字"和"三个字"的两个调块，标记如下：

李白乘舟‖将欲行，忽闻岸上‖踏歌声。
桃花潭水‖深千尺，不及汪伦‖送我情。

但是，在汉语中，当一个词组由四个或四个以上汉字构成时，也可以将它进一步切分为更小的词组，即"两个字+两个字"构成的词组。因此，七言绝句除了以"4+3模式"朗诵外，也可以用"2+2+3模式"朗诵。实际上，儿童更倾向于用"2+2+3模式"朗诵七言绝句，标记如下：

李白‖乘舟‖将欲行，忽闻‖岸上‖踏歌声。
桃花‖潭水‖深千尺，不及‖汪伦‖送我情。

将以上诗句断句所得到的语段，即"李白""乘舟"和"将欲行"等，一般不再做进一步断句。

现在，我们来看以下英文段落：

Basketball is a team sport in which two teams, most commonly of five players each, oppose each other on a rectangular court. The five players on each side fall into five playing positions. The tallest player is usually the center, the second-tallest and strongest is the power forward...

在朗读这个英文段落时，除了在书面语断句之处（用句号和逗号标记之处）停顿外，我们还需要在那些比较长的句子或子句内做进一步断句，把它们切分为更小的语段，即句内调块，用"||"标记。其中，把"Basketball is a team sport in which two teams"切分为"Basketball is a team sport"和"in which two teams"；把"The five players on each side fall into five playing positions"切分为"The five players on each side"和"fall into five playing positions"；把"the second-tallest and strongest is the power forward"切分为"the second-tallest and strongest"和"is the power forward"。以上英语段落中句内调块之间标记如下：

Basketball is a team sport || in which two teams, most commonly of five players each, oppose each other on a rectangular court. The five players on each side || fall into five playing positions. The tallest player is usually the center, the second-tallest and strongest || is the power forward...

从以上对长句子断句的分析可以看出：书面语的断句一般止于句子和子句，即用句号和逗号隔开的语段；而在口语中，断句切分不仅可以在句子与句子之间以及子句与子句之间进行，而且还可以在句子或子句内进行，即将长句子或长子句断句切分为更小的语段，即"句内调块"。

1. 朗读五言绝句《登鹳雀楼》，并根据朗读的方式，将每个诗句切分为两个句内调块，用"||"隔开。

白日依山尽，
黄河入海流。
欲穷千里目，
更上一层楼。

2. 朗读歌曲《为你打开的雨伞》的歌词，并根据朗读的方式，在合适的地方把句子或子句切分为句内调块，用"‖"隔开。

（1）无论是晴天还是阴天，这里有一把打开的雨伞。为你遮阳为你挡雨，给你一个温暖的港湾。

（2）当盛夏赤日炎炎，当秋天阴雨绵绵。站在这把打开的雨伞下，你不会受到风雨的摧残。

3. 朗读下列英语儿歌，并根据朗读的方式，将每行儿歌切分为两个调块，用"‖"隔开。

Five little monkeys jumping on the bed,

One fell off and bumped his head.

Mama called the Doctor and the Doctor said,

"No more monkeys jumping on the bed!"

4. 朗读下列英语句子，并根据朗读的方式，将每个句子切分为两个调块，用"‖"隔开。然后把它们译成汉语。第一个是例子。

(1) Spread love ‖ wherever you go. 走到哪里就把爱播种到哪里。

(2) Every great dream begins with a dreamer.

(3) Dream big and dare to fail.

(4) The journey of a thousand miles begins with one step.

(5) We have nothing to fear but fear itself.

(6) Excellence is not an act but a habit.

(7) A penny saved is a penny earned.

(8) Don't count your chickens before they hatch.

6.2 调块的定性特征

调块是口语中位于音位、音节和音步上一级的语段；它是由一个或多个音步结合而构成的语段。

调块具有三个定性特征：（1）调块是一个语义单位，它具有独立的、符合所在语境的语义；（2）调块是一个语调单位，它有自己的节奏和音高曲线；（3）调块是一个气息单位，一个调块要作为一个整体，一口气说完。

调块就是口语中集语义、语调和气息这三个主要特征于一体的语段。下面，我们分别讲解调块的三个定性特征。

6.2.1 调块是一个语义单位

调块是一个语义单位,它具有独立的、符合所在语境的语义。构成调块的词与词之间在语义上联系紧密,不可分割。如果分割开来就会失去其应有的语义,或产生其他语义从而导致歧义或误解。从这个意义上来讲,调块与大家熟知的意群相同。但是,调块与意群也有不同之处,其中一点是:一个调块可以只含有一个意群,也可以含有两个或两个以上意群。另外,调块也可以含有不构成意群的助词、连词等。

1. 调块是一个具有独立语义的语段

构成调块的词与词之间在意义上联系紧密,不可分割。

请看以下例句:

I love spring most.

以上句子简短,其语义清晰明了,是一个具有独立语义的语段。因此,这个句子不需要断句,它本身就是一个调块。

再看以下例句:

Of all the seasons, I love spring most.

以上句子含有两个具有独立语义的语段,即"Of all the seasons"和"I love spring most"。因此,以上这个句子断句切分为两个调块,即:

Of all the seasons || I love spring most.

再看以下例句:

Unfortunately, our trip to Western Europe was cut short.

以上句子可以切分为三个调块,即"unfortunately""our trip to Western Europe"和"was cut short"。这三个调块都分别具有独立的语义,标记如下:

Unfortunately || our trip to Western Europe || was cut short.

再看以下例句:

I don't understand why he destroyed my home.

以上句子可以切分为两个调块,即"I don't understand"和"why he destroyed my home"。这两个调块分别具有独立的语义,标记如下:

I don't understand || why he destroyed my home.

从以上例句可以看出，调块是具有独立语义的语段。我们在说话时，将想要表达的思想以调块为单位呈现给听者。在独白语篇（如演讲）中，讲话者更趋向于将长句子和子句切分为调块，以便听众能正确地、即时地理解演讲者想要表达的思想。

请看某 TED 演讲中一个语段的断句：

We didn't have snow || we ate mangoes || and we never talked about the weather || because there was no need to.

以上语段中共有四个调块，即"We didn't have snow""we ate mangoes""and we never talked about the weather"和"because there was no need to"。演讲者将这个句子切分为四个调块，使听者很容易正确地理解她想要表达的意思。

需要指出的是，将以上例句断句切分出来的调块，有的等于一个意群，如调块"We ate mangoes"；有的则大于一个意群。例如，在调块"because there was no need to"中，意群为"there was no need"。也就是说，这里的调块大于一个意群，因为它等于"连词 because + 意群 there was no need + 引导动词不定式的语法词 to"。

2. 调块、语义与语境

调块是一个语义单位，它具有独立的语义。同时，在不同的语境中，同一个语段可能归属于不同的调块以表达不同的语义。

请看以下例句：

I'll wash and walk the dog.

在不同的语境中，以上句子可以切分为不同的调块。

如果说话者的意思是"先给狗洗澡"，而后去"遛狗"，即"the dog"同时是 wash 和 walk 的宾语，那么，"wash and walk the dog"就应该归属于同一个调块。这时，以上句子就只含有一个调块"I'll wash and walk the dog."。

如果说话者的意思是"我先洗澡，而后去遛狗"。这时，这个句子就需要切分为两个调块，标记如下：

I'll wash || and walk the dog.

也就是说，在不同的语境中，同一个语段可以被切分为不同的调块以表达不同的语义。试比较以下两个例句：

[a] The cat that killed the rat was very friendly with the dog.

[b] This is the cat that killed the rat.

在以上两个句子中有同一个语段，即"the cat that killed the rat"（杀死老鼠的猫）。该语段本身具有独立的语义，但是在这两个句子中，它的归属却不同：

在句 [a] 的语境中，"the cat that killed the rat"和"was very friendly with the dog"（对狗很友好）为句子的两个调块。因此，句 [b] 的断句标记为：

The cat that killed the rat ‖ was very friendly with the dog.

但是在句 [b] 的语境中，语段"the cat that killed the rat"却不能是一个调块，而应该是两个调块，即"this is the cat"（这是那只猫）和"that killed the rat"（杀死老鼠的猫）。这时，句 [b] 的断句标记为：

This is the cat ‖ that killed the rat.

从以上句 [a] 和句 [b] 的比较可以看出，同一个语段"the cat that killed the rat"在不同的语境中，其语义不同，因此断句的方式以及所得到的调块也随之不同。

总之，调块是一个具有独立的、符合特定语境语义的语段。

3. 调块的语义与歧义句

调块需要有独立的、清晰明了的语义，否则会给听众带来理解上的困难，甚至可能会导致歧义，产生误解。

一位语言学家朋友曾谈起自己的相关经历[①]："我每次开车听导航，说到'靠左沿主路行驶'，都因为发音人把'沿'紧贴着'左'，听成'靠左缘'。开始一直不明白，后来偶然间才明白的。诸位开车用导航的有没有这个体验？如果是'靠左，沿主路行驶'，那就没问题了。"

在以上语段中，"靠左缘"或"靠左沿"本身都不是具有独立语义的语段。在"靠左沿主路行驶"这个句子中，"靠左"和"沿主路行驶"分别为一个调块，各自具有独立的语义，标记为：

靠左 ‖ 沿主路行驶。

但是，这个导航的语音播报员把"沿"紧贴着"左"，即错将"靠左沿"这个不具有独立语义的语段作为一个调块，因此，听者难以理解。

从以上例句可以看出：一个句子可以含有一个或多个调块，但是每个调块都必须

---

① 来源于上海外国语大学金立鑫教授在 2021 年 9 月"中国语言学人论坛"上的发言。

具有独立的、清晰明了的语义。

此外，调块的语义必须符合调块所在的语境。如果调块的语义不符合它所在的语境，就可能会导致歧义，给交际带来困难。请看以下例子。

有一个人（A）到邮局想发一封信，柜台服务员（B）递给他一个标签①，但是他怀里抱着太多东西腾不出手来，于是发生了以下对话：

A: Do I have to stick it on myself?

B: Nope. On the envelope.

从服务员的回答可以看出，发信人说的话使自己出了洋相。这是因为他在断句时出了问题。他是这样断句的：

Do I have to stick it ‖ on myself?

可见，发信人将以上句子切分为"Do I have to stick it"和"on myself"两个调块，其中，句子中的 on 被当作介词，它与 myself 结合构成介词短语调块"on myself"，意思是"在我自己身上"。虽然这两个调块，即"Do I have to stick it"和"on myself"本身都各自具有独立的语义，但是这样两个调块组合起来的意思是"我得把标签贴在自己身上吗？"难怪服务员开玩笑说："Nope. On the envelope."（别呀，贴在信封上。）。

也就是说，虽然发信人所使用的两个调块都分别具有独立的语义，但是它们不符合他想要表达的意思，即不符合语境，导致交际出现问题。本来，在此语境中，句子"Do I have to stick it on myself?"中的 on 是副词，它与动词 stick 结合构成及物性短语动词 stick something on（把某东西贴上），即"Do I have to stick it on"是一个调块，"myself"是另一个调块，标记如下：

Do I have to stick it on ‖ myself?

这样断句所得到的意思是："我得自己把它贴上吗？"这正是发信人想要表达的意思。

可见，在口语交际中所使用的调块不仅需要具有独立的语义，而且其语义还需要符合调块所在的语境。

再看以下例句：

The criminal said the judge is stupid.

---

① 这里引用的例子参照了一个经典的笑话。原笑话谈论的是信封和邮票。但是，现在邮寄东西用邮票少了，多用标签。因此，为了便于读者理解，这里将"邮票"改为"标签"。

以上句子可以有两种断句方式，标记如下：

[a] The criminal said the judge ‖ is stupid.

[b] The criminal said ‖ the judge is stupid.

其中，句 [a] 被切分为三个调块，即 "The criminal" "said the judge" 和 "is stupid"，意思是 "法官说：'罪犯傻'"；而句 [b] 被切分为两个调块，即 "The criminal said" 和 "the judge is stupid"，意思是 "罪犯说：'法官傻'"。这两个截然不同的意思，就是源于断句边界的不同，从而得到不同的调块。

可见，作为语义单位，调块不仅本身需要有独立的语义，而且该语义还需要符合调块所在的语境，否则就可能产生歧义，导致交际失败。

6.2.2 调块是一个语调单位

调块不只是一个具有独立语义的单位，而且也是一个语调单位。一个调块相当于歌曲中的一个乐句。像歌曲中的乐句一样，调块具有自己的韵律，包括节奏和音高曲线。实际上，我们之所以使用"调块"（intonation chunk）[①] 这个名称，是因为语调意义是口语的一个显性特征。

6.2.2.1 调块的节奏

在第 5 讲中，我们详细地讲解了英语口语的节奏。我们知道，音步是英语口语节奏的承载者：音步以重读音节为核心，每个音步从重读音节开始，引领数量不等的非重读音节。一个语段中有几个重读音节，它就有几个音步。音步以大致等时的间隔反复重现，就形成了英语口语的节奏。

作为口语的一个语段，调块必然也有节奏。一个调块中含有几个重读音节就含有几个音步。调块中的音步，以基本等时的间隔反复重现，就形成了调块的节奏。在口语中，多数调块都含有两个或两个以上重读音节，即两个或两个以上音步。

请看以下例句：

It's a beautiful day!

It's a **'beau**-ti-ful **'day**!

[①] 我们所说的"调块"（intonation chunk），有多个名称，如"调短语"（phonological phrase）、"调单位"（phonological unit）、"调群"（intonation/tone group）等。实际上，这些名称用来描写口语，都要比"意群"（thought group, sense group）更合适，因为"意群"没有包括口语的显性特征，即"语调"意义。

以上句子简短，是一个调块，这个调块含有两个重读音节，即多音节词 'beau·ti·ful 的重读音节 'beau 和单音节名词 'day，因此，它含有两个音步：（1）该调块以弱起音节 It's a 开始。这两个弱起音节与该调块的第一个音步 'beau-ti-ful 结合，构成 It's a 'beau-ti-ful，属于音步模式 III，即"非重读音节 + 音步模式 II（重读音节 + 一个或多个非重读音节）"；（2）该调块的第二个重读音节 'day，构成音步模式 I，即"重读音节 + 零个非重读音节"。

也就是说，以上句子中的两个重读音节 'beau 和 'day 引领的两个音步，即 It's a 'beau-ti-ful 和 'day，承载该调块的节奏可以用连续拍两下手打两拍完成。

再看以下例句：

We're nowhere near where we need to be yet.

这是美国前总统奥巴马在第 26 届巴黎气候峰会上演讲中的一句话，他把这个句子断句切分为两个调块，即"We're nowhere near"和"where we need to be yet"，标记为：

We're 'no'where 'near ‖ 'where-we 'need-to 'be 'yet.

首先，第一个调块"We're nowhere near"含有三个重读音节，即多音节词 'no'where 的两个重读音节和单音节实义词 'near。这三个重读音节分别引领一个音步，即 We're 'no、'where 和 'near。这三个音步用连续拍三下手打三拍完成，它们承载该调块的节奏。

其次，第二个调块"where we need to be yet"含有四个重读音节，即单音节实义词 'where、'need、'be 和 'yet 都重读。这四个重读音节分别引领一个音步，即 'where-we、'need-to、'be 和 'yet。这四个音步用连续拍四下手打四拍完成，它们承载该调块的节奏。

总之，一个调块往往含有两个或多个重读音节。每个重读音节引领一个音步。每个音步用"拍一下手打一拍"的时间说完。这些音步以大致等时的间隔反复重现，就构成了调块的节奏。简言之，调块具有自己的节奏。

6.2.2.2 调块的音高曲线

音高曲线，听起来仿佛是一个较难理解的概念。实际上，它既容易理解，又十分有趣。口语中的调块像乐曲中的乐句一样，其音节的音高升降起伏，构成其音高曲线。

1. 调块中音节的音高与主重读音节

我们知道，重读音节承载句子的重要信息，传达说话者的意图，引起听众的注意。音节的轻重受到音强、音长和音高等因素的影响。当说话者要凸显话语中的某个信息或表达某种特殊的情感时，改变音高是主要手段之一。也就是说，说话者常常通过提升调块中某个音节的音高来凸显它所承载的信息。在通常语境中，调块中的最后一个重读音节承载句子最重要的信息，因此，调块中的最高音也相应地落在调块的最后一个重读音节上；在特殊的语境中，调块中的最高音可以落在任何一个音节上。调块中含有最高音的重读音节通常被称为"调核"（nucleus）[①]。在本书中，我们把它称为"主重读音节"。在句子中，"主重读音节"用粗体大写字母作为标记。

- 通常语境中的主重读音节

在通常语境中，调块中的主重读音节，即调块中含有最高音的重读音节，通常落在调块的最后一个重读音节上，表达该调块的新信息。

请看以下例句：

I highly appreciate your help.

以上句子简短，不需要断句，因此它是一个调块。该调块含有四个重读音节，即多音节词 **'high**·ly 的重读音节 high，多音节词 ap·**'pre**·ci·**ate** 的两个重读音节 **'pre** 和 **'ate**，以及单音节实义词 **'help**。其中，help 为该调块中的最后一个重读音节，因此它是该调块的最高音，即主重读音节，标记为 **'HELP**。以上句子的主重读音节和重读音节及其所引领的音步，标记如下：

I **'high**-ly-ap**'pre**-ci**.ate**-your **'HELP**.

再看以下例句：

I could technically afford it.

以上句子简短，不需要断句切分，即它是一个调块。这个调块含有三个重读音节，即单音节情态动词 **'could**[②]，多音节词 **'tech**·ni·cal·ly 的重读音节 tech 和多音节词 af·**'ford** 的重读音节 **'ford**。其中，ford 是该调块中的最后一个重读音节，因此它是该调块中含有最高音的重读音节，即该调块的主重读音节，标记为 **'FORD**。这个调块的主重读音节和重读音节及其所引领的音步，标记如下：

I **'could 'tech**-ni-cal-ly-a **'FORD**-it.

再看以下例句：

This is not a sort of way to make money.

[①] Cruttenden, A. *Gimson's Pronunciation of English* [M]. 北京：外语教学与研究出版社. 2001: 308.
[②] 此例句是 Elon Musk（埃隆·马斯克）接受采访时谈论购买 Tweeter（推特）的想法时说的话。他重读了情态动词 could，表明他"有能力"购买 Twitter。

说话者将这个句子切分为两个调块，即"This is not a sort of way"和"to make money"。在前一个调块"This is not a sort of way"中，四个单音节词 'This、'not、'sort 和 'way 都是重读音节。其中，第四个重读音节 way 是该调块中的最后一个音节，因此，它是该调块中含有最高音的重读音节，即该调块的主重读音节，标记为 'WAY；后一个调块"to make money"有两个重读音节，即单音节实义词 make 和多音节词 'mon·ey 的重读音节 mon。其中，mon 是该调块中的最后一个重读音节，因此它是该调块中含有最高音的重读音节，即该调块的主重读音节，标记为 'MON。

以上句子的调块、主重读音节和重读音节及其所引领的音步，标记如下：

'This-is 'not-a 'sort-of 'WAY ‖ to 'make 'MON-ney.

总之，在调块中，含有最高音的重读音节为调块的主重读音节。在通常语境中，调块的主重读音节落在调块的最后一个重读音节上，凸显调块的新信息。

● 固定词组的主重读音节

在通常语境中，调块中含有最高音的重读音节，即主重读音节，落在该调块的最后一个重读音节上。但是，如果调块以一个固定词组结束，那么，这个调块的主重读音节就落在这个固定词组本身的主重读音节上。

请看以下例句：

Who wants some ice cream?

'Who 'wants-some 'ICE ˌcream?

以上这个句子是一个调块，它以名词词组 ice cream 结束。在名词词组 ice cream 中，主重读音节落在 ice 上，cream 为次重读音节。因此，该调块的主重读音节也落在 ice 上，标记为 'ICE ˌcream。

像 ice cream 一样，像复合名词 the White House、the Late Show 等这一类固定词组，其主重读音节一般都落在前一个名词上，即 the 'White ˌHouse 和 the 'Late ˌShow。当这些固定词组出现在调块的结尾处时，该调块的主重读音节就落在这些固定词组本身的主重读音节上。请看以下例句：

Last year, my family visited the White House.

'Last 'YEAR ‖ my 'fam-i-ly 'vis-i-ted-the 'WHITE ˌhouse.

在以上例句中有两个调块，即"Last year"和"my family visited the White House"。其中，Last year 为前置状语，经常作为单独的调块，其最后一个重读音节 year 为主重读音节，标记为 'YEAR。句子的剩余部分"my family visited the White House"为另一个调块，该调块以固定词组 the White House 结束，因此，该调块的主重读音节落在固定词组 the White House 的主重读音节，即 White 上，标记为 'WHITE ,house。

- 特殊语境下的主重读音节

从上文中我们知道，在通常语境中，调块中的最后一个重读音节为主重读音节，它是该调块中含有最高音的重读音节。但是，在特殊语境中，当调块中的某个成分表示对照意义或需要得到强调时，这个表示对照意义或需要得到强调的成分就成为该调块的主重读音节，这时，调块的最高音就落到这个音节上。

请看以下例句：

John likes fish.

这个句子简短，不需要断句，即它是一个调块。这个调块含有三个重读音节，即 John、likes 和 fish。这三个重读音节引领三个音步，即 'John、'likes 和 'fish。

在通常语境中，作为该调块的最后一个重读音节，fish 是该调块的主重读音节，标记为 'FISH。该句子中的三个重读音节及其引领的三个音步，标记如下：

'John 'likes 'FISH.

以 fish 作为调块的主重读音节，这个调块回答的问题是："What does John like?" 如以下对话所示：

A: **'WHAT-does 'John 'like?**
B: **'John 'likes 'FISH.**

但是，在特殊语境下，该调块中的主重读音节可以有所不同。例如，当调块中的 like 为调块的主重读音节时，这个调块回答的问题是："Does John like fish or hate fish?" 如以下对话所示：

A: Does **'John 'LIKE 'fish-or 'HATE 'fish**?
B: **'John 'LIKES 'fish.**

调块"John likes fish"还可以将 John 作为调块的主重读音节。这时，这个调块回答的问题是："Who likes fish?" 如以下对话所示：

A: **'WHO 'likes 'fish**?
B: **'JOHN 'likes 'fish.**

另外，除了表示对照意义或强调意义之外，当调块中引入新信息时，这个新信息所在的重读音节，就会成为该调块的主重读音节。请看以下对话：

A: I visited a museum.

B: What kind of museum?

A: An art museum.

B: That's nice.

在以上对话中，每个句子都是一个调块：（1）在第一个调块 "I visited a museum." 中，主重读音节落在调块中最后一个重读音节，即多音节词 mu·'se·um 的重读音节 'se 上，标记为 mu·'SE·um；（2）第二个调块 "What kind of museum?" 把信息聚焦到 kind，即 kind 为对话中所引入的新信息。因此，该调块的主重读音节落在 kind 上，标记为 'KIND；（3）在第三个调块 "An art museum." 中，新引入的信息为 art。因此，art 为该调块的主重读音节，标记为 'ART；（4）在第四个调块 "That's nice." 中，最后一个重读音节 nice 为新信息，因此它为该调块的主重读音节，标记为 'NICE。

以上对话的主重读音节和重读音节及其所引领的音步，标记如下：

A: I 'vis-it-ed-a-mu-'SE-um.

B: 'What 'KIND-of-mu'se-um?

A: An 'ART-mu'se-um.

B: 'That's 'NICE.

2. 调块的音高曲线

在口语中，调块不仅具有自己的语义和节奏，而且具有自己的音高曲线。

在理解了调块的主重读音节的基础上，我们来看调块的音高曲线。

像乐曲中的音有高有低一样，调块中音节的音高也有所不同。我们把调块中音节的音高分为三个级别，它们大致相当于音乐中三个音符的音高[①]，即 Do、Re 和 Me。这三个音符的音高依次对应于调块中的非重读音节、重读音节和主重读音节：

1 Do = 非重读音节

2 Re = 重读音节

3 Me = 主重读音节

[①] 根据音乐的音高划分口语的音高，可以参见：Celce, M., Brinton, D. M. & Goodwin, J. M. *Teaching Pronunciation* [M]. 北京：中国人民大学出版社. 2002：184.

也就是说，调块中音节的音高大致在 Do、Re 和 Me 三个级别的音高之间升降起伏，构成调块的音高曲线。

在调块的音高曲线中，我们用三个高低不同的"台阶"来标记 Do、Re 和 Me 这三个音高，直观地显示音节的相对音高。

请看以下例句：

She works hard.

She 'works 'HARD.

以上句子简短，不需要断句，它是一个调块。这个调块含有三个单音节词。其中，第一个单词 she 为代词，是非重读音节，其音高为 Do，为第一个音步的弱起音节。第二个和第三个单词都是单音节实义词，都是该调块的重读音节，其中，works 为重读音节，标记为 'works，其音高为 Re。hard 是该调块中的最后一个重读音节，是该调块的主重读音节，标记为 'HARD，其音高为 Me。因此，调块 "She works hard." 的音调曲线为 Do-Re-Me。另外，这个调块的结尾也是该句子的结尾。由于这个句子是陈述句，因此，它的结尾应该用降调，用下行的箭头作为标记：

She 'works 'HARD.

再看以下例句：

Did Jane call you back?

Did 'Jane 'call-you 'BACK?

该句子简短，不需要断句，它是一个调块。其中 did 为助动词，you 为代词，它们都是非重读音节，其音高都是 Do；Jane 和 call 都是单音节实义词，它们都是该调块的重读音节，标记为 'Jane 和 'call，其音高为 Re；该调块的最后一个单词 back 也是实义词，是重读音节。由于它是该调块的最后一个重读音节，因此它是该调块的主重读音节，标记为 'BACK，其音高为 Me。因此，调块 "Did Jane call you back?" 的音高曲线为 Do-Re-Re-Do-Me。另外，这个调块的结尾也是该句子的结尾。由于这个句子是一般疑问句，因此，它的结尾应该用升调，用向右斜上行的箭头作为标记：

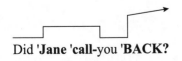

Did 'Jane 'call-you 'BACK?

再看以下例句：

What are your plans for your summer vacation?

'**What**-are-your '**plans**-for-your '**sum**-mer-va'**CA**-tion?

这个句子比前两个例句都长一些，但是它的语义和语法结构仍然清晰明了，句子也不太长，因此，它也不需要断句切分，它也是一个调块①。

在以上调块中共有四个重读音节，包括 what 和 plans（单音节实义词）以及 sum 和 ca（多音节词 '**sum**·mer 和 va·'**ca**·tion 中的重读音节）。其中，前三个重读音节为该调块的重读音节，标记为 '**What**、'**plans** 和 '**sum**，其音高为 Re；最后一个重读音节 ca 为该调块的主重读音节，标记为 '**CA**，其音高为 Me；调块中剩余的所有音节都是非重读音节，其音高为 Do。另外，这个调块的结尾也是该句的结尾。该句为特殊疑问句，因此，结尾应该用降调，用向右斜下行的箭头作为标记：

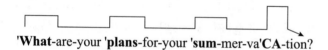

'**What**-are-your '**plans**-for-your '**sum**-mer-va'**CA**-tion?

可见，调块不仅有节奏，而且有高低起伏的音高曲线。调块的节奏和音高曲线构成了调块的语调。因此，调块不仅是一个语义单位，而且还是一个语调单位。

6.2.3 调块是一个气息单位

我们知道，无论从语义还是语调上讲，调块都是一个整体。从呼吸的角度上讲，调块也是一个整体。这表现在，一个调块所含的单词与单词之间要连读为一个整体，就像乐曲中一条连音线内音与音之间需要联奏一样，中间不能有任何停顿，不能换气。为了凸显调块作为一个气息单位，其所有单词都要连读为一个整体的特征，在下文中，我们在调块的下方加上音乐中的连音线符号"⌣"作为标记，表示一个调块是一个气息整体，要用一口气说完。

1. 一个调块要一口气说完

一个调块一般由两个或两个以上音步构成。从气息上来讲，一个调块是一个整体。因此，我们在说一个调块时，要像说一个多音节长单词一样，一口气说完。

请看以下例句：

It's raining.

---

① 有人说，"What are your plans" 和 "for your summer vacation" 可以切分为两个相应的调块。虽然这样做不能算错误，但是调块太短会使口语琐碎，影响其流畅性。

该句简短，不需要断句切分，它是一个调块。在此调块中，**rain** 为重读音节，It's 和 ing 为非重读音节。我们把调块"It's raining."写成一个长单词的形式：it's·ˈrain·ing。

多音节词 exciting 的音节结构为 ex·ˈcit·ing，它与调块"It's raining."的音节结构相同。二者的音节结构对照如下：

exciting	ex·ˈcit·ing	/ĭk-ˈsī-tĭng/
It's raining.	it's·ˈrain·ing	/ĭts-ˈrā-nĭng/

像多音节词 exciting 一样，句子"It's raining."虽然由两个单词组成，但是这两个单词组成了一个调块，成为一个整体。因此，说调块"It's raining."时，要像说多音节词 exciting 一样，作为一个整体，一口气说完。

再看以下例句：

Have some tea.
ˌ**Have**-some ˈ**TEA**.

该句简短，不需要断句，它是一个调块。在该调块中共有两个重读音节，即 have 和 tea（单音节实义词）。其中，tea 为该调块的最后一个重读音节，因此，它是主重读音节。另外，这个调块含有一个非重读音节，即单音节语法词 some（不定代词）。我们把这个调块写成一个长单词的形式：ˌhave·some·ˈtéa。其中，have 前加次重音表示它为调块的重读音节，tea 前加重音符号表示它为调块的主重读音节。

多音节词 guarantee 的音节结构为 ˌguar·an·ˈtee，它与调块"Have some tea."的音节结构相同。二者的音节结构对照如下：

guarantee	ˌguar·an·ˈtee	/ˌgă-rən-ˈtē/
Have some tea.	ˌhave·some·ˈtea	/ˌhăv-səm-ˈtē/

"Have some tea."虽然由三个单词组成，但是在口语中，这三个单词结合构成了一个调块，成为一个整体，它们就像一个单词中的三个音节一样密不可分。因此，说调块"Have some tea."时，要像说多音节词 guarantee 一样，作为一个整体，一口气说完。

再看以下例句：

David got it.
ˈ**Da**-vid ˈ**GOT**-it.

该句也是一个调块。这个调块中有两个重读音节，即 Da（多音节词 ˈDa·vid 的重读音节）和 got（单音节实义词）。其中，got 为该调块的最后一个重读音节，因此它是

该调块的主重读音节。另外，该调块含有一个非重读音节，即单音节语法词 it。我们将这个调块写成一个长单词的形式：ˌDa·vid·ˈgot·it。它与多音节词 education 的音节结构 ˌed·u·ˈca·tion 相同，即：

| education | ˌed·u·ˈca·tion | /ˌě-jə-ˈkā-shən/ |
| David got it. | ˌDa·vid·ˈgot·it | /ˌdā-vǐ(d)-ˈgǒ-dǐt/ |

因此，说调块"David got it"时，要像说多音节词 education 一样，作为一个整体，一口气说完。

以上例子所涉及的调块都比较简短。因此，容易找到与它们音节结构相同或相似的多音节词。但是，在很多时候，调块长于我们在字典里可以找到的多音节词。例如：

This is your new English teacher.
ˈThis-is-your ˈnew ˈEn-glish ˈTEACH-er.

以上这个句子也是一个调块，它含有四个重读音节，即 this、new、En（多音节词 ˈEn·glish 的重读音节）和 teach（多音节词 ˈteach·er 的重读音节）。其中，teach 为该调块的最后一个重读音节，因此，它是主重读音节。另外，该调块含有四个非重读音节，即 is、your、glish 和 er。我们把这个调块的音节结构写成一个长单词的形式：

ˌThis·is·your·ˌnew·ˌEn·glish·ˈteach·er.

在词典中，我们难以找到一个含有四个重读音节和四个非重读音节的多音节词与它对照。但是，它仍然要作为一个整体，像乐曲中连音线下的所有音符一样，单词与单词之间不能有任何停顿，一口气说完。我们将它标记为：

ˌThis·is·your·ˌnew·ˌEn·glish·ˈteach·er.

🔊 2. 拍一下手说一个调块

当一个调块比较简短，如含有一个或两个音步时，它容易说。但是，当一个调块比较长，如含有三个或三个以上音步时，说起来就有一定的难度。那么，怎样练习说长调块呢？

首先，我们要使用第 4 讲中所学的单词与单词之间的连读技巧，将单词与单词连读起来；其次，我们要用第 5 讲中所学的知识，说好每个音步；最后，我们要把含有几个音步的调块作为一个整体，按照它的节奏和音高曲线一口气说完。

将一个调块用一口气说完，可以使用"拍一下手"的方法进行练习。具体来讲：（1）预备：先吸一口气，同时将两手打开成手掌平行相对姿势，准备开始说话；（2）合手重击给力，呼气说该调块的第一个重读音节（重读音节的起始辅音和元音）；（3）分手停止呼气，让气息自然放松形成惯性，利用惯性说该调块剩余的部分，直到完成调块。请注意：在分手说调块的剩余部分时，要注意调块的节奏和音高曲线的变化。其中，要特别注意调块主重读音节的音高。

请看以下例句：

Help me get some water.

'Help-me 'get-some 'WA-ter.

这个调块含有三个重读音节，即 'help、'get 和 'WA。其中，wa 为主重读音节。这三个重读音节引领三个音步，即 'Help-me、'get-some 和 'WA-ter。因此，这个调块的音高曲线为：Re-Do-Re-Do-Me-Do，用台阶的形式标记为：

'Help-me 'get-some 'WA-ter.

我们用"拍一下手"的方式来练习说这个调块：

（1）预备：吸一口气，同时将两手打开成手掌平行相对姿势，准备开始说话；（2）合手重击给力，呼气说该调块的第一个重读音节 help 中的起始辅音和元音，即 'He-；（3）分手停止呼气，让气息自然放松形成惯性，利用惯性说调块剩余的部分，即 lp-me-'get-some 'WA-ter，完成调块。

再看以下例句：

The cows are eating grass in the field.

The 'cows-are 'eat-ing 'grass-in-the 'FIELD.

这个句子与前一个句子长一些，但是其语义和句法结构简单明了，也不算太长，因此也不需要断句切分，它是一个调块。我们要将这个调块看作一个整体，中间没有任何停顿，一口气说出。

这个调块含有四个重读音节，即 'cows、'eat、'grass 和 'FIELD。其中，field 为主重读音节。这四个重读音节引领四个音步，即 The 'cows-are、'eat-ing、'grass-in-the 和 'FIELD。因此，这个调块的音高曲线为：Do-Re-Do-Re-Do-Re-Do-Do-Me，用台阶的形式标记为：

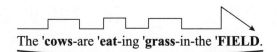

The 'cows-are 'eat-ing 'grass-in-the 'FIELD.

我们用"拍一下手"的方式来练习说这个调块：

（1）预备：这个调块以弱读音节起始，因此，我们在吸一口气，将两手打开成手掌平行相对姿势的同时，说弱起音节 The；（2）合手重击给力，呼气说该调块的第一个重读音节 cows 中的起始辅音和元音，即 'cow(s)；（3）分手停止呼吸，让气息自然放松形成惯性，利用惯性说调块剩余的部分，即 "s-are 'eat-ing 'grass-in-the 'FIELD"，完成调块。

需要指出的是，我们在讲解英语口语的节奏（第 5 讲）时，也使用了"拍一下手打一拍"的方式练习说一个音步。但是，它与此处"拍一下手"说一个调块，是两个性质不同的概念。

在第 5 讲中的"拍一下手"是用来"打拍子"的。所谓"打拍子"，它不仅标记重读音节和非重读音节，同时也用来计量说一个音步所用的时长。也就是说，"拍一下手打一拍"用来计量英语口语的节奏，表示说每个音步所用的时长大致相同，它接近于音乐中用"打拍子"标记音乐的节奏。

但是，在本小节中所使用的"拍一下手"说一个调块却没有度量时长的概念。在"拍一下手"中，合手重击为的是给力，以便形成惯性说调块剩余的部分。其中，合手只说重读音节的起始辅音和元音，因此它需要的时间很短，而分手要利用惯性说该调块剩余的所有音节直到完成该调块，不计时长。也就是说，这里使用"拍一下手"练习说一个调块与节奏没有关系。

总之，调块是口语交际的基本单位。它集语义、语调和气息于一体。因此，我们要把一个调块作为一个意义和语调整体，一口气说完。能否流利地说好调块，是能否流利地说好英语的关键所在。

综合练习

1. 填空完成下列句子。

调块是集三个特征于一体的语段。第一，调块是一个_____单位，因为它具有独立的、符合所在语境的语义；第二，调块是一个_____单位，因为它具有自己的_____，包括_____和_____；第三，调块是一个_____单位：一个调块要作为一个整体一口气说完，中间不做任何停顿。

2. 将音节结构相似的多音节词和调块连接起来。第一个是例子。

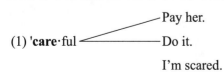

(1) 'care·ful ——— Pay her.
　　　　　　　　　 Do it.
　　　　　　 I'm scared.

(2) re'**cite**	It hurts.
	Run away.
	I see.
(3) ˌed·u·'**ca**·tion	They all said so.
	Joe's a teacher.
	Take a listen.
(4) com·ˌmu·ni·'**ca**·tion	She said she liked it.
	We won the first prize in the race.
	I fully trust her.
(5) ˌguar·an·'**tee**	Where's the bike?
	Let's take a walk.
	Hide the key.
(6) fan·'**tas**·tic	I love you.
	We found it.
	Who doesn't love it?

3. 标出每个调块中的音步及其主重读音节。第一个是例子。

(1) That's wonderful!

　　'That's 'WON-der-ful!

(2) Good morning!

　　_____

(3) It's nice to meet you.

　　_____

(4) It's nice of you to help me.

　　_____

(5) I've never been there before.

　　_____

(6) Would you mind closing the window?

　　_____

(7) Thank you very much as always.

    _____

(8) It's under the desk.

    _____

4. 为下面的调块标出音高曲线。第一个是例子。

(1) We went inside.

(2) She dances well.

(3) Please pass me the salt.

(4) I lost my bike.

(5) Don't blame others.

5. 将下面的英文歧义句切分为两个或三个调块以消除歧义，并将句子译成汉语。第一个是例子。

(1) I saw a man eating shark at the aquarium.

    a. I saw a man ‖ eating shark at the aquarium. 我看到一个人在水族馆吃鲨鱼。

    b. I saw a man eating shark ‖ at the aquarium. 我在水族馆看到一条吃人的鲨鱼。

(2) She cooked the egg in the kitchen.

    a. _____

    b. _____

(3) A woman without her man is nothing.

    a. _____

    b. _____

(4) I saw someone on the hill with a telescope.

  a. _____

  b. _____

6.3 调块的长度及其意义

  调块是我们用于口语交际的最基本的单位。对于一个调块应该有多长，没有一个绝对的标准。在口语交际中，人们使用调块的长短是有差异的，有时甚至难以明确判定哪里是调块与调块的交界之处。但是，对调块长度的基本认识，大家是有共识的。因此，使用调块的基本原则是相同的。

6.3.1 调块不能太长

  在本讲的第一小节我们讲到，在阅读时，我们会把长语段切分为较短的语段，包括把长语段切分为句子，用句号隔开；把长句子切分为子句，用逗号隔开；在长句子或长子句内部，有时也需要进行断句。我们之所以要把长的语段切分为较短的语段，是因为口语交际受到人的认知能力和生理特征的局限。

  我们理解和生成语言所使用的语段不能太长。一方面，人的记忆能力是有限度的。心理科学领域的研究成果告诉我们，大脑不容易理解没有停顿的、太长的语段。我们的短时记忆限制着我们可以理解、处理和储存的信息的长度。一般人在短时记忆中可以储存的信息是 7 ± 2 个单位[①]。因此，我们在阅读一个长语段时，会自然而然地将它切分为较短的语段，以便于理解、处理和储存信息；另一方面，受到人类生理特征的局限，我们不能以太长的语段来进行口语交际，因为我们每说一定长度的话语就需要呼吸换气。因此，我们在说话时，不可能用一个很长的语段将想要表达的思想一口气呈现给听众，而是需要停顿换气，用适合于呼吸长度的语段，即调块，将想要表达的内容逐步呈现给听众。

  实际上，即使是说一个号码，如 18015332250，我们也会把它切分成"段"，如 180-1533-2250，而不是将这个号码作为一个整体一连串说出。同时，我们对句子（包括号码）断句的边界也有基本的共识。例如，我们不会将号码 18015332250 切分为 180-15332250 这样的两段，因为这样断句所得到的后一段，即 15332250，仍然还是太长；我们也不会将它切分为 1801533-2250 这样的两段，因为这样的断句所得到的前一

[①] Miller, G. A. The magical number seven, plus or minus two: some limits on our capacity for processing information [J]. *Psychological Review*, 1956, *63*(2), 81–97.

段，即 1801533，仍然还是太长。长语段不易说，也不易理解和记忆。

6.3.2 调块不宜太短

在口语中，一方面，我们不宜使用太长的语段，因为语段太长会超过人的认知能力和生理特征的极限，从而不易于我们理解和生成语言。同时，我们也要避免使用太短的语段。这是因为，语段太短时，其语义和语法结构琐碎，给大脑处理信息带来很大的负担，同样不易于我们理解、记忆与储存信息。另外，太短的语段听起来断断续续，支离破碎，口语会失去其应有的流畅性。

我们从两个方面说明如何避免太短的调块。

首先，如果一个句子不太长，我们就要把它作为一个整体语段，即一个调块，而不要对它断句。特别需要注意的是，在一般情况下，要避免把句子切分为仅含有一个音步的调块。

请看以下例句：

It snows a lot in the winter.

以上句子虽然含有两个意群，即 It snows a lot 和 in the winter，但是这个句子很短，总共含有三个重读音节，引领三个音步，即：

It '**snows**-a '**lot**-in-the '**win**-ter.

也就是说，这个句子的语义清晰明了，语法结构简单，它不需要断句，可作为一个调块。因此，要将它作为一个整体一口气说完。如果根据意群把它切分为"It snows a lot"和"in the winter"两个调块，就会出现只含有一个音步的调块，即"in the winter"。

其次，要把书面语中用逗号或句号隔开的微小语段，如仅含有一个词或一个音步的语段，连接起来组成一个较长的语段作为一个调块一口气说出。也就是说，在书面语中用逗号或句号标记的断句之处，在口语中有可能不做断句停顿。因为在口语中，语段不宜太短。

请看以下例句：

October here is warm, sunny and dry.

Written: October here is warm, sunny and dry.

Spoken: <u>October here is warm sunny and dry.</u>

在书面语中，warm 之后有逗号标记断句，但是在口语中，这个句子却不需要断句停顿，它要作为一个调块，一口气说完。

再看以下对话：

A: How are you doing?

B: Good. Thank you, Jane.

在书面语中，B 的回应在 Good 和 Thank you 之间用句号隔开；在 Thank you 和 Jane 之间用逗号隔开，但是在口语中，B 的回应一般是不断句的，要作为一个调块一口气说出，即：

Written: Good. Thank you, Jane.

Spoken: Good thank you Jane.

同样，在以下对话中：

A: Did you see the movie last night?

B: No, I didn't.

在书面语中，B 的回应在 No 和 I didn't 之间用逗号隔开，但是在口语中，B 的回应一般是不断句的，要作为一个调块一口气说出，即：

Written: No, I didn't.

Spoken: No I didn't.

再看以下例句：

The question, however, is whether he had a chance.

在书面语中，连词 however 的前后都用逗号隔开，但是在口语中，however 往往与它前面的主语合并为一个调块，该句子的剩余部分，即系表结构谓语，作为另一个调块，即：

Written: The question, however, is whether he had a chance.

Spoken: The question however ‖ is whether he had a chance.

像这样在书面语中有标点符号标记的断句停顿之处，在口语中不断句的情况是很常见的。在以下句子中，书面语中标有逗号之处，口语中都不需要断句停顿，如表 6–1 中的句子所示：

表 6-1 书面语与口语中的调块对照

Written	Spoken
Nice to see you, Jane!	Nice to see you Jane!
Good night, Boston!	Good night Boston!
Thank you so much, everybody!	Thank you so much everybody!
Jane was born on January 28, 1997.	Jane was born on January 28 1997.
She lives in Cambridge, MA.	She lives in Cambridge MA.
I can't understand it, either.	I can't understand it either.

总之，用于口语交际的语段，它们既不宜太长也要避免太短。在口语中，我们应该以长度合适的语段将我们想要表达的思想逐步呈现给听众。在口语交际中，这个长度合适的语段就是"调块"。因此我们说，调块是口语交际的基本单位。

6.3.3 调块长，口语更流利

一般说来，对想要表达的内容越熟悉，语言能力越强，调块就越长。调块长，意味着说话时停顿次数少。因此，话语听起来就更流利，同时也可以提高语速，从而提高口语交际的效率。

我们在使用母语说自己熟悉的内容时，调块往往比较长。另外，一些特殊的人群，如脱口秀节目主持人、体育项目解说员、拍卖活动主持人等，他们的语速快，话语听起来连贯流利。其主要原因之一是，他们使用的调块长，说话过程中停顿的次数少。

请看以下例句：

It's hard to find answers, isn't it?

有人根据意群或语法结构，将这个句子分为两个调块，即"It's hard to find answers"和"isn't it"。但是，英语母语者一般不会将它断句切分为两个调块，而是用一个调块完成。也就是说，在说这句话时，他们会忽略书面语中的逗号，将用逗号隔开的两个部分连接起来，作为一个整体一口气说出，即：

It's hard to find answers isn't it?

这样说起来速度快，听起来自然、流畅。当然，这种长语段对于我们外语学习者来说，既不容易说，又不容易理解。但是，这是我们应该努力达到的目标

实际上，在口语中语速的快慢，调块的长短，与多种因素有关。例如，成人用母

语说自己所熟悉的内容时，语速就会快一些，调块就会长一些，而说自己不熟悉的内容时，语速就可能会慢一些，调块就可能会短一些；而外语学习者，由于语言水平所限，说话时语速就会慢一些，调块也倾向于短一些。又如，在新闻报道、演讲比赛中，因为事先有准备，语速就会快一些，调块就会长一些；而老师上课时，其语速就会倾向于慢一些，调块也会倾向于短一些。再如，当成年人跟小孩说话，或母语者跟学习外语的人说话时，其语速可能就会慢一些，调块可能就会短一些。

总之，人们往往会根据场合和听众的具体情况，自然而然地调整讲话的速度和使用调块的长度。

作为外语学习者，我们需要理解，调块的长短影响口语的速度及其流利性。说话时调块长停顿少，口语听起来就流利，而调块太短停顿多，口语听起来就断断续续，支离破碎。从这个意义上讲，理解和使用调块的长短，是英语口语水平高低的一个标志。一方面，为了能听懂英语母语媒体节目，与母语者进行正常交流，我们需要增强调块意识，不断向着能听懂长调块、快语速的方向努力。另一方面，在能力有限时，我们可以使用较短的调块表达自己的思想，但是，我们始终需要有意识地向着能够说长调块的方向努力。

6.3.4 短调块，表达特殊语义

一般说来，调块长时停顿少，口语听起来更自然流畅；而调块短时停顿多，口语听起来断断续续，支离破碎。但是，精心设计的短小调块也有特殊的作用。例如，政治家在演说时，在某些重要的地方，他们往往会放慢语速，使用短调块来引起听众的注意，凸显他们想要表达的语义。使用短调块凸显重要的观点，是美国前总统奥巴马演讲的一大特色。我们仍然以他在一次世界气候峰会上的发言为例：

Now bad news. We're nowhere near where we need to be yet.

虽然句子"We're nowhere near where we need to be yet."看上去有些长，但是，面对这样高水平的听众，奥巴马完全可以把它作为一个调块，以较快的语速说出来。但是，为了凸显他的观点，奥巴马说完"Now bad news"之后做了深呼吸长停顿，而后把语速放得更慢，用两个调块完成了之后的句子，即：

We're 'no'where 'NEAR ‖ 'where-we 'need-to 'be 'YET.

美国前总统林肯，在著名的葛底斯堡演讲的结束语中，除了将三个介词短语中的介词重读，使它们成为各自音步中的主重读音节，以强调其特殊的语义之外，还用短调块来凸显他的重要观点：

'And-that 'GOV-ern-ment || 'OF-the'peo-ple || 'BY-the'peo-ple || 'FOR-the 'peo-ple, ||

'shall 'NOT || 'PER-ish || from the 'EARTH.

这样一个简短的句子，林肯竟然将它切分为七个短小调块。其中，最后两个调块，即 "'PER-ish" 和 "from the 'EARTH" 都分别只含有一个音步。其他五个调块，也都只含有两个音步。通过运用短小调块并放慢语速，林肯成功地凸显了他想要传达的中心观点。

另外，使用短调块还可能出于其他方面的考虑。例如，在报道某一枪杀事件中多名小学生身亡，仅有一位男孩因为藏在一张盖有桌布的桌子下面才得以幸免时，主持人将语速放慢，使用了短调块：

That table cloth || blocked the murderer || from seeing this 9-year-old boy || under the table.

以上句子不长，但是却被切分为四个短小的调块。它表达了主持人此时此刻复杂的情感，包括对不幸者的哀悼，对幸存者侥幸生存下来的怜悯，对谋杀者的痛恨，以及对不作为的官员的谴责等。

再如，美国前第一夫人米歇尔·奥巴马到印度访问时给印度大学生做演讲。下面是她开场时寒暄用的句子：

It is a pleasure and an honor to be here in India.

如果这是面对美国大学生的演讲，这样一句大家熟悉的寒暄语，恐怕米歇尔就会用一个调块，以极快的语速来完成：

It's a pleasure and an honor to be here in India.

但是，面对神情紧张的印度大学生，她却将这句寒暄语切分为四个调块：

It is a pleasure || and an honor || to be here || in India.

将这样一个简单的寒暄语切分为多个短调块，对精神紧张的印度大学生而言起到了减轻压力，缓和气氛的作用。

最后，必须再次强调的是，在任何语境下，不管调块长还是短，它们都必须是一个语义单位，即一个有意义的语段。

请看以下例句：

Hi guys it's great to see you again right back here this Monday morning!

第6讲 调块：口语交际的基本单位

以上这个句子，是某英语老师在每周上课时跟学生的寒暄用语，该老师按照一个调块，快速地说出这句话，即：

Hi guys it's great to see you again right back here this Monday morning!

当然，老师也可以把它切分为两个、三个或四个调块，即：

Hi guys it's great to see you again right back here || this Monday morning!

Hi guys it's great to see you again || right back here || this Monday morning!

Hi guys || it's great to see you again || right back here || this Monday morning!

当该老师把该句切分为不同数量的调块时，调块的长短发生了变化，但是每个调块仍然是一个语义单位，即每个调块都是有意义的语段。无论如何也不可以把以上句子切分为以下调块：

* Hi guys it's || great to see you || again right back || here this Monday morning!

这是因为，以上这样断句的结果是，各个调块都不是该语境中具有独立语义的语段。

总之，调块是一个有意义的语段。在有些语境中，调块趋向于长一些，而在另一些语境中，调块可能会短一些。但是总的原则是：在口语中，调块不宜太长，但也要避免太短。

综合练习

1. 根据要求，把下列七言绝句《望庐山瀑布》中的每个诗句切分为适当的调块。调块与调块之间用"||"隔开。

日照香炉生紫烟，
遥看瀑布挂前川。
飞流直下三千尺，
疑是银河落九天。

（1）为儿童朗诵时：

日照香炉生紫烟，
遥看瀑布挂前川。
飞流直下三千尺，
疑是银河落九天。

（2）为成人朗诵时：

日照香炉生紫烟，
遥看瀑布挂前川。
飞流直下三千尺，
疑是银河落九天。

2. 将下列莎士比亚的著名诗句切分为适当的调块。调块与调块之间用"||"隔开。

(1) Shall I compare thee to a summer's day?　（注释：thee = you）

Thou art more lovely and more temperate.　（注释：thou art = you are）

(2) So long as man can live and eyes can see,

So long lives this, and this gives life to thee.

3. 试用长调块和短调块的方式朗读林肯的经典名句，体会其不同特点。

(1) 'And-that 'GOV-ern-ment || 'OF-the 'peo-ple || 'BY-the 'peo-ple || 'FOR-the 'peo-ple, || 'shall 'NOT || 'PER-ish || from the 'EARTH.

(2) 'And-that 'gov-ern-ment 'OF-the 'peo-ple 'BY-the 'peo-ple 'FOR-the 'peo-ple || 'shall 'not 'per-ish-from-the 'EARTH.

4. 用长调块和短调块的方式将下列句子切分为调块，调块与调块之间用"||"隔开。然后朗读并体会其不同特点。第一个是例子。

(1) Your service to the community is once again greatly appreciated.

  a. Your service to the community || is once again greatly appreciated.

  b. Your service to the community || is once again || greatly appreciated.

(2) Hi guys thank you very much for being with me today.

  a. _____

  b. _____

(3) Let's call it a day guys I'll be looking forward to seeing you next week.

  a. _____

  b. _____

6.4 调块的切分与语法结构

正如前文所讲，在口语中，调块不宜太长，也要避免太短。一个句子的长度合适时，它本身就是一个调块；当一个句子太长时，就需要把它切分为较短的调块；当句子太短时，就需要将它们合并为一个调块。另外，使用长调块还是短调块受到多种因素的影响，如说话的对象、内容的难易程度、说话者的特殊目的、语言能力以及个人的说话习惯等。因此，不同的说话者或同一个说话者，在不同的语境中，他们所使用的调块的长短可能会有所不同。例如，在特殊语境下，当我们想特别强调某个意义时，我们可以把任何一个音步切分出来作为一个独立的调块。

但是，在通常语境中，人们切分调块会遵循一个总的规律，这是我们断句和使用调块的基础。具体来说，调块的切分以语义为基础，基本上与句子的语法结构成分相对应。例如，如果一个句子的主语太长，我们就会把这个长主语（包括它的修饰语）作为一个调块，而句子的剩余部分（即谓语）作为另一个调块；如果这个谓语部分也太长的话，我们就会对这个谓语做进一步断句。因此，在多数情况下，我们都是以语义为依据，以语法结构为线索进行断句，从而得到构成句子的调块。

在英语中，按照结构，句子可以分为三大类，即简单句、并列句和复合句。

下面我们分别讲解简单句、并列句和复合句三类句子的断句与调块。

6.4.1 简单句与调块

简单句指的是只含有一个主谓结构的句子。其中，主语可以是单一主语或并列主语；谓语也可以是单一谓语或并列谓语。例如：

[1] I agree.

[2] Diana and Kathy both like apples.

[3] Kathy reads and writes with great interest.

[4] Diana and Kathy read and write with great interest.

在以上句子中，句 [1] 为单一主语和单一谓语的简单句；句 [2] 为并列主语和单一谓语的简单句；句 [3] 为单一主语和并列谓语的简单句；句 [4] 为并列主语和并列谓语的简单句。

简单句有长有短。简短的简单句为一个调块，长的简单句要根据具体情况进行断句切分。

1. 简短的简单句为一个调块

当一个简单句简短时，它就是一个调块，不需要断句切分，我们把它称为简短的简单句调块。简短的简单句调块要作为一个整体，用一个连续的语调一口气说出，中间不做任何停顿。例如：

She sings well.

She 'sings 'WELL.

以上句子简短，它是由单一主语和单一谓语构成的简单句，其语义和语法结构简单，不需要断句切分，它是一个简短的简单句调块。它要作为一个整体，用一个连续的语调一口气说出，中间不做任何停顿。

Please pass me the book.
'**Please** '**pass**-me-the '**BOOK**.

以上句子是个简短的祈使句，它语义和语法结构简单明了，不需要断句切分，它也是一个简短的简单句调块，它也要作为一个整体，用一个连续的语调一口气说出，中间不做任何停顿。

2. 长的简单句的断句切分

- 长主语调块和谓语调块

对于一个长的简单句来说，我们首先看其主语是否长。如果句子的主语含有两个或两个以上重读音节，即两个或两个以上音步时，这个主语一般被视为长主语。长主语通常被单独切分为一个调块，即长主语调块。当句子的主语为长主语调块时，断句发生在主语和谓语的交界处。这时，长主语为一个调块，句子的剩余部分，即谓语部分，为另一个调块，即谓语调块。

请看以下例句：

My noisy upstairs neighbors almost drive me crazy.
My '**noisy** ˌup'**stairs** '**NEIGH**-bors ‖ 'al-most '**drive**-me '**CRA**-zy.

在以上句子中，主语是一个名词性词组，即"My noisy upstairs neighbors"，它由中心名词 neighbors 及其修饰语 my、noisy 和 upstairs 结合而成。该名词性词组含有四个重读音节，即 '**nois**、ˌup、'**stairs** 和 '**neigh**，这四个重读音节引领四个音步，即 My '**noisy**、ˌup、'**stairs** 和 '**neigh**-bors。因此，这个句子的主语为长主语。这时，在句子的主语和谓语交界处断句把句子切分为两个调块，即长主语调块 "My noisy upstairs neighbors" 和谓语调块 "almost drive me crazy"。这两个调块，分别要用一个连续的语调一口气说出，中间不做任何停顿[①]。

在以上例句中，长主语调块是由中心名词与其修饰语结合而成的。中心名词可以与多种形式的修饰语结合构成长主语调块，如以下例句所示：

The suc'**cess**-of-the '**PLAN** ‖ depends on you.

---

① 关于调块与调块之间的连接，我们将在下一讲中讲解。在本讲中，我们讲解怎样说好一个调块，以及怎样将句子切分为调块。

'Rooms-that 'face 'SOUTH ‖ enjoy tons of natural light.

The 'per-son 'wear-ing-a 'black 'DRESS ‖ is my next-door neighbor.

The 'fact-that-it 'didn't-re'quire-an-im'me-di-ate 'AN-swer ‖ gave me more time to consider.

以上四个句子都含有一个长主语调块，这些长主语调块都是由中心名词与不同形式的修饰语（即后置介词短语、定语从句、动词的现在分词短语和同位语从句）分别结合而成。这些长主语调块，每个都含有两个或两个以上重读音节，即两个或两个以上音步，它们之后的剩余部分为谓语调块。

另外，长主语调块也可以有其他形式。例如，当简单句的主语为并列主语，含有两个或两个以上重读音节引领两个或两个以上音步时，其主语也同样被视为长主语。这时，这个长主语为长主语调块，句子的剩余部分为谓语调块。

请看以下例句：

Jennifer and her sister work in the same company.

'Jen-ni-fer-and-her 'SIS-ter ‖ 'work-in-the 'same 'COM-pa-ny.

以上简单句的主语 Jennifer and her sister 为并列主语，它含有两个重读音节，即 'Jen 和 'sis。这两个重读音节引领两个音步，即 'Jen-ni-fer-and-her 和 'SIS-ter，因此，这个句子的主语为长主语调块。该句子在主语和谓语的交界处切分为两个调块，即长主语调块 "'Jen-ni-fer-and-her 'SIS-ter" 和谓语调块 "'work-in-the 'same 'COM-pa-ny"。这两个调块，分别用一个连续的语调一口气说出，中间不做任何停顿。

需要指出的是，当作为主语的名词词组只含有一个重读音节，即一个音步时，这个名词词组一般不算作长主语调块。例如，the teacher 和 my parents 等都是名词词组，但是它们都只含有一个重读音节，即一个音步，因此，它们一般都不单独作为一个调块。也就是说，长主语调块一般含有两个或两个以上音步。试比较以下两个句子：

[5] 'Jen-ni-fer-and-her 'SIS-ter ‖ 'work-in-the 'same 'COM-pa-ny.

[6] Her 'sis-ter 'work-in-the 'same 'COM-pa-ny.

在句 [5] 中，主语 "Jennifer and her sister" 是一个名词词组，它含有两个重读音节，即 'Jen 和 'SIS，它们引领两个音步，即 "'Jen-ni-fer-and-her" 和 "'SIS-ter"，因此，它为长主语调块；在句 [6] 中，主语 "Her sister" 也是一个名词词组，但是它只含有一个重读音节，即 'sis，引导一个音步，即 "Her 'sis-ter"。因此，它不作为一个单独的调块。

总之，当句子的主语含有两个或两个以上重读音节，引领两个或两个以上音步时，该主语一般被切分为一个单独的调块，即长主语调块。这时，谓语为句子的另一个调块，即谓语调块。

- **主谓宾 / 主系表调块与状语调块**

当主语不是长主语，即不是独立调块时，主谓宾经常结合构成一个调块，而句子的状语部分为另一个调块。

请看以下例句：

Animals change their behavior to suit the weather.

'An-i-mals 'change-their-be'HA-vior ‖ to 'suit-the 'WEATH-er.

在以上句子中，充当主语的是一个名词，即 animals，它不是长主语，因此，它与谓语动词及其宾语结合构成的语段 "Animals change their behavior" 作为一个调块，即主谓宾调块。这个主谓宾调块含有三个重读音节，引领三个音步，即 'An-i-mals、'change-their-be 和 'HA-vior。这时，句子的剩余部分，即动词不定式短语 "to suit the weather" 充当句子中的目的状语，为另一个调块，即状语调块。

再看以下例句：

Leaves start falling from many types of trees.

'Leaves 'start 'FALL-ing ‖ from 'man-y 'types-of 'TREES.

在以上句子中，主语 Leaves 不是长主语，因此，它与谓语动词 start 及其宾语 falling 构成主谓宾调块，即 "Leaves start falling"；句子的剩余部分，即介词短语 "from many types of trees" 充当状语，是句子的另一个调块，即状语调块。

主系表结构与主谓宾结构相近。其中，主系表结构常常为一个调块，之后的状语为另一个调块。

请看以下例句：

Today is the day of the year with the shortest period of daylight.

To'day-is-the 'day-of-the 'YEAR ‖ with the 'short-est 'pe-ri-od-of 'DAY ˌlight.

在以上句子中，主系表结构 "Today is the day of the year" 为句子的第一个调块，句子的剩余部分，即介词短语 "with the shortest period of daylight"，充当伴随状语，为句子的第二个调块。

需要指出的是，当副词短语，如 last week、in my opinion、before I forget、by the way、as a reminder、as of today、on the one hand、on the other hand、in conclusion 等位于句首作为前置状语时，在书面语中，它之后一般都用逗号与句子的主要成分隔开。

在口语中，无论它是几个音步，它都倾向于被单独作为一个调块，即前置状语调块。

请看以下例句：

As of today, nobody has seen it.

'As-of-to'**DAY** ‖ '**no**-bod-y-has '**SEEN**-it.

在以上句子中，介词短语"As of today"为前置时间状语，虽然只含有一个重读音节，引领一个音步，即 'As-of-to 和 '**DAY**，但是它被作为一个独立的调块，即状语调块；句子的剩余部分，即"nobody has seen it"，是句子的主谓宾部分，是句子的另一个调块，即主谓宾调块。

再看以下例句：

In conclusion, walking is a safe and enjoyable form of exercise.

In con'**CLU**-sion, ‖ '**walk**-ing-is-a '**safe**-and-en'**joy**-a-ble '**form**-of '**EX**-er-cise.

在以上句子中，介词短语"in conclusion"为前置状语，它虽然只含有一个重读音节，引领一个音步，但是它也倾向于作为一个单独的调块，即状语调块；句子的剩余部分为另一个调块。

当前置状语为一个副词时，它既可以作为一个独立的调块，也可以与后面句子的主干部分结合为一个调块：

请看以下例句：

Luckily, I got the chance.

[a] '**LUCK**-i-ly ‖ I '**got**-the '**CHANCE**.

[b] '**Luck**-i-ly-I '**got**-the '**CHANCE**.

在以上例句中，句 [a] 中的前置状语 luckily，虽然为一个副词，只含有一个重读音节，引领一个音步，但是它被作为一个单独的调块，即状语调块；而在句 [b] 中，这个副词前置状语却与之后句子的主干部分一起构成一个调块。这两种断句的方式都是常见的。

6.4.2 并列句与调块

并列句指的是含有两个或两个以上主谓结构的句子，每个主谓结构为一个分句，分句与分句之间用连词连接起来，或用分号隔开。常见的并列连词包括 and、but、or、nor、for、so、yet、either... or...、not only... but also...、on the one hand、on the other (hand) 等。例如：

[1] I like the dress, and Kathy likes it too.

[2] I like coffee, but I don't like tea.

[3] John went to the meeting, but he felt sick, so he went home.

句 [1] 和句 [2] 分别是由连词 and 和 but 连接两个分句的并列句；句 [3] 含有三个分句，由连词 but 和 so 连接。

并列句有长有短。简短的并列句为一个调块，长的并列句要根据具体情况进行断句切分。

1. 简短的并列句为一个调块

当一个并列句简短时，这两个分句在口语中不需要断句切分，我们把它称为"简短的并列句调块"。像简短的简单句调块一样，简短的并列句调块要作为一个整体，用一个连续的语调一口气说出，中间不做任何停顿。

请看以下例句：

It was cold, so we went inside.

It was **'cold**-so-we **'went-in'SIDE**.

以上句子是由连词 so 连接的并列句，它含有两个分句，即"It was cold"和"we went inside"。其中，第一个分句简短，因为只含有一个重读音节，引领一个音步 **'cold**。因此，在这个分句之后，虽然书面语中用逗号隔开，但是在口语中无须在此处断句，而是将这两个分句合为一个调块，构成简短的并列句调块。这个简短的并列句调块要作为一个整体，用一个连续的语调一口气说出，中间不做任何停顿。

再看以下例句：

Be quiet and listen.

'Be 'quiet-and **'LIS-ten**.

以上句子是由连词 and 连接的并列句，它含有两个分句，即"Be quiet"和"listen"。这两个分句都是祈使句，都很简短。因此，这个并列句为一个调块，即简短的并列句调块，它要作为一个整体一口气说完，中间不做任何停顿。

2. 长的并列句及其调块

当并列句较长时，一般在连词之前断句，即并列句的两个分句分别为一个调块，我们称之为"并列调块"。其中，引导第二个并列调块的连词一般不重读。这两个并列调块，分别作为一个整体一口气说完，中间不做任何停顿。

请看以下例句：

She wants to lose weight, but she eats chocolate daily.

She 'wants-to 'lose 'WEIGHT ‖ but she 'eats 'choc-o-late 'DAI-ly.

以上句子是由连词 but 连接的两个并列句，它含有两个分句，即"She wants to lose weight"和"she eats chocolate daily"。这两个分句都比较长，它们分别都含有三个重读音节，引领三个音步。因此，以这个并列句的逗号处（即连词之前）为断句的边界，将这个并列句切分为两个并列调块。这两个并列调块要分别作为一个整体一口气说完，中间不做任何停顿。

再看以下例句：

I went to the shop, but I forgot my wallet, so I went back home.

I 'went-to-the 'SHOP, ‖ but I for'got-my 'WAL-let, ‖ so I 'went 'back 'HOME.

以上并列句含有三个分句，即"I went to the shop""I forgot my wallet"和"I went back home"。其中，前两个分句由连词 but 连接，后两个分句由连词 so 连接。这三个分句都分别含有两个或两个以上音步。因此，将这个并列句切分为三个并列调块，断句的边界处为各个连词之前。这三个并列调块，分别要作为一个整体一口气说出。

6.4.3 复合句与调块

复合句指的是由一个主句和一个或一个以上从句构成的句子。根据从句在复合句中所起的作用，即相当于形容词、副词和名词，从句分为形容词性从句、副词性从句和名词性从句。

像简单句和并列句一样，简短的复合句也是一个单独的调块，长的复合句需要根据具体情况进行断句切分。

1. 简短的复合句为一个调块

像简单句和并列句一样，如果一个复合句简短，那么这个复合句不需要断句切分，它是一个简短的复合句调块。这时，要将它作为一个整体一口气说完，中间不做任何停顿。

请看以下例句：

Ask anyone you meet.

'Ask 'any-one-you 'MEET.

以上句子为复合句。其中，"Ask anyone"为主句，"you meet"为省略了引导词 that 的定语从句。这个定语从句只含有一个重读音节，引领一个音步，因此，它要与主句结合构成一个调块，即简短的复合句调块。该简短的复合句调块共含有三个重读音节，即 'Ask、'any 和 'MEET。这三个重读音节引领三个音步，即 'Ask、'an-y-one-you 和 'MEET。这个简短的复合句调块要作为一个整体一口气说完，中间不做任何停顿。

再看以下例句：

I'll call you when I'm back home.

I'll '**call**-you-when-I'm '**back** '**HOME**.

以上句子为复合句。其中，"I'll call you"为主句，"when I'm back home"为时间状语从句。这个复合句中的主句只含有一个重读音节，引领一个音步，因此，它与时间状语从句结合构成一个调块，即简短的复合句调块。

再看以下例句：

I heard that you're sick.

I '**heard**-that-you're '**SICK**.

以上句子是一个复合句。其中，"I heard"为主句，"that you're sick"为宾语从句。这个复合句简短，其主句和从句分别只含有一个音步，因此它不需要断句切分，为一个调块，即简短的复合句调块。

再看以下例句：

I don't drive anywhere that I go.

I '**don't** '**drive** '**any**ˌwhere-that-I '**GO**.

以上句子为复合句。其中，定语从句"that I go"简短，它只含有一个重读音节，引领一个音步，即 'GO。这时，就要将它并入主句构成一个调块，即简短的复合句调块。这个简短的复合句调块要一口气说出，中间不做任何停顿。

2. 长的复合句的断句切分

● 主句和从句分别为不同的调块

当复合句的主句和从句都比较长时，往往将复合句断句切分为两个调块，即主句调块和从句调块。这时，断句多以主句的末尾与从句的引导词之间为分界处，即从句的引导词一般属于从句调块。

请看以下例句：

We talked about things that she can't talk about with anybody else.

We '**talked**-a'**bout** '**THINGS** ‖ that she '**can't** '**talk**-a'**bout**-with '**any**-body '**ELSE**.

以上句子是个复合句。其中，"We talked about things"为主句，"that she can't talk about with anybody else"为定语从句，修饰主句中的名词things。主句和定语从句都比较长，它们分别含有三个和五个重读音节，引领三个和五个音步。因此，我们就在主句和定语从句之间断句，把这个复合句切分为主句调块和定语从句调块。断句切分的交界处在主句"We talked about things"和定语从句的引导词that之间。

现在再来看一个著名的复合句"This is the cat that caught the mouse that stole the cheese."的断句切分：

This is the cat that caught the mouse that stole the cheese.
'This-is-the 'CAT ‖ that 'caught-the 'MOUSE ‖ that 'stole-the 'CHEESE.

以上复合句的主句为"This is the cat"，它含有两个音步；之后有一个定语从句，即"that caught the mouse that stole the cheese"，用来修饰主句中的名词cat；这个定语从句内还含有一个定语从句，即"that stole the cheese"，用来修饰前一个定语从句中的名词mouse。这两个定语从句各自含有两个音步。因此，这个含有两个定语从句的复合句，分别在两个定语从句的引导词that之前断句，构成主句调块"This is the cat"和两个定语从句调块，即"that caught the mouse"和"that stole the cheese"。

- 从句与主句的某一成分结合构成一个调块

很多时候，从句与主句的某一成分结合构成一个调块。例如，在以下复合句中，定语从句与主句的中心词结合构成长主语调块，做复合句的主语：

The house that I shared with a friend was small but comfortable.
The 'house-that-I 'shared-with-a 'FRIEND ‖ was 'small-but 'COM-for-ta-ble.

在以上句子中，"The house was small but comfortable"为主句；"that I shared with a friend"是定语从句，修饰主句的主语house。这时，定语从句"that I shared with a friend"与主句中做主语的名词词组"The house"结合构成长主语调块，即该复合句被切分为两个调块：长主语调块和谓语调块。这两个调块要分别作为一个整体说出，中间不做任何停顿。

再如，在以下复合句中，定语从句与主句的时间状语结合构成一个调块，做复合句的时间状语：

No one said a word at the time when he got angry.
'No 'one 'said-a 'WORD ‖ at the 'time-when-he 'got 'AN-gry.

在以上复合句中，"No one said a word at the time"为主句；"when he got angry"

为定语从句，修饰主句中介词词组 at the time 中的名词 time，二者结合构成一个调块。也就是说，我们将这个复合句切分为两个调块，即"No one said a word"和"at the time when he got angry"。这两个调块分别要作为一个整体一口气说完，中间不做任何停顿。

当复合句中的主句简短，而从句很长时，主句与从句的一部分构成一个调块，从句的剩余部分为另一个调块，我们称之为"短主句与部分从句调块"。

请看以下例句：

He said he'd call me back immediately when he got home.

He 'said-he'd 'call-me 'BACK ‖ im'me-di-ate-ly-when-he 'got 'HOME.

以上复合句含有三个主谓结构。其中，"He said"为主句；"he'd call me back immediately when he got home"为宾语从句。但是主句简短，于是它与宾语从句结合为一个调块，即在主句与宾语从句之间不需要进行断句切分；而宾语从句中又有一个主句"he'd call me back immediately"和一个时间状语从句"when he got home"。该时间状语从句"when he got home"与宾语从句中主句的时间状语，即副词 immediately，结合构成另一个调块，即"immediately when he got home"。因此，该复合句被切分为两个调块，即"He said he'd call me back"和"immediately when he got home"。

再看以下例句：

She told me that she admired him for his energy and critical thinking.

She 'told-me-that-she-ad'MIRED-him ‖ for his 'en-er-gy-and 'crit-i-cal 'THINK-ing.

以上复合句含有一个主句和一个宾语从句。其中，主句"She told me"简短，因为它只含有一个重读音节 told，引领一个音步，因此它不作为一个独立的调块。同时，由 that 引导的宾语从句比较长，其语义和语法结构比较复杂。因此，将短主句"She told me"与宾语从句的一部分，即其主谓语"that she admired him"结合构成一个调块"She told me that she admired him"，即"短主句与部分从句调块"；宾语从句剩余的部分，即介词短语"for his energy and critical thinking"作为原因状语，为另一个调块。

6.4.4 调块切分与语法词的归属

无论是简单句、并列句还是复合句，一般来说，处于断句交界处的语法词，如冠词、介词和连词等，归属于该语法词之后的调块。但是，当说话者由于某种原因产生迟疑，或者出于个人说话的习惯等原因，语法词也常常被切分到前一个调块。毕竟，语法词不承载实际意义，在句子中为非重读音节。因此，把它们归属于前一个调块作为该调块最后一个音步的非重读音节，或把它归属于后一个调块作为该调块第一个音步的"弱起音节"，不会引起语义上的差别。

请看以下例句：

He said he'd come, but he isn't here yet.

以上句子是个并列句，它的两个分句由连接词 but 连接。其中，前一个分句是一个复合句，即"He said he'd come"，后一个分句是简单句"he isn't here yet"，它们分别含有两个和三个音步，因此，这两个分句分别为一个调块。在通常情况下，位于这两个分句之间的连词 but 归属于后一个分句调块，如句 [1a] 所示：

[1a] He 'said-he'd 'COME ‖ but he 'isn't 'here 'YET.

但是，如果说话者为了表达某种情感，如无奈的情绪，这里的 but 也可以归属于前一个分句调块，如句 [1b] 所示：

[1b] He 'said-he'd 'COME-but ‖ he 'isn't 'here 'YET.

再看以下例句：

Jane finally decided to stay at home to work on the paper.

以上句子是个简单句，它比较长。我们可以将它切分为"主谓宾调块 + 状语调块"，即"Jane finally decided to stay at home"和"to work on the paper"，如句 [2a] 所示：

[2a] 'Jane 'fi-nal-ly-de'cid-ed-to 'stay-at 'HOME ‖ to 'work-on-the 'PA-per.

但是，由于说话者的习惯或者气息处理等原因，引导动词不定式短语的语法词 to 也可能被切分到前一个调块，如句 [2b] 所示：

[2b] 'Jane 'fi-nal-ly-de'cid-ed-to 'stay-at 'HOME-to ‖ 'work-on-the 'PA-per.

再看以下例句：

It was hard to imagine that she forgot me so quickly.

以上句子比较长，它可以被断句切分为两个调块。其中，"It was hard to imagine"是由形式主语 it 引导的主系表结构，为第一个调块；"that she forgot me so quickly"是名词从句做句子的真正主语，为另一个调块，如句 [3a] 所示：

[3a] It was 'hard-to-i'MAG-ine || that she for'got-me-so 'QUICK-ly.

但是，也有人可能会把引导名词从句的语法词 that 归属到前一个调块，如句 [3b] 所示：

[3b] It was 'hard-to-i'MAG-ine-that || she for'got-me-so 'QUICK-ly.

1. 朗读句子，并判断调块类型。第一个是例子。

> A. 简短的简单句调块　　　　　B. 长主语调块＋谓语调块
> C. 主谓宾调块＋状语调块　　　D. 主系表调块＋状语调块
> E. 主句调块＋从句调块　　　　F. 并列调块

(A) (1) Good afternoon, everyone!
(　) (2) Let's take a walk after class.
(　) (3) The store is open twenty-four seven.
(　) (4) Let's hurry up || or we'll be late.
(　) (5) I love you very dearly || because you are my friend.
(　) (6) If you decided to go back || we would all go together.
(　) (7) A season is a period of the year || that is distinguished by special climate conditions.
(　) (8) The four seasons of the year || follow one another regularly.
(　) (9) Winter begins on December 21 or 22.
(　) (10) June 20 or 21 || has the most daylight of any day in the year.
(　) (11) Seasons have an enormous influence || on vegetation and plant growth.
(　) (12) Winter typically has cold weather || little daylight || and limited plant growth.

2. 朗读句子，把它们断句切分为合适的调块，并写出调块类型。第一个是例子。

(1) Temperatures drop || and many trees lose their leaves. (并列调块)

(2) Summer is the warmest time of the year and has the most daylight, so plants grow quickly.

(3) The first thing you should do is see your doctor.

(4) Participating in physical activities you enjoy can help boost your energy levels.

(5) I don't like apples, but I like bananas.

(6) You will face many defeats in life, but never let yourself be defeated.

(7) Feeling tired all the time can be a sign of a mental health issue.

(8) You can't leave the classroom until you hear the bell ring.

(9) It doesn't matter how slowly you go as long as you don't stop.

(10) You can't have your cake and eat it too.

3. 根据要求完成任务。

(1) 写出两个含有简短的简单句调块的句子：
    a. _____
    b. _____

(2) 写出两个含有长主语调块+谓语调块的句子：
    a. _____
    b. _____

(3) 写出两个含有主谓宾调块+状语调块的句子：
    a. _____
    b. _____

(4) 写出两个含有并列调块的句子：
    a. _____
    b. _____

(5) 写出两个含有主句调块+从句调块的句子：
    a. _____
    b. _____

第 7 讲
英语口语：从调块到语篇

7.1 从调块到语篇

口语的语篇是即时的、动态的，表现为一个接着一个的连续语段。这一个接着一个的连续语段就是我们在第 6 讲所讲的"调块"。

一个调块是一个连续的、不间断的整体，而两个相邻的调块之间伴有长短不等的呼吸与停顿。调块与调块之间以线性的方式结合向前推进，就构成了口语的语篇，即我们想要说的话。因此，说英语就是以调块为单位，一个调块接着一个调块地说，在调块与调块之间有长短不等的呼吸与停顿。

我们知道，在书面语篇中，句子与句子、子句与子句之间用不同的标点符号隔开，而在口语语篇中，调块与调块之间用长短不等的呼吸和停顿隔开。为了讲解上的方便，我们把调块分为三类：句子调块、子句调块和句内调块。相邻的两个句子调块之间用句号隔开；相邻的两个子句调块之间用逗号隔开；相邻的两个句内调块之间用"||"隔开。

请看以下例句：

I don't understand || why he left angrily. Nobody said anything offensive.

以上口语语篇含有两个句子。其中，第一个句子切分为两个调块，这两个调块构成两个句内调块相邻，它们之间用"||"隔开；第二个句子简短，不需要断句切分，为一个句子调块。这个句子调块与前两个句内调块结合所构成的句子调块之间为两个句子调块相邻，它们之间用句号隔开。

再看以下例句：

I think I know the answer, but I can't think of it right now. Would you just give me a minute please?

以上口语语篇含有两个句子。其中，第一个句子含有两个子句。这两个子句简短，不需要断句，它们是两个子句调块。这两个子句调块构成两个子句调块相邻，它们之间用逗号隔开。第二个句子简短，不需要断句，它是一个句子调块。这个句子调块与前两个子句调块结合所构成的句子调块之间为两个句子调块相邻，它们之间用句号隔开。

再看以下例句：

If Peter Piper ‖ picked a peck of pickled peppers, where's the peck of pickled peppers ‖ Peter Piper picked?

以上口语语篇含有一个句子，这个句子含有两个子句。前一个子句和后一个子句分别切分为两个句内调块，分别构成两个句内调块相邻，它们之间分别用"‖"隔开；前两个句内调块结合所构成的子句调块与后两个句内调块结合所构成的子句调块之间为两个子句调块相邻，它们之间用逗号隔开。

最后，我们再以王勃的五言律诗《送杜少府之任蜀州》的后半阕为例，体会口语语篇的调块结构：

海内‖存知己，天涯‖若比邻。无为‖在歧路，儿女‖共沾巾。

在以上五言律诗中，每句诗中有一处用"‖"隔开，它们分别为两个句内调块相邻；第一句和第二句之间、第三句和第四句之间分别为两个子句调块相邻，它们之间分别用逗号隔开；前两句和后两句之间为两个句子调块相邻，它们之间用句号隔开。

综合练习

1. 填空完成句子。

调块是用于口语交际的最基本单位。我们把调块分为三类，即＿＿＿＿＿、＿＿＿＿＿和＿＿＿＿＿。其中相邻的两个句子调块之间用＿＿＿＿＿隔开作为标记；相邻的两个子句调块之用＿＿＿＿＿隔开作为标记；相邻的两个句内调块之间，用＿＿＿＿＿隔开作为标记。

2. 朗读下列语篇，将代表调块类型的大写字母填写在相应的括号中。第一个是例子。

A. 相邻句子调块　　　B. 相邻子句调块　　　C. 相邻句内调块

（1）月光如流水一般，静静地泻在‖这一片叶子和花上。薄薄的青雾‖浮起在荷塘
　　　　　　　　　　　（B）　　（　）　　　　　（　）　　（　）
里。叶子和花‖仿佛在牛乳中‖洗过一样；又像笼着轻纱的梦。（《荷塘月色》朱自清）
（　）　（　）　　　　（　）　（　）

（2）立秋了，尽管闰六月，此刻还在伏天，关了门窗的屋里‖依然闷热，但秋的
　　　　（　）　　　（　）　　　　　　　（　）　　　　　（　）
况味‖已分明，一日强过一日的分明。(《一枕新凉一扇风》杨秀云）
（　）（　）

（3）Some of the most successful people in the world ‖ are the ones who had the most failures.
　　　　　　　　　　　　　　　　　　　　　　　　　　　（　）

（4）These people succeeded ‖ because they understood ‖ that you can't let your failures
　　　　　　　　　　　　（　）　　　　　　　　　（　）
define you. You have to let your failures teach you. You have to let them show you ‖ what to do
　（　）　　　　　　　　　　　　　　（　）　　　　　　　　　　　　（　）
differently next time.

7.2 调块与调块之间的呼吸模式

呼吸是人最自然而然的、从不间断的行为。我们都知道，气息对唱歌很重要。如果问歌唱家："唱歌最重要的技巧是什么？"，歌唱家十有八九会说："气息"。气息对说话也同样重要。当我们说自己的母语时，我们会随着说话自然而然地呼吸。但是在学习说外语时，理解说话与呼吸模式之间的关系却是需要训练的。一旦掌握，于我们提高口语水平则大有裨益。

在说话时，相邻句子调块之间、相邻子句调块之间和相邻句内调块之间，其呼吸与停顿的模式是不同的。其中，相邻句子调块之间和相邻子句调块之间需要换气，其呼吸与停顿的模式为"吸气+显性停顿"，而相邻句内调块之间不换气，其呼吸与停顿的模式为"气息重置+隐性停顿"。

下面，我们分别讲解这两种不同的呼吸与停顿模式。

7.2.1 吸气+显性停顿

相邻句子调块之间和相邻子句调块之间的气息与停顿模式在本质上是一样的，即换气，做"吸气+显性停顿"。相邻句子调块之间的换气为"长吸气+长停顿"；相邻子句调块之间的换气为"短吸气+短停顿"。

我们在说话或唱歌时的呼吸方式与自然呼吸的方式有所不同：自然呼吸是均匀的。我们通常是自然而然地、慢慢地吸气，而后自然而然地、慢慢地呼气完成一个呼吸循环。其中，吸气所用时间比呼气所用时间稍微短一些。但是，我们在说话或唱歌时，呼吸的模式是随着说话或唱歌的节奏而变化的：在开始说话或唱歌前，我们往往会快速地

深吸一口气，而后随着说话或唱歌的节奏而逐渐呼气。到一个子句或一个句子结束时，呼气也随之结束而产生停顿，这时就完成了一个"吸气 - 呼气 - 停顿"的循环。然后新的一句话或一句歌词开始，也就随之开始了新一轮"吸气 - 呼气 - 停顿"的循环。

我们用孟浩然的五言绝句《春晓》为例，来体会相邻句子调块之间和相邻子句调块之间的呼吸模式，即气息与停顿之间的关系。

春眠不觉晓，处处闻啼鸟。夜来风雨声，花落知多少。

在这首诗中，前两句与后两句之间用句号隔开，它们为两个句子调块相邻；这两个句子调块分别含有两个子句调块，即第一句和第二句之间用逗号隔开，它们之间为两个子句调块相邻；第三句和第四句之间也用逗号隔开，它们之间也为两个子句调块相邻。

现在我们来看朗诵这首诗时所用的呼吸模式。语音学家用呼吸带做过实验发现，我们在朗诵五言绝句时，基本采用的是"一大带一小"的呼吸模式：在朗读开始前，以及句子与句子之间，即诗中第一个句号标记处，我们用的都是"大呼吸"，即深深吸一口气，同时伴有长停顿；在子句与子句之间，即诗中逗号标记处，用的是"小呼吸"，即自然地吸一口气，同时伴有较短停顿。请看孟浩然《春晓》的腹呼吸示意图①（如图 7–1）：

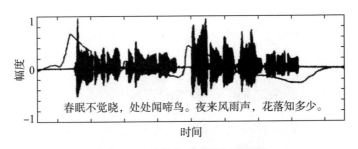

图 7–1　五言绝句《春晓》腹吸图

从以上五言绝句的呼吸示意图可以看出：在朗读第一个句子调块时用的是"一大带一小"的呼吸模式：在朗读开始前做"大呼吸"，即深深地吸一口气；在第一个句子调块所含的两个子句调块之间，即诗中的第一个逗号处，做"小呼吸"，即自然地吸一口气。这就是"一大带一小"的呼吸模式。同样，在朗读第二个句子调块时用的也是"一大带一小"的呼吸模式：在第二个句子调块前，即诗中的第一个句号处，做"大呼吸"，即深深地吸一口气；在第二个句子调块所含的两个子句调块之间，即诗中的第二个逗号处，做"小呼吸"，即自然地吸一口气。

---

① 孔江平.《实验语音学基础教程》[M]. 北京：北京大学出版社. 2015：140.

也就是说，每当我们说一个句子调块前，或两个句子调块之间，我们就做"大呼吸"深深地吸一口气，深吸气必然引起长停顿；在两个子句调块之间，我们就做"小呼吸"自然吸气，小呼吸引起的停顿自然相对短暂。因此，相邻句子调块和相邻子句调块之间都要换气，其气息与停顿模式为"吸气 + 显性停顿"。其中，相邻句子调块之间长吸气伴随着长停顿；相邻子句调块之间短吸气伴随着短停顿。

7.2.2 气息重置 + 隐性停顿

在口语语篇中，除了句子调块和子句调块之外，还有句内调块，即对长句子调块或长子句调块做进一步断句所得到的语段。相邻句内调块之间的呼吸模式与相邻句子调块或相邻子句调块之间的呼吸模式不同。因为在相邻的两个句内调块之间不换气，其气息和停顿模式属于"气息重置 + 隐性停顿"，即不吸气，也没有明显的停顿。

例如，在朗诵五言绝句时，我们会把每个子句调块切分为两个句内调块，即我们通常所说的朗诵五言绝句的"2 + 3 模式"：

床前‖明月光，疑是‖地上霜。举头‖望明月，低头‖思故乡。

我们知道，相邻的两个句子调块或相邻的两个子句调块之间需要换气，做"吸气 + 显性停顿"。其中，前者长吸气、长停顿，后者短吸气、短停顿。但是相邻的两个句内调块之间不需要换气，而是进行"气息重置"，即循环使用已经吸入的气息。理想的气息重置不会带来明显的停顿，因此为"隐性停顿"。

7.2.3 练习句内调块之间呼吸模式的方式

对于句子调块之间和子句调块之间的呼吸模式，即换气，我们很熟悉，无须专门练习。但是，在相邻的两个句内调块之间进行"气息重置 + 隐性停顿"，听起来比较抽象。我们可以用以下三种方法进行练习，帮助理解与掌握相邻句内调块之间的呼吸模式。

1. 用"拍手"的方式练习呼吸模式

相邻的两个句内调块之间进行"气息重置"听起来比较陌生，但是，我们使用一种简单的方法，就很容易体会并做到"气息重置"。这个简单的方法就是连续拍手：拍一下手说一个句内调块，有几个相邻的句内调块就连续拍几下手。具体地说：

（1）预备：先深吸一口气，同时将两手分开成手掌相对平行的姿势，准备开始拍手说话。

（2）开始拍第一下手说第一个句内调块：合手重击给力，同时呼气说该调块第一个重读音节的起始辅音和元音；分手放松，让气息自然流动形成惯性，利用惯性，按照调块的节奏和音高曲线说该调块剩余的所有音节，并将该调块最后一个重读音节（即主重读音节）中的元音拉长，直至两手分开成平行的姿势。在拉长主重读音节中元音完成前一个句内调块的同时，自然而然地就完成了气息重置的过程。

（3）在完成第一个句内调块之后不换气，而是利用拉长前一个句内调块主重读音节的元音完成气息重置，紧接着拍第二下手说相邻的下一个句内调块，即拍手重击给力，说该句内调块第一个重读音节的起始辅音和元音；分手放松，让气息自然流动形成惯性，利用惯性说该调块剩余的所有音节，这样，就自然而然地完成了两个相邻句内调块之间的连接。

总之，相邻的两个句内调块之间不换气，而是做"气息重置+隐性停顿"。利用连续拍手的方式说相邻的两个句内调块，使两个相邻句内调块之间自然而然地进行气息重置，尽量避免显性停顿，使两个相邻的句内调块之间的衔接听起来自然流畅，不明显断开。其中，顺利进行气息重置的关键在于，拉长前一个句内调块主重读音节的元音。

需要指出的是，用"连续拍手"的方式说两个相邻的句内调块，其目的在于通过合手重击的方式给力，以便在分手、气息放松后形成惯性，借助惯性顺利、流畅地完成该调块的剩余部分。与通过"拍手重击给力"形成惯性相似的方式有很多，如拍桌子、打响指、拍球等。大家可以用与"拍手"异曲同工、自己所熟悉的方式练习说口语中的调块，及其相邻两个句内调块之间的连接。

2. 用"插入顿号"的方式练习句内调块之间的呼吸模式

除了用拍手的方式，也可以用"插入顿号"的方式练习两个相邻句内调块之间的"气息重置+隐性停顿"。我们知道，在书面语中，句子调块与句子调块之间用句号作为标记；子句调块与子句调块之间用逗号作为标记。在朗诵时，当我们看到句号时，自然而然地就会停下来、长吸气；当我们看到逗号时，自然而然地就会停下来、短吸气。

但是，在书面语中，两个相邻句内调块之间不使用标点符号标记其断句，而在口语中，我们却需要进行"气息重置+隐性停顿"将它们连接起来。事实上，相邻两个句内调块之间的气息与停顿模式，非常接近汉语中用"顿号"所连接的两个并列成分之间的气息与停顿模式。因此，利用在两个相邻句内调块之间插入顿号的办法，练习两个相邻句内调块之间的气息重置及其隐性停顿，会收到理想的效果。

请说以下中文句子，体会顿号处所使用的"气息重置+隐性停顿"模式：

大红枣、小红枣，我都喜欢。

在朗读"大红枣"和"小红枣"这两个并列词组时，我们会将"大红枣"中的最后一个字"枣"的元音 ao 拉长，这样就顺利地协助完成了气息重置，避免显性换气，而后紧接着说"小红枣"。在说"大红枣"和"小红枣"时，看到它们之间的顿号，我们自然就会做气息重置以及隐性停顿，而不会进行明显换气，从而不会引起明显停顿。这种"气息重置＋隐性停顿"就是英语中相邻两个句内调块之间理想的衔接模式。

请使用说"大红枣、小红枣，我都喜欢"的模式，朗读以下两个英语句子，体会两个相邻句内调块之间连接的"气息重置＋隐性停顿"模式：

Look at the Red flowers ‖ and the pink flowers. Do you like them?
Look at the Red flowers、and the pink flowers. Do you like them?

再如：

Open the book ‖ and read the story.
Open the book、and read the story.

3. 用"排版式"练习呼吸模式

相邻两个句子调块之间、相邻两个子句调块之间和相邻两个句内调块之间的连接，其呼吸模式可以通过"排版式"进行练习。这是一种简易有效的练习方式。

首先，相邻的两个句子调块之间和相邻的两个子句调块之间都要换气，做"吸气＋显性停顿"。因此，在排版时将它们另起一行，即一个句子调块或一个子句调块分别占一行。这样，换行阅读时，我们自然而然地就会吸气停顿。其中，看到逗号换行时，吸气短、停顿短；看到句号换行时吸气长、停顿长。

其次，相邻的两个句内调块之间不需要换气。因此，相邻的两个句内调块保持在一行，用"‖"隔开，表示不换气，而是进行气息重置，从而不引起显性停顿。

现在我们把《春晓》按照相邻句子调块之间和相邻子句调块之间换行，而句内调块之间不换行的方式排版。请朗读这首诗，体会相邻两个句子调块和相邻两个子句调块之间换气，以及相邻两个句内调块之间不换气的气息停顿模式：

春眠 ‖ 不觉晓，
处处 ‖ 闻啼鸟。
夜来 ‖ 风雨声，
花落 ‖ 知多少。

我们也可以通过"排版式"来朗读英文儿童韵律诗，体会相邻句内调块之间不换行因而不换气的气息停顿模式，即"气息重置＋隐性停顿"；相邻句子调块之间和相邻子句调块之间换行因而换气的气息停顿模式，即"吸气＋显性停顿"：

> Twinkle twinkle || little star,
> How I wonder || what you are!
> Up above || the world so high,
> Like a diamond || in the sky.

以上韵律诗包括两个句子，用感叹号隔开。第一个句子和第二个句子分别包括两个子句，用逗号隔开。我们把这两个句子及其所含的四个子句都换行排列，表示它们结尾处需要换气停顿。其中，第一个子句与第二个子句之间以及第三个子句与第四个子句之间用逗号隔开，因此它们之间短吸气、短停顿；第一个句子（即前两个子句）与第二个句子（即后两个子句）之间用感叹号隔开，因此它们之间长吸气、长停顿。

另外，这四个子句，即四行诗，每行分别按照意义切分为两个句内调块。每两个句内调块排在一行，用"||"隔开。这表示，它们是相邻的两个句内调块，朗读时它们之间不换气，而是进行"气息重置＋隐性停顿"。

总之，调块与调块之间的呼吸模式，对于本族语者来说是自然而然的事。但是，对于外语学习者来说却并非如此。因此，运用一些方法进行专门练习，有意识地体会各种相邻调块之间的不同呼吸模式是有必要的。当我们熟悉了按照不同类型的调块自然而然地吸气、停顿之后，就可以像说自己的母语一样自如地进行英语口语交流了。

综合练习

1. 填空完成句子。

语音学家用呼吸带做实验证明，我们在朗诵五言绝句时，采用的都是_____的呼吸模式。其中，"一大"指的是相邻两个句子调块之间_____的呼吸模式；"一小"指的是相邻两个子句调块之间_____的呼吸模式。

另外，除了诗句与诗句之间的呼吸停顿之外，每一个诗句本身还要根据意义断句切分。对于五言绝句来说，每个诗句的断句切分模式为_____，即前两个字为一个调块，后三个字为另一个调块。每个诗句断句切分所得到的调块就是_____。

在朗诵时，相邻的两个句内调块之间不换气，其呼吸模式为_____。

2. 朗读孟浩然的五言绝句《春晓》。

（1）用"||"为每个诗句标注句内调块：

春眠不觉晓，处处闻啼鸟。夜来风雨声，花落知多少。

（2）体会相邻两个句子调块、子句调块和句内调块之间的不同呼吸模式。

3. 朗读以下英文儿童韵律诗，并完成相应任务。

（1）用"||"为以下儿童韵律诗标注句内调块：

　　Five little monkeys jumping on the bed,

　　One fell off and bumped his head.

　　Mummy called the doctor and the doctor said,

　　"No more monkeys jumping on the bed!"

（2）体会相邻的两个句子调块、子句调块和句内调块之间不同的呼吸模式。

7.3 相邻调块之间的口语模式

我们知道，英语口语的基本单位是调块，调块与调块结合以线性的方式向前推进构成口语的语篇。英语口语语篇的模式，就是相邻调块之间连接的模式。因此，说好英语口语，一是要说好调块本身，二是要说好相邻两个调块之间的连接。

在第6讲中，我们详细地讲解了调块以及说好一个调块的方式。在本小节中，我们讲解相邻两个调块，包括相邻句子调块、相邻子句调块和相邻句内调块之间的口语模式以及说好相邻调块之间连接的方式。

7.3.1 相邻句子调块连接的口语模式

和书面语一样，口语语篇中相邻两个句子调块之间也用句号隔开。

我们知道，相邻的两个句子调块之间的气息与停顿模式为"长吸气＋长停顿"。因此，说好相邻两个句子调块包括两个方面：（1）分别"拍一下手"说好每一个句子调块；（2）在这两个句子调块之间长吸气、长停顿，并将它们连接起来。

在通常语境下，句子调块的结尾有两种基本语调，即升调和降调。在陈述句、感叹句、祈使句和特殊疑问句等句尾用降调；在一般疑问句句尾用升调。

说好相邻两个句子调块相对简单，即说完一个句子调块之后吸气、停顿，接着再说相邻的下一个句子调块。也正因如此，我们在听人讲话时，很容易识别相邻两个句子调块。

请看以下例句：

Our laws are broken. Everyone can see that they're broken.

以上语篇是美国一位自由媒体人在抨击美国的枪支法案。该语篇含有两个句子，这两个句子都简短，语义和语法清晰明了，不需要断句切分。因此，它们分别都是一个句子调块，二者结合构成相邻句子调块。同时，这两个句子都是陈述句，因此，每个句子调块的结尾都用降调（在图中用右斜下行的箭头作为标记）。

请看这两个相邻句子调块的口语模式图：

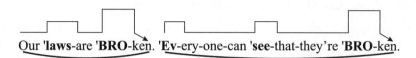

说好以上语篇中的两个相邻句子调块包括三个方面：(1) 分别"拍一下手"说好这两个句子调块，即每个句子调块都要按照它自己的节奏和音高曲线，作为一个整体一口气说完；(2) 在两个句子调块的交界处（即用句号标记处）换气，做长吸气、长停顿而后接着说第二个句子调块；(3) 在这两个句子调块的结尾处都用降调。

再看以下例子：

It's a lovely day today. Shall we go camping?

以上语篇含有两个简短的简单句，因此不需要断句切分，它们分别是一个句子调块，二者结合构成相邻句子调块。同时，在这两个句子中，前一个是陈述句，后一个是一般疑问句。因此，前一个句子调块的结尾用降调；后一个句子调块的结尾用升调（在图中用向右斜上行的箭头作为标记）。

请看这两个相邻句子调块的口语模式图：

说好以上语篇中的两个相邻句子调块包括三个方面：(1) 分别"拍一下手"说好这两个句子调块，即每个句子调块都要按照它自己的节奏和音高曲线，作为一个整体一口气说完，中间不做任何停顿；(2) 在两个句子调块交界处（即用句号标记处）换气，做长吸气、长停顿，而后接着说第二个句子调块；(3) 前一个调块为陈述句，因此其结尾处用降调；第二个句子调块为一般疑问句，因此其结尾处用升调。

多数幼儿故事，或为初学英语者创作的课文都由简短的简单句构成。每个简短的简单句就是一个句子调块。因此，这类语篇往往是由多个相邻的句子调块结合而成。这样的语篇适合用于练习说好每个句子调块以及相邻句子调块之间的连接。

请看下面的例子[①]：

[①] 范文芳. 义务教育教科书《英语》五年级上册（一年级起点）. 北京：清华大学出版社. 2014: 38.

Day: Wednesday.

I went to the zoo with my friends today. I saw a lot of animals there.

First, we went to see the peacocks. We fed them. One of the peacocks was happy. He opened his beautiful tail and danced for us. We all clapped our hands.

Then we went to see the hippos. The hippo is a large animal. It has a big mouth and big teeth. It has a short tail and short legs. Hippos like to stay in the water.

It was getting dark. We went home by bus. We were tired, but we were very happy.

在以上语篇中共有 15 个句子。其中，前 14 个句子都是简短的简单句，最后一个句子是简短的并列句。因此，这个语篇中的每个句子都是一个句子调块，每两个句子调块之间都构成两个句子调块相邻。因此，说好这个语篇也同样包括三个方面：（1）分别"拍一下手"说好每一个句子调块；（2）在每两个相邻句子调块之间做"长吸气＋长停顿"，而后接着说相邻的下一个句子调块，直到整个语篇的结尾；（3）同时，该语篇中所有的句子都是陈述句，因此每个句子调块的结尾都用降调。

总之，说好相邻的两个句子调块，就是分别说好每个句子调块，并且在第一个句子调块之后换气，做"长吸气＋长停顿"，而后接着说相邻的下一个句子调块。

7.3.2 相邻子句调块连接的口语模式

像书面语一样，口语语篇中相邻两个子句调块之间也用逗号作为标记。

我们知道，相邻的两个子句调块之间的连接与相邻的两个句子调块之间的连接方式有相似之处，即在二者的连接交界处都换气，做"吸气＋显性停顿"，只是相邻句子调块之间的气息与停顿模式为"长吸气＋长停顿"，而相邻子句调块之间的气息与停顿模式为"短吸气＋短停顿"。

但是，相邻子句调块之间与相邻句子调块之间有一个很大的不同点，这个不同点在于，相邻两个子句调块中的前一个子句调块结尾的语调不使用降调。

从语义上讲，在相邻的两个子句调块中，前一个子句调块结束时用逗号作为标记，这意味着想要表达的意思只说出了一部分，还要继续说下去。因此，逗号前边这个子句调块的结尾，一般来说不使用降调，而是使用平调①（也可以使用升调或降升调）。正因如此，虽然相邻的两个子句调块之间换气，做"吸气＋显性停顿"，但是，这里的吸气短、停顿短，而且不使用降调，一般来说，听众不会插话或以任何其他某种方式打断说话，而是会等对方把话说完。

---

① Halliday, M.A.K. *An Introduction to Functional Grammar* [M]. London: Edward Arnold. 1994, 302–303.

因此，说好相邻两个子句调块包括三个方面：（1）分别"拍一下手"说好两个子句调块：即每个子句调块都要按照它自己的节奏和音高曲线，作为一个整体一口气说完；（2）相邻两个子句调块中的前一个子句调块的结尾处不用降调，而要用平调（也可以用升调或降升调），在图中我们用向右前行的箭头作为标记；（3）在相邻两个子句调块交界处换气，做"短吸气+短停顿"，并将它们连接起来。

像相邻的两个句子调块之间容易识别一样，相邻的两个子句调块之间也不难识别。这是因为，相邻的两个子句调块之间也有吸气和显性停顿，并且，前一个子句的结尾一般用平调。

请看以下例句：

After I ate some ice cream, I got a stomachache.

以上语篇是一个含有时间状语从句的复合句，其从句和主句都分别为一个调块，它们之间用逗号隔开，构成两个子句调块相邻。说好相邻的这两个子句调块包括四个方面：（1）分别"拍一下手"说好这两个子句调块，即每个子句调块都要作为一个整体一口气说完，中间不做任何停顿；（2）前一个子句调块"After I ate some ice cream"的结尾处不用降调，而要用平调；（3）在这两个子句调块交界处（即用逗号标记处）换气，做短吸气、短停顿，将这两个子句调块连接起来；（4）该复合句为陈述句，因此，第二个子句调块结尾用降调。

请看这两个相邻子句调块的口语模式图：

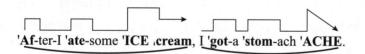
'Af-ter-I 'ate-some 'ICE ,cream, I 'got-a 'stom-ach 'ACHE.

再看以下例句：

I didn't want to go to the dentist, but I went anyway.

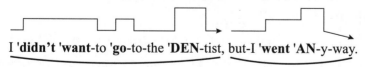
I 'didn't 'want-to 'go-to-the 'DEN-tist, but-I 'went 'AN-y-way.

以上语篇是一个表示转折的并列句，它们之间用逗号隔开，构成相邻的两个子句调块。说好相邻的这两个子句调块包括四个方面：（1）分别"拍一下手"说好这两个子句调块，即每个子句调块都要作为一个整体一口气说完，中间不做任何停顿；（2）前一个子句调块"I didn't want to go to the dentist"的结尾处不用降调，而要用平调；

（3）在这两个子句调块交界处（即用逗号标记处）换气，做短吸气、短停顿，将这两个子句调块连接起来；（4）该并列句为陈述句，因此，第二个调块的结尾用降调。

7.3.3 相邻句内调块之间的口语模式

当一个句子或子句太长时，就需要将它切分为句内调块。相邻句内调块之间在书面语中没有标点符号作为标记，在口语中用"‖"作为标记，其气息与停顿模式为"气息重置+隐性停顿"。这样处理能够更清楚、更有效地表达我们想要表达的思想，减轻听众理解的负担，有效地进行口语交际。

说好相邻两个句内调块的连接是说好口语的难点所在。这是因为，相邻两个句内调块之间不换气，在做"气息重置+隐性停顿"时，气息重置不引起显性停顿。下面，我们详细地解析说好相邻两个句内调块连接的要点。

为了说好相邻的两个句内调块，我们从以下四个方面加以练习：

（1）连续拍两下手说好相邻的两个句内调块：像说好相邻两个句子调块和子句调块一样，首先要分别说好两个句内调块，即每个句内调块都要按照它自己的节奏和音高曲线，作为一个整体一口气说完；

（2）拍手重击给力：合手重击给力，说每个句内调块第一个重读音节的起始辅音与元音，而后分手放松气息，利用惯性说该句内调块剩余的部分；

（3）拉长元音：两个相邻句内调块中的前一个句内调块，其主重读音节中的元音要特意拉长。拉长元音用于协助完成"气息重置+隐性停顿"；

（4）不用降调：像相邻两个子句调块中前一个子句调块的结尾不用降调一样，相邻两个句内调块中前一个句内调块的结尾也不用降调，而要用平调（也可以用升调或降升调）。我们仍然用向右前行的箭头作为标记。

对于相邻的两个句内调块，"拉长元音"和"不用降调"是说话者发出以便听众识别相邻两个句内调块的重要信号，需要给予特别的关注。

现在，我们以诗句"海内存知己，天涯若比邻"为例，体会和练习用连续"拍两下手"，自然流畅地将相邻两个句内调块连接起来。

首先，我们说相邻的这两个子句调块中的前一个子句调块，即"海内存知己"。

在这个子句中有两个句内调块，即"海内"和"存知己"。现在，我们连续拍两下手说相邻的这两个句内调块，即拍第一下手说前一个调块，拍第二下手说下一个调块：

（1）在这个子句调块的开始，首先深吸一口气，同时将两手分开至手掌平行相对的姿势，准备开始拍手说话；

（2）拍第一下手说前一个句内调块"海内"：合手重击给力，同时呼气说该调块的第一个字"海"；分手停止呼气，让气息放松自然流动形成惯性，利用惯性说该调块剩余的字，即"内"，并拉长这个字中的元音 ei，同时注意不用降调，至两手分开成手掌相对平行的姿势；

（3）紧接着拍第二下手说第二个句内调块"存知己"：合手重击给力，同时呼气说该调块的第一个字"存"；分手停止呼气，让气息放松自然流动形成惯性，利用惯性说该调块剩余的字，即"知己"。这样就完成了第一个子句。

在两次连续拍手之间，通过拉长前一个句内调块中的最后一个元音，自然而然地就完成了"气息重置＋隐性停顿"。说完这两个相邻的句内调块时，就说完了这两句诗中的前一个子句调块。于是，在这里换气，做"短吸气＋短停顿"，准备说下一个子句的两个句内调块。

我们再用"连续拍两下手"的方式说第二个子句调块"天涯若比邻"中的两个句内调块，即"天涯"和"若比邻"：

（1）这个句内调块的开始是相邻两个子句调块的交界处。因此这里要换气，做"短吸气＋短停顿"：我们先做短吸气，同时将两手分开至手掌平行相对的姿势，准备拍手说这个子句调块；（2）拍第一下手说这个子句调块中的前一个句内调块"天涯"：合手重击给力，呼气说该句内调块的第一个字"天"；分手停止呼气，让气息自然放松形成惯性，利用惯性说该调块剩余的字，即"涯"，并拉长"涯"中的元音 a 直至两手回到手掌平行相对的姿势，同时注意不要降调；（3）紧接着拍第二下手说下一个句内调块的剩余部分"若比邻"：合手重击给力，呼气说该调块的第一个字"若"，分手停止呼气，让气息自然放松形成惯性，利用惯性说该调块剩余部分"比邻"。同样，在两次连续拍手之间，自然就完成了气息重置的过程。到这里为止，就说完了相邻的两个子句调块。

需要强调指出的是，这里的"拍一下手"与"打拍子"是不同的。因为这里所说的"拍一下手"不表示节奏的概念，因为"拍一下手"的重点在于"给力"以便形成惯性说调块剩余的部分；"拍一下手"中的"合手"过程与"分手"过程不计时长，即合手时只说该调块的第一个字，因此所用的时间短；而分手所用的时长取决于该调块中剩余字数的多少：字多时，分手过程用的时间自然就长；字少时，分手过程用的时间自然就短。

请看以下例句：

Jane and her sister work in the same company.

'Jane-and-her 'SIS-ter ‖ 'work-in-the 'same 'COM-pa-ny.

以上句子虽然是一个简单句，但是主语"Jane and her sister"为长主语，即为一个长主语调块，句子剩余的部分为另一个调块，即谓语调块"work in the same company"。这是两个句内调块相邻，在图中，它们之间用"‖"作为标记。我用"连续拍两下手"说这两个相邻的句内调块：

首先拍第一下手说前一个句内调块"'Jane-and-her 'SIS-ter"：

（1）长吸气，同时将两手分开至手掌平行相对，准备说话；（2）合手重击给力，呼气说其第一个重读音节'Jane 中的起始辅音和元音，即 Ja /jā/；（3）分手停止呼气，放松让气息自然流动形成惯性，利用惯性，按照该调块的节奏和音高曲线，说其剩余的部分"ne-and-her 'SIS-ter"；要注意拉长其主重读音节，即'SIS- 中的元音 i /ĭ/，直至两手掌平行相对并顺势完成气息重置。同时也要注意这个句内调块的结尾不用降调，而要用平调（也可以用升调或降升调）。之后紧接着说第二个句内调块。

紧接着拍第二下手说后一个句内调块"'work-in-the 'same 'COM-pa-ny"：

（1）完成前一个调块时，手掌成平行相对姿势，接着拍第二下手说下一个句内调块"'work-in-the 'same 'COM-pa-ny"；（2）合手重击给力，呼气说该调块的第一个重读音节'work 中的起始辅音和元音，即'wor /wər/；（3）分手停止呼气，放松让气息自然流动形成惯性，利用惯性，按照该调块的节奏和音高曲线，说其剩余的部分 k-in-the 'same 'COM-pa-ny。第二个调块的结尾也是该句子的结尾。该句子是陈述句，因此，句尾用降调。

再看以下例句：

My friend who you met yesterday got a new job.

My 'friend-who-you 'met 'YES-ter-day ‖ 'got-a 'new 'JOB.

在以上例句中，主语"My friend who you met yesterday"中的中心名词 friend 及其人称代词修饰语 My 和定语从句"who you met yesterday"结合构成长主语调块。因此，这个句子切分为两个句内调块，即长主语调块"My friend who you met yesterday"和谓语调块"got a new job"。

说好这个句子，应该遵循以下要点：（1）首先要分别说好这两个句内调块：按照其节奏和音高曲线，把每个调块作为一个整体一口气说完；（2）拉长元音并且不用降调：将前一个句内调块，即长主语调块"My 'friend-who-you 'met 'YES-ter-day"的主重读音节'YES 中的元音 e /ĕ/ 拉长，并且在其结束处不用降调，要用平调（也可以用升调或降升调）；（3）该句子是陈述句，因此在谓语调块"'got-a 'new 'JOB"的结尾用降调。

7.4 多重调块口语语篇的理想模式

在上文中，我们逐一解析了口语语篇中的三类相邻调块，即相邻句子调块、相邻子句调块和相邻句内调块的口语模式。但是，在一个口语语篇中，往往会同时含有其中两类或三类相邻调块。为了讲解上的方便，我们把这样的口语语篇称为"多重调块"语篇。

含有多重调块的语篇，其理想的口语模式是要分别说好各个调块以及三类相邻调块之间的连接。

首先，我们来看一个含有两类相邻调块的语篇：

Hotel and flight prices are skyrocketing worldwide, so I'll have to save up money before I can travel abroad.

以上语篇是一个并列句。前一个分句"Hotel and flight prices are skyrocketing worldwide"和后一个分句"so I'll have to save up money before I can travel abroad"之间用逗号隔开，构成两个子句调块相邻。其中，前一个分句切分为两个句内调块，即长主语调块"Hotel and flight prices"和谓语调块"are skyrocketing worldwide"；后一个分句也切分为两个句内调块，即主句调块"so I'll have to save up money"和时间状语从句调块"before I can travel abroad"。

以上长句子语篇的口语模式图如下：

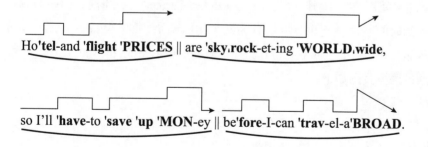

对以上长句子语篇的口语模式，我们做如下说明：

（1）以上长句子是个含有多重调块的语篇，因为它同时含有一组相邻子句调块和两组相邻句内调块。其中，相邻子句调块之间用逗号隔开，两组相邻句内调块之间分别用"||"隔开。

（2）该语篇的第一个子句调块"Hotel and flight prices are skyrocketing worldwide"切分为两个句内调块，它们之间用"||"作为标记，即"Ho-**tel**-and '**flight** '**PRICES** || are '**sky**ˌ**rock**-et-ing '**WORLD**ˌ**wide**"。相邻的这两个句内调块之间不换气，做"气息重

置+隐性停顿"。其中,前一个句内调块结尾处不用降调,用平调,并且,拉长其主重读音节 'PRICES 的元音 i /ɪ/。

(3)该语篇的第二个子句调块 "so I'll have to save up money before I can travel abroad" 也切分为两个句内调块,它们之间用"‖"作为标记,即 "so I'll 'have-to 'save -up 'MON-ey ‖ be'fore-I-can 'trav-el-a'BROAD"。相邻的这两个句内调块之间不换气,做"气息重置+隐性停顿"。其中,前一个句内调块结尾处也用平调,并且,拉长其主重读音节 'MON 的元音 o /ʌ/;后一个句内调块的结束,也是该语篇的结束。这个长句子是陈述句,因此,该语篇结尾用降调。

(4)在该长句子语篇用逗号标记之处,是两个相邻子句调块的交界处。这两个子句调块之间换气,"短吸气+短停顿"。其中,前一个子句调块的结尾,即句中用逗号标记处,不用降调,而用升调(也可以用平调或降升调)。

我们再看一个含有三类相邻调块的语篇。

The Earth turns around on its own axis. That's why we have day and night. When our part of the Earth faces the sun, we have day. When our part of the Earth turns away from the sun, we have night.

以上语篇含有四个句子,这四个句子构成三组相邻句子调块,句子调块与句子调块之间用句号隔开。其中,第三个和第四个句子都是复合句,每个复合句的主句与其从句都构成一组相邻子句调块,它们之间用逗号隔开。另外,第一个句子切分为两个句内调块,两个句内调块之间用"‖"隔开,即"The Earth turns around ‖ on its own axis";第三个和第四个句子的时间状语从句也分别切分为两个句内调块,即"When our part of the Earth ‖ faces the sun"和"When our part of the Earth ‖ turns away from the sun"。

这个语篇的口语模式图如下:

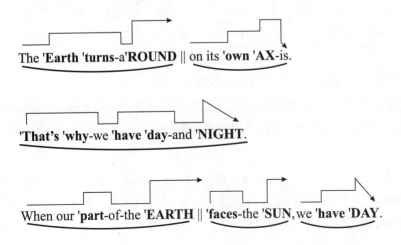

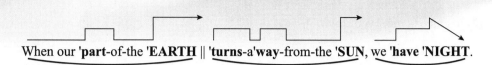

When our 'part-of-the 'EARTH || 'turns-a'way-from-the 'SUN, we 'have 'NIGHT.

对以上长句子语篇的口语模式，我们做如下说明：

（1）以上语篇是个含有多重调块的语篇，因为它同时含有相邻句子调块、相邻子句调块和相邻句内调块。其中，三组相邻句子调块之间分别用句号隔开；两组相邻子句调块之间分别用逗号隔开；三组相邻句内调块之间分别用"||"隔开。

（2）三组相邻句子调块：以上语篇中的四个句子构成三组相邻句子调块。每组相邻句子调块之间换气，做"长吸气＋长停顿"。这四个句子都是陈述句，因此其结尾都用降调（在图中分别用四个向右斜下行的箭头作为标记）。

（3）两组相邻子句调块：第三个和第四个句子调块，都分别含有两个子句调块，构成两组相邻子句调块，两组子句调块之间分别用逗号隔开。相邻的两个子句调块之间换气，做"短吸气＋短停顿"；两组子句调块中前一个子句调块的结尾不用降调，用平调（在图中用向右前行的箭头作为标记）。

（4）三组句内调块：第一个句子调块以及第三个和第四个句子调块中的前一个子句调块分别切分为两个句内调块。这三处相邻句内调块之间不换气，做"气息重置＋隐性停顿"。在各组中，前一个句内调块的结尾都不用降调，用平调（在图中分别用向右前行的箭头作为标记）。并且，分别拉长这三组句内调块中前一个句内调块的主重读音节中的元音，它们依次为：'ROUND 中的元音 ou /oʊ/ 和两个 'EARTH 中的元音 ear /ər/。

总之，口语语篇长短不等，所含调块的种类也可能不同。它可能只含有一种调块，也可能含有多重调块。说好英语口语，首先要分别说好每一个调块，同时，要处理好相邻两个调块之间的连接。需要注意的是，因调块类型不同，连接方式也随之不同。掌握口语语篇中不同类型相邻调块之间的连接模式，可以极大地提高英语口语的流畅性。

1. 完成下列调块的口语模式图。第一个是例子。

(1) Good morning to you, guys!

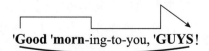

'Good 'morn-ing-to-you, 'GUYS!

(2) It's nice to meet you, John.

It's 'nice-to 'meet-you, 'JOHN.

(3) Go and call her now.

'Go-and 'call-her 'NOW.

(4) Tell us why you were late.

'Tell-us 'why-you-were 'LATE.

2. 完成下列多重调块语篇的口语模式图，并填空完成句子。第一个是例子。
(1) I was running late, so I took a taxi.

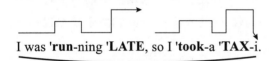

I was 'run-ning 'LATE, so I 'took-a 'TAX-i.

a. 这个语篇含有两个子句调块，前一个子句调块的结尾用平调，表示话还没有说完；后一个子句调块的结尾用降调，因为该语篇为陈述句，因此其结尾用降调。
b. 这两个子句调块之间换气，其呼吸模式为短吸气、短停顿。
(2) He showed up late, but he didn't say sorry.

He 'showed 'up 'LATE, but he 'didn't 'say 'SOR-ry.

a. 这个语篇含有_____个子句调块，前一个子句调块的结尾用_____，表示话还没有说完；后一个子句调块的结尾用_____，因为该语篇为陈述句，因此其结尾用_____。
b. 这两个子句调块之间短吸气，其呼吸模式为_____。

(3) Jane and I laughed when he fell onto the ground, but then we felt sorry for him. We apologized and he forgave us.

'Jane-and-I 'LAUGHED ‖ when he 'fell 'on-to-the 'GROUND,

but then we 'felt 'SOR-ry-for-him. We a'pol-o-gized-and-he-for'GAVE-us.

a. 这个语篇含有_____个句子调块。其中，第一个句子调块含有_____个子句调块；第一个子句调块含有_____个句内调块。

b. 在该语篇中，两个句子调块之间的呼吸模式为_____；第一个句子调块中的两个子句调块之间的呼吸模式为_____；第一个子句调块中的两个句内调块之间的呼吸模式为_____。

7.5 口语交际中的偏离现象

在上文中，我们讲解了口语语篇的理想模式。但是，在现实口语交际中，人们并不总是完全遵循口语语篇的理想模式。一方面，口语交际具有即时性和动态性，人们常常处于"随时想随时说"的状态中，因此在很多时候并不能完全控制自己的言语行为；另一方面，说话者个人的语言能力、语言风格以及语境等因素也会影响语言的使用。因此，在口语交际中不可避免地会出现与口语语篇的理想模式偏离的现象。认识这一点有助于我们认识和理解日常口语交际的复杂性，并在看似与口语语篇的理想模式偏离的现象中，深刻理解口语语篇的典型特征。

7.5.1 口语交际中的调块跨类现象

在上文中，我们讲解了英语口语语篇中相邻句子调块、相邻子句调块和相邻句内调块之间的连接模式。在理想的口语语篇中，相邻句子调块之间相当于书面语中用句号隔开的语段，二者之间换气，表现为长呼吸、长停顿；子句调块是对句子调块进一步的断句切分，相邻子句调块之间相当于书面语中用逗号隔开的语段，二者之间也换气，但是表现为短呼吸、短停顿；句内调块是对句子调块或子句调块的进一步断句切分，相邻句内调块之间不换气，而是做"气息重置"，因而不表现出明显停顿。

但是，在现实中，人们不能总是按照理想的口语模式进行交际。就相邻两个调块之间的连接而言，不可避免地会出现调块跨类现象。也就是说，在相邻的两个句内调块的分界处，可能会出现换气，做"长或短吸气＋长或短停顿"；在相邻的两个子句调块，甚至两个句子调块的交界处，也可能不换气，而做"气息重置＋隐性停顿"。这样的调块跨类连接现象在日常口语交际中时有出现，有时源于说话者的风格，或在特殊语境下的情感处理；有时是由于交际中出现障碍，如在说话过程中，说话者犹豫就会导致相邻两个句内调块之间换气，做长或短呼吸，导致长或短停顿。

我们先以奥巴马关于气候问题演讲中的句子为例：

We are nowhere near where we need to be yet.

这是一个句子调块，它可以切分为两个句内调块，这两个句内调块的交界处为连词 where 之前。在口语的理想模式下，这两个句内调块之间应该不换气，做"气息重置＋隐性停顿"。同时，前一个句内调块结尾处不用降调（用平调、升调或降升调），并且拉长前一个调块中的主重读音节 'NEAR 中的元音 /i/，标记如下：

We are 'no'where 'NEAR ‖ 'where-we 'need-to 'be 'YET.

但是，在实际演讲中，奥巴马却把这两个相邻的句内调块做了特殊处理：虽然他在这个句内调块分界处用了降升调（在图中用先向右斜下行，而后向右斜上行的箭头标记），但是却像相邻句子调块之间那样做了长吸气、长停顿（在图中用句号"."作为标记），其口语模式标记如下：

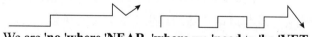

We are 'no 'where 'NEAR. 'where we 'need to 'be 'YET.

在这里，奥巴马偏离了口语语篇的理想模式，因为他想表达特殊的情感：他放慢语速，调整气息模式，以便强调他对这个问题的强烈感受，并且把这种强烈感受传递给听众。

再看以下语篇：

My name is Jennifer Brown. I come from London.

以上这个语篇由两个句子构成，即它们为两个句子调块，相邻句子调块之间用句号隔开。但是，像这样含有紧密相关信息的两个句子相邻时，英语母语者往往会把它们当作两个句内调块相邻处理，即在相邻的两个句子调块之间，像相邻的两个句内调块之间那样不换气，做"气息重置+隐性停顿"，其口语模式标记如下：

从上图可以看出，以上含有两个句子的口语语篇被处理成了两个句内调块相邻，它们之间不换气，做"气息重置+隐性停顿"。同时，前一个调块"My name is Jennifer"的结尾用平调，并且拉长其主重读音节 Brown 中的元音 ow /oʊ/，给出相邻句内调块分界处的信号，并协助完成气息重置，而后紧接着说下一个调块，即"I come from London"。这个语篇以陈述句结束，因此结尾用降调。

再看以下语篇：

You don't solve a problem by pretending it doesn't exist. We know we have a problem, and you solve these problems by meeting them head on. To pretend that we don't have a problem will not get us anything.

在以上语篇中有三个句子，构成三个句子调块相邻，相邻的每两个句子调块之间用句号隔开。其中，第二个句子调块含有两个子句调块，它们之间用逗号隔开。但是，在现实交际中，我们发现说话者做了一些调块跨类断句切分，其口语模式标记如下：

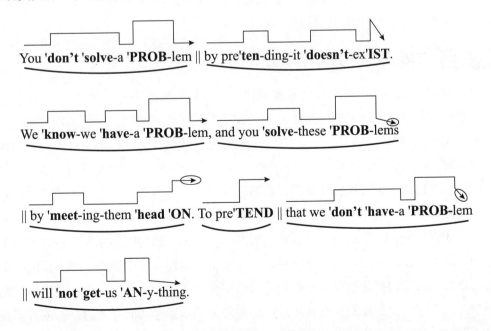

为了直观展示，我们按照该语篇的排版来解释该语篇中的调块类型偏离。从上

207

图可以看出，该语篇排成三行半。就调块类型之间的连接而言，在以上口语语篇模式中有三处偏离口语语篇的理想模式（这三处在以上口语模式图中用"○"圈起来作为标记）：

（1）第二行结尾与第三行开始之间本应为相邻的两个句内调块，即"and you 'solve-these PROB-lems"和"by 'meet-ing-them 'head 'ON"之间用"||"隔开。在口语语篇的理想模式中，前一个句内调块的结尾本应该用平调（也可以用升调或降升调），但是在这里，说话者却使用了降调（在图中用向右斜下行的箭头标记）。

（2）在第三行开始的第一个调块"by 'meet-ing-them 'head 'ON"的结尾处是句号，这是本语篇中第二个句子调块的结尾。在口语语篇的理想模式中，这里本应该用降调，但是说话者却使用了平调（在图中用向右前行的箭头标记）。

（3）第三行的结尾与第四行开始之间也本应为相邻的两个句内调块，即"that we 'don't 'have-a 'PROB-lem"和"will 'not 'get-us 'AN-y-thing"之间用"||"隔开。同（1），在口语语篇的理想模式中，前一个句内调块的结尾本应该用平调，但是在这里，说话者却使用了降调（在图中用向右斜下行的箭头标记）。

总之，相邻的两个句内调块之间、子句调块之间和句子调块之间分别有自己理想的连接方式。但是，在日常口语交际中，说话者可能会由于不同的原因，在不同的调块类型之间改变连接方式，从而导致现实口语交际中的语篇模式与口语语篇的理想模式之间有所偏离。但是，这种偏离只是个别的、零星的。从总的趋势上来说，人们的口语语篇模式还是遵循口语语篇的理想模式。

7.5.2 口语交际中的调块异类断句

我们知道，调块是口语交际的基本单位。一个调块要作为一个整体一口气说完，中间不做任何停顿。正常的断句发生在句子调块与句子调块之间、子句调块与子句调块之间或句内调块与句内调块之间。调块与调块层层连接，以线性的方式向前推进构成口语语篇。

因此，我们说话最理想的状态是，在该断句停顿的地方断句停顿，不该断句停顿的地方不断句停顿。但是，只有事先精心准备的材料，如诗歌朗诵、演讲比赛、新闻报道等，才有可能基本做到总是在该断句时断句，在不该断句时不断句。在现实口语交际中，除了可能发生调块的跨类现象之外，还常常出现在一个调块中间不该断句的地方出现断句。我们把这种在不该断句时的断句称为调块异类断句。发生调块异类断句现象的原因很多，如我们在说话的过程中需要进一步思考从而导致迟疑；或者当我们找不到合适的词语来表达自己的想法时需要搜索记忆等。在不该断句的地方出现异类断句时，往往会发生口误导致话语的中断。

应该说，在现实口语交际中，异类断句现象时有发生，但是在说话过程中，太多的异类断句会影响交际双方的表达与理解，甚至可能导致交际失败。

1. 由于迟疑导致调块异类断句

我们在说话时，尤其是遇到自己不太熟悉的内容，往往是边说边想，这时很容易出现自己不知道该说什么的现象，于是在一个调块的中间，就不得不停下来想一想然后再说，这样就导致了调块异类断句。

请看以下例句：

I admired him so much because, I, wanted to be the best.

在以上复合句中，连词 because 引导的原因状语从句应该是一个调块。作为一个调块，它应该是作为一个整体一口气说完，中间没有任何停顿。但是，说话者在该调块的中间，即 because 之后迟疑，在 I 之后又一次迟疑，思考后才接着完成了这个调块"because I wanted to be the best"。这里，说话者由于思考该怎么说而迟疑，迟疑导致调块异类断句，即在说一个调块的过程中断句，没有能够将一个调块作为一个整体一口气完成。

人们在说话的过程中迟疑，思考下一步该怎么说时，除了停顿之外，还往往使用一些"填补词"，如 ah、er、uh 和 um 等，表示自己在努力弥补停顿，或者告诉听众"我在思考，我还没有说完，我会继续说下去"。请看以下例句：

It's certainly is, ah, er, quite telling.

以上句子是一个简单句调块，即"It's certainly quite telling."，因此应该作为一个整体一口气说完。但是说话者说到"It's certainly"时，不知道接着该怎么说，于是停下来，使用了填补词"ah、er"，而后才完成该调块的后半部分"quite telling"。这使一个调块在不该断句的地方断句，导致调块异类断句。

再看以下例句：

Oh, I wou, I'd, I'm a terrible driver. I don't know that.

以上句子本来应该是一个简单句调块，即"oh I'm a terrible driver"，因此应该作为一个整体一口气说完。但是，说话者不知道自己该说什么，一直在寻找合适的语言来表达自己的意思，因而导致迟疑，于是在这个调块的主语 I 之后发生了两次调块异类断句，无法将该调块作为一个整体一口气说完，使这个调块听上去支离破碎。

2. 由于说话出错导致调块异类断句

在日常口语交际中，我们不可避免地会说错话。这时，我们往往会停下来修正错误，这样就会在不该断句的地方断句，导致调块异类断句。

请看以下例句：

It's very important || to let people know how we are, who we are.

在以上句子中有两个句内调块。说话者在说后一个调块的后半部分时，先说出 "how we are"，立刻意识到说错，于是停下来修正，而后说出 "who we are"。这里，由于说话者出错，导致在不该断句的地方断句停顿，使后一个调块 "to let people know who we are" 不能作为一个整体一口气说完，导致调块异类断句。

再看以下例句：

First Lady Jill Biden will make || only her second solo trip, foreign trip || I should add || as First Lady...

在以上例句中，从 only 开始为第二个调块，即 "only her second solo foreign trip as First Lady"，它应该作为一个整体一口气说完，中间不做任何停顿。但是，由于中间出现了错误，即把 "solo foreign trip" 说成 "solo trip"，于是说话者只能停下来做修正，即将 "trip" 改为 "foreign trip"，这样就导致了在一个调块中间不该断句的地方出现断句停顿。另外，说话者为了使听众理解自己所犯的错误，除了修正错误之外，还增加了一个插入语调块，即 "I should add"。这样，我们实际上听到的是两个调块，即 "only her second solo trip" 和 "foreign trip I should add as First Lady"。

总之，在理想的口语交际中，每个调块都应该作为一个整体一口气完成，中间不做任何停顿。但是，在现实口语交际中，由于这样或那样的原因，使得我们在说话过程中，在不该断句的地方断句停顿，导致调块异类断句。应该说，这是人人难以避免的现象。但是，异类断句不可太频繁，否则我们的话语就会听起来断断续续，支离破碎，不能表达完整的意思，给交际带来困难，甚至导致交际失败。

最后需要指出的是，调块异类现象不仅仅发生在说话者迟疑或说话出错的时候。当说话者想表达一种特殊的情感，强调某个语言成分的时候，也会产生调块异类现象。请看以下例句：

Of course all of these promises || were completely || empty.

在以上句子中，说话者将起始处的状语 "of course" 与句子的主语 "all of these promises" 作为一个调块。本来，句子的剩余部分 "were completely empty" 应该作为一个调块，即谓语调块。但是，说话者却将谓语调块切分为两个调块。这里的调块异类切分，凸显了 empty 所表达的语义，表达了作者对许诺者开空头支票的愤怒之情。

根据以下口语模式图，在 a 和 b 后的横线上分别填写该口语模式图的情况，即"口语语篇的理想模式"或"调块跨类现象"，并填空完成句子。

(1) This dress is beautiful, and it's not expensive.

    a. _____

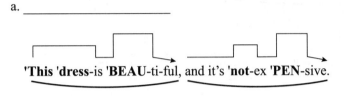

    b. _____

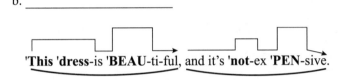

以上口语语篇中含有两个_____，二者之间用逗号作为标记。在口语语篇的理想模式中，前一个_____的结尾不要使用_____，而要使用_____。

(2) He hardly studied. How did he pass the exams?

    a. _____

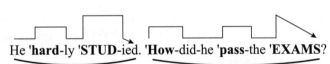

    b. _____

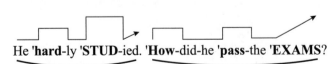

以上口语语篇含有两个_____，二者之间用句号作为标记。在口语语篇的理想模式中，前一个_____的结尾不要用_____，而要用_____；该语篇的最后一个句子为特殊疑问句，因此，其结尾处要用_____，而不要用_____。

(3) The movie show was sold out, so we went home and watched a movie on the television.

a. _____

The 'mov-ie 'show-was 'sold 'OUT,

so we 'went 'HOME ǁ and 'watched-a 'mov-ie-on-the 'T↓V.

b. _____

The 'mov-ie 'show-was 'sold 'OUT,

so we 'went 'HOME ǁ and 'watched-a 'mov-ie-on-the 'T↓V.

以上口语语篇含有两个_____，二者之间用逗号作为标记。在口语语篇的理想模式中，前一个_____的结尾不要用_____，而要用_____。另外，第二个子句调块含有两个_____，二者之间用"ǁ"作为标记。因此，前一个句内调块的结尾处要用_____，而不要用_____。